电子商务专业新形态一体化系列教材

新媒体全域营销

主　编　郑　波

副主编　陈秋琨　谢怡潆　陈祎峰　刘晋英　赖玲玲　陈颖悦

参　编　杨松茂　邹木英　连爱明　吴明霞　鲍雨欣　吴婉琼

北京理工大学出版社
BEIJING INSTITUTE OF TECHNOLOGY PRESS

内 容 简 介

本书围绕新媒体营销岗位人员在不同发展阶段（领域）需要掌握的内容，着重进行了教材编写工作。其次，作者团队在编写过程中严格遵循教材建设规律、职业教育教学规律和技术技能人才成长规律。作为重点专业领域教材，该书结合实际工作经验，在系统性和全面性的基础上，将每个项目中的项目实施分解为一系列的任务，支持混合式教学、任务驱动式教学等教学方式。

本书内容翔实，集理论性、实操性和可操性于一体，可作为中等职业院校新媒体课程的教材，也可作为社会相关职业人员的参考用书。

图书在版编目（CIP）数据

新媒体全域营销 / 郑波主编. -- 北京 : 北京理工大学出版社, 2022.9

ISBN 978-7-5763-1900-2

Ⅰ. ①新… Ⅱ. ①郑… Ⅲ. ①网络营销–中等专业学校–教材 Ⅳ. ①F713.365.2

中国版本图书馆CIP数据核字(2022)第228294号

出版发行 / 北京理工大学出版社有限责任公司
社　　址 / 北京市海淀区中关村南大街 5 号
邮　　编 / 100081
电　　话 /（010）68914775（总编室）
（010）82562903（教材售后服务热线）
（010）68944723（其他图书服务热线）
网　　址 / http：//www.bitpress.com.cn
经　　销 / 全国各地新华书店
印　　刷 / 定州市新华印刷有限公司
开　　本 / 889 毫米 ×1194 毫米　1/16
印　　张 / 13.5
字　　数 / 262 千字
版　　次 / 2022 年 9 月第 1 版　2022 年 9 月第 1 次印刷
定　　价 / 49.50 元

责任编辑 / 封　雪
文案编辑 / 毛慧佳
责任校对 / 刘亚男
责任印制 / 边心超

PREFACE

前言

党的二十大报告指出："加强全媒体传播体系建设，塑造主流舆论新格局。"加快推进全媒体传播体系建设，事关媒体融合事业高质量发展，事关壮大主流舆论，事关良好网络生态建设，事关国家文化繁荣、文化自信。为落实党的二十大报告中关于新媒体的相关精神，围绕新媒体营销岗位人员在不同发展阶段（领域）需要掌握的内容，新媒体营销岗位工作团队完成了本书的开发工作。

本书严格遵循教材建设规律、职业教育教学规律和技术技能人才成长规律进行开发。作为重点专业领域教材，其具备以下优势：

（1）在内容开发上，本书结合新媒体营销岗位工作领域，对每个项目的典型职业活动进行分析，提取岗位工作技能为最小单位进行开发。以培养岗位技能为目标，贯彻"做中学，学中做"的教学思路，使学生具备从事新媒体营销工作的能力。

（2）本书在注重系统性和全面性的基础上，将每个项目中的项目实施分解为一系列任务，以多个任务的形式展开，将任务细化为具体步骤，分解知识点和项目的解决要点，为教师教学提供丰富的教学资源，配套课件、题库、短视频微课、教案等丰富的数字资源，支持混合式教学、任务驱动式教学等教学方式。

（3）本书将最新的新媒体企业的工作流程和岗位技能作为教学内容，并选择评价正面、有良好社会形象的典型案例融入其中。

编者在本书的编写过程中得到了诸多新媒体营销行业一线从业精英与教育领域专家的悉心指导，收获了很多建设性的意见及建议，在此表示衷心感谢。此外，编者还查阅了有关资料，在此对这些资料的提供者一并表示诚挚的谢意！

由于编者水平有限，书中难免存在不妥之处，恳请广大读者批评指正。

编　者

目录 CONTENTS

CONTENTS

项目一 新媒体认知

情境导入

“新媒体认知”是新媒体运营人员必须掌握的专业知识。本项目基于新媒体运营所需的理论基础，主要介绍认识新媒体及新媒体运营、新媒体运营应具备的素养和新媒体创新营销思维等知识点，以帮助学生夯实理论基础，为后续技能实战奠定基础。

项目概述

在开展新媒体营销活动前，学生应对新媒体、新媒体营销、新媒体营销思维有全面的认识，这有助于更好地理解新媒体营销活动运营的底层逻辑，从而更好地实现营销目标。

学习导图

针对新媒体认知，编者梳理出了学习导图，同学们可依据其中的路径学习。

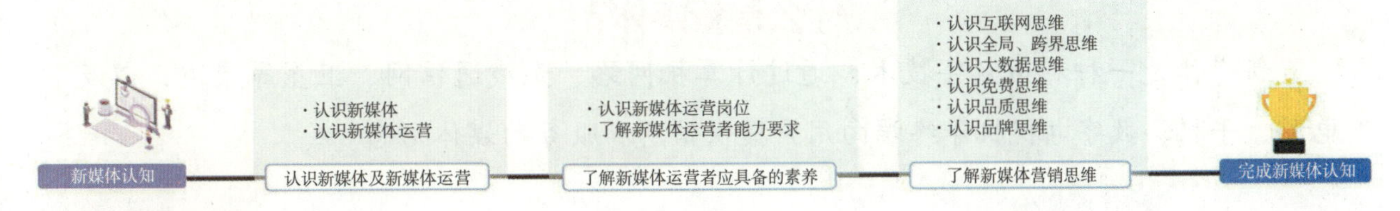

项目目标

通过本项目的学习，我们应当能够实现下列目标。

知识目标：

1. 了解新媒体和新媒体运营概念和特点；
2. 了解新媒体运营岗位的技能及素养要求；
3. 理解新媒体营销思维的内容。

技能目标：

1. 能够正确辨别传统媒体与新媒体；
2. 能够区分新媒体运营方式。

素养目标：

1. 具备严谨、细致的工作态度；
2. 具备清晰有序的思维逻辑能力、全局思维与协作意识。

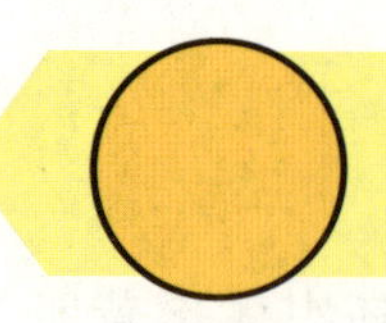

任务1 认识新媒体及新媒体运营

在移动互联网技术的推动下，新媒体的形式不断发生变化，新媒体运营已经成为企业重要的引流渠道。企业与品牌商借助微博、抖音等新媒体平台的帮助，不仅打造和提升了品牌形象，还可以开展产品营销和品牌运营。本任务将从以下两点展开介绍，以便于读者加深对新媒体运营的认识。

（1）认识新媒体。

（2）认识新媒体运营。

活动 1 认识新媒体

小知识

什么是新媒体？

新媒体是一种利用数字技术，通过计算机网络、无线通信网、卫星等渠道，以及电脑、手机、数字电视机等终端向用户提供信息和服务的媒体形态。

从空间上来看，新媒体特指当下与传统媒体相对应的，以数字压缩和无线网络技术为支撑，由于具有大容量、实时性和交互性等特点，可以跨越地理界线，最终实现全球化的媒体。若要了解新媒体，应从两方面出发，即认识新媒体的特征和认识新媒体的类型。

1. 认识新媒体的特征

传统媒体相对于近几年兴起的网络媒体而言，是指传统的大众传播方式，即通过某种机械装置定期向社会公众发布信息或提供教育娱乐平台的媒体，主要包括除报刊、通信、广播、电视和自媒体以外的网络等传统意义上的媒体。相对于传统媒体，新媒体有自己的特征，详见表 1–1。

表 1–1 新媒体的特征

特征	具体内容
传播方向双向化	新媒体传播信息的方式是双向的，即每个用户既是信息的接收者，也是信息的传播者，可增强信息的互动性，优化信息传播效果

续表

特征	具体内容
传播内容多元化	新媒体可发布包含文字、图片、视频在内的多种形式的内容
传播行为个性化	新媒体更能满足不同用户的个性化需求，用户可以采用多种形式表达自己的观点和感兴趣的内容，具有较强的个性化特征
接收方式移动化	通过新媒体，用户可借助手机、平板等移动设备随时随地获取信息
传播速度实时化	在互联网技术的支持下，用户能够实时接收相关信息，并马上反馈

2. 认识新媒体的类型

新媒体是在新技术的支撑下出现的媒体形态，而大数据时代是各种媒体形态不断融合且并存的时代。相对于传统媒体，新媒体在不同的时代有不同的特征，随着形态的不断发展和变化，其类型日益丰富。

新媒体大致可以分为三类，即数字新媒体、网络新媒体和移动新媒体。

（1）数字新媒体。

数字新媒体是指传统媒体在应用数字化技术后的新形式。随着科技的发展，传统的三类媒体（纸质平面媒体、广播、电视）响应时代的转变，借助数字化技术，走进人们的日常生活，并呈现出多样化的媒体形态，如数字电影、数字广播、数字出版物等。

（2）网络新媒体。

网络新媒体主要是通过互联网发布信息的媒体形态。在科技的支持下，每个互联网用户都可以成为新媒体信息的发布者、接收者和传播者。用户可以随时发布信息，还能接收和分享自己感兴趣的内容。网络新媒体具备如下四个特点：①用户主导；②用户参与；③用户分享；④用户创造。

网络新媒体的主要营销方式有门户网站营销、网络视频营销、搜索引擎营销、电子邮件营销、论坛营销、博客营销、微博营销、SNS 营销、IM 营销。

（3）移动新媒体。

移动新媒体主要是指以手机为代表的各种移动终端传播，以及展示即时信息内容的个性化媒体。常见的移动新媒体平台类型如图 1-1 所示。

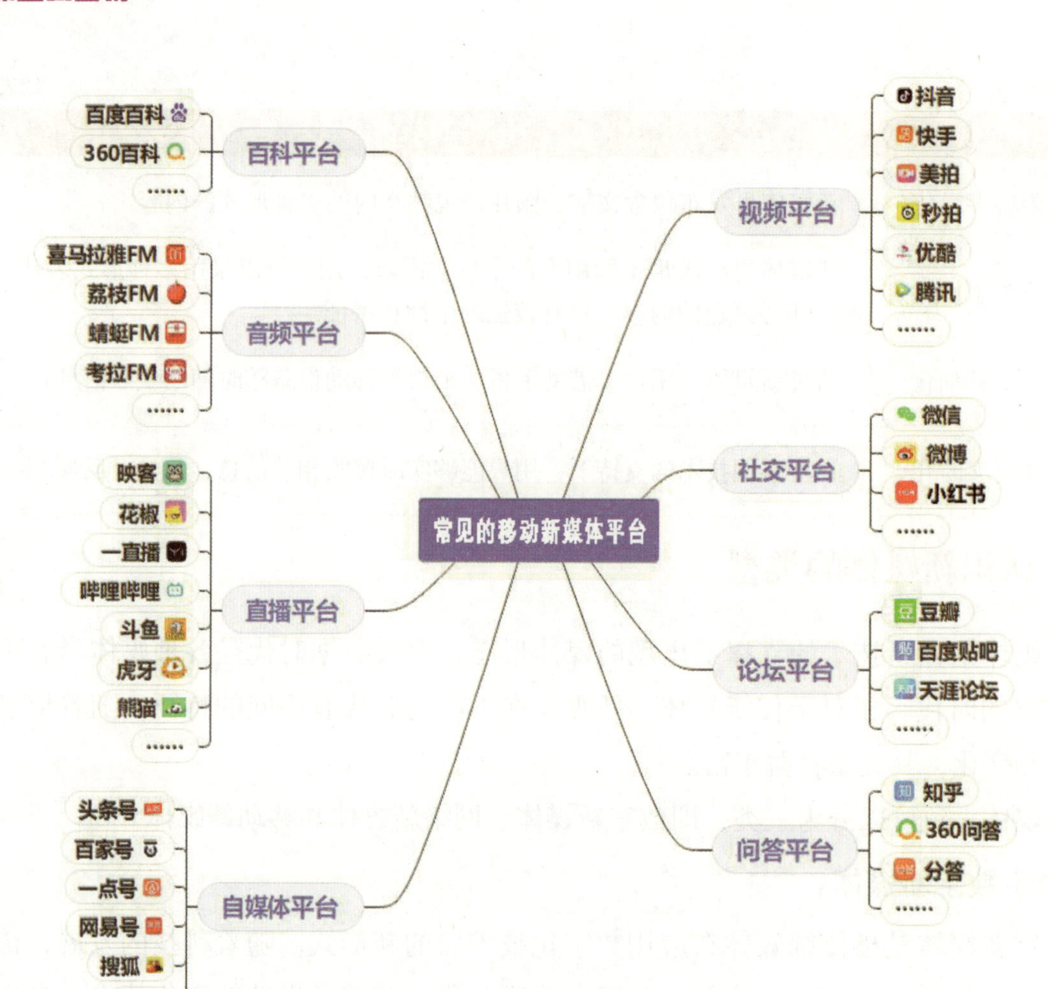

图 1-1　常见的移动新媒体平台类型

移动新媒体（以手机为例）具备以下三个特点：

移动性：手机将同步传播和异步传播整合在一起，即让用户借助手机，实时接收传播者的信息与其他用户实时交流，也可以选择任何自己希望的时间与其他用户跨时间交流。手机成了当今最快捷、方便的媒介。

广域性：一方面，手机的用户群体大；另一方面，手机使用的广域网几乎覆盖了人们生活中的任何地方，信息的传输面大大超越了网络媒体。

强制性：手机用户对手机有较强的依赖性，通常，处于被动接收的状态。

活动 2　认识新媒体运营

小知识

什么是新媒体运营?

简单来说，新媒体运营就是利用新媒体平台开展营销活动。

从本质上来说，新媒体运营是企业软性渗透的商业策略在新媒体形式上的实现，企业通常借助媒体相关产品信息，使消费者认同某种概念、观点和分析思路，从而达到宣传品牌、销售产品的目的。

新媒体运营能够帮助企业更好地获取用户量、访客来源、访问时间、用户年龄、地域、消费习惯，然后有针对性地展开更为精准的营销活动。新媒体运营使企业经营活动成本更低、营销效率更高。

为更好地认识新媒体运营，本活动将从以下两点展开介绍。

（1）新媒体运营的特点。

（2）新媒体营销模式。

1. 新媒体运营的特点

新媒体运营以其自身的多重优势逐渐发展为当今社会的主流营销模式，取得了较好的效果。其特点如图 1–2 所示。

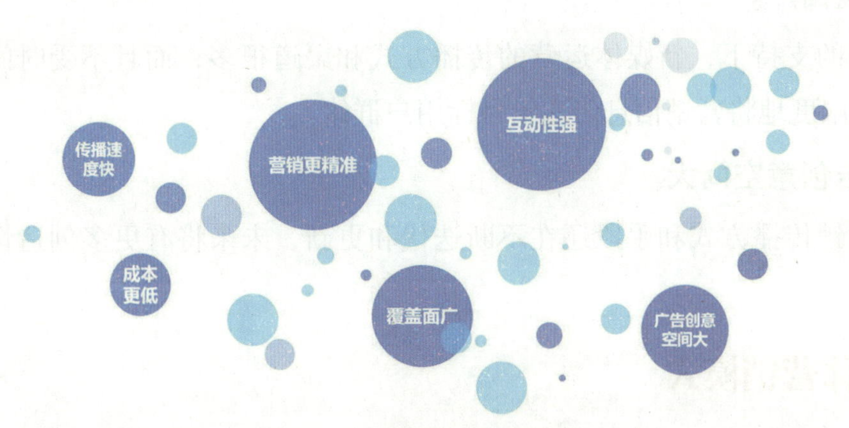

图 1–2　新媒体运营的特点

（1）互动性强。

新媒体运营具有互动性强的特点，即用户可以在活动过程中对营销信息进行传播、讨论、反馈，甚至直接参与营销活动方案的策划。在新媒体运营活动策划的过程中，企业要让尽可能多的目标用户参与，并巧妙地将品牌元素加入用户互动环节，使品牌在用户间形成良好口碑，并能将活动信息在用户群中传播开来。

（2）营销更精准。

新媒体运营的精准性主要体现在对用户数据的收集和分析上。企业通过第三方工具获取用户信息，了解、分析并掌握用户的需求，绘制用户画像，明确目标用户。针对目标用户，设计活动时间、场景等，挖掘、推算用户的消费需求和潜力，促进用户消费，使营销更精准。

(3)传播速度快。

新媒体运营的传播速度快主要体现在传播途径和自身特点两方面。

从传播途径来看,新媒体运营通常会发布符合用户需求的信息,让用户愿意主动传播这类信息,从而加快信息传播的速度。

从自身特点来看,新媒体平台的信息发布方式便捷、信息传播速度快,用户可以随时随地接收信息。

(4)成本更低。

新媒体运营成本低主要体现在基于新媒体平台、依托网络开展营销活动,相较于传统线下活动,在宣传和物料等成本支出上较少。如企业可利用在微信、微博、抖音、快手等多平台上设立官方账号,在百度百科建立品牌词条,在企业官方网站上开设互动专栏等渠道,发布创意内容,让用户主动传播,帮助企业宣传品牌。另外,新媒体运营的技术成本低,各类新媒体的平台操作较为简单。

(5)覆盖面广。

在互联网的支持下,新媒体运营的传播方式和渠道很多,而且不受时间和空间的限制,能够最大限度地将营销信息传递给目标用户群体。

(6)广告创意空间大。

新媒体营销传播方式和手段还在不断迭代和更新,未来将有更多创造性元素融入这个过程。

2. 新媒体营销模式

由于营销需求不同,企业使用的营销方式也不同。下面将针对新媒体运营中一些有代表性营销模式进行介绍。

(1)饥饿营销。

"饥饿营销"是运用于产品或服务方面的商业推广形式,是指产品提供者有意调低产量,以期达到调控供求关系,从而制造出供不应求的"假象",以维护产品形象并使产品维持较高售价和利润率的营销策略。饥饿营销的优劣势如表 1–2 所示。

表 1–2 饥饿营销的优劣势

优势	劣势
·强化消费者的购买欲望 ·扩大产品及品牌的号召力 ·有助于企业获得稳定收益 ·有利于维护品牌形象	·损害企业的诚信形象 ·消耗消费者的品牌忠诚度 ·延长产品的销售周期

开展饥饿营销的步骤主要有四个。

步骤 1：吸引用户关注，让用户对产品产生兴趣。通常，“免费”和“赠送”是最能吸引用户的手段。

步骤 2：引导用户对产品产生需求。

步骤 3：建立用户期望值，让用户对产品的兴趣和拥有欲越来越强烈。

步骤 4：发布营销信息。

如何提升饥饿营销的营销效果呢？主要有以下几个技巧。

严控商品质量：只有在保证产品质量的前提下，才能不断扩大市场需求。

丰富营销形式：采用文字、图片、视频、动画、漫画等多种形式进行营销信息传播，扩大营销传播范围，挖掘更多潜在用户，增加产品的需求量。

扩大推广渠道：多渠道分发营销信息，提高营销信息的曝光率。

优化文案内容：采用悬念式的文案结构，提高营销信息的阅读量。

（2）口碑营销。

简单来说，口碑营销就是企业通过为用户提供满意的产品和服务，使消费者主动在其亲朋好友之间将企业的产品信息、品牌传播开来。

口碑的形式和具体内容如表 1–3 所示。

表 1–3　口碑的形式和具体内容

形式	具体内容
经验性口碑	即用户对产品或服务的直观感受。经验性口碑又分为正面经验性口碑和反面经验性口碑。正面经验性口碑能够提升品牌形象，而反面经验性口碑则会降低品牌价值
继发性口碑	即用户直接感受营销活动传递的信息或所宣传的品牌时形成的口碑，其对用户的影响比广告更深
有意识口碑	即利用名人代言，为产品发布上市营造正面口碑，其效果不易衡量

口碑营销是建立在良好的产品或服务质量上的，主要包括三个过程。

树立口碑：即通过增强用户体验、注重细节和服务等方式提升用户满意度，使用户更容易接受营销信息并自主传播。

传播口碑：即通过和其他品牌合作、传播品牌故事、借助用户评价等方式制造口碑效应，从而实现口碑的传播。

维护口碑：从产品质量和用户反馈两方面出发，避免产生负面影响。

（3）病毒式营销。

病毒式营销是指企业利用公众的积极性和人际网络，使营销信息像“病毒”一样迅速传播和扩散，将企业产品快速传递给更多的用户。

企业开展病毒式营销操作的方法主要有两点。

制造具有强传播性的“病毒”；

传播“病毒”，将“病毒”快速传递给更多用户，扩大“病毒”的影响范围。

企业开展病毒式营销过程中，需要注意三点。

传播方式要简单：病毒式营销的传播媒介是用户，传播方式太过复杂，会打击用户的参与积极性；

选好发布渠道：企业应选择用户集中、活跃、互动性强、传播迅速的平台发布；

找准“易感人群”：“易感人群”即对营销信息接受程度较高的人群，这类人群能够快速接收营销信息，参与度高，互动性强，能够将信息迅速传播开来。

温馨提示

病毒式营销和口碑营销的区别

从传播动机和观点看：病毒式营销利用的是“看热闹的羊群效应”，在其实施过程中，用户是基于有趣而主动传播的，而对于传播的内容却并没有进行详细了解。他们只是出于新鲜有趣才参与其中，不对传播的内容负责；而口碑营销利用的是“人们更相信他人的意见”，在口碑营销的过程中，用户是基于信任而主动传播的，他们对传播的内容不但了解还很认可，也愿意对传播的内容负责。

从传播效果看：病毒式营销满足的是知名度，通过高曝光率在用户中形成广泛认知，但是知道并不代表认可；而口碑营销满足的是美誉度，即通过引导用户的口口相传来实现增加信任度和认可度的目的。

（4）借势营销。

借势营销是指将销售目的隐藏于营销活动中，将产品的推广融入用户喜闻乐见的环境里，使用户在这个环境中了解并接受产品的一种营销手段。

借势营销的操作流程主要有两点。

找准借势时机，即给用户参与营销活动的理由；

关联营销内容，即将“势”、产品或品牌诉求、用户关注点这三点进行结合。换句话来说，就是将“势”与产品或品牌所倡导的价值导向或文化理念相融合，从而得到用户的认可，使用户愿意主动传播，为营销信息的广泛传播奠定基础。

其中的“借势时机”又可以划分为两类。

可预期的借势时机：如节日、重大体育赛事等。可预期的借势时机较多，参与营销的品牌也很多。通常，企业会在各种活动开始前，就进行营销预热，以充分调动用户的参与积极性，以保持竞争优势。

不可预期的借势时机：如娱乐新闻、实时热点等具有突发性特点的事件属于不可预期的借势时机。这一时机大众参与度高，但时效性较短。对于这类借势时机，要求企业在事件发生的第一时间就做出快速反应；否则，热度过去后，营销效果会大打折扣。

（5）情感营销。

情感营销是指从用户的情感需求出发，在营销策略中加入情感元素，激起用户的情感需求。情感营销的操作步骤如图 1-3 所示。

图 1-3　情感营销的操作步骤

①塑造品牌 / 产品的情感价值。让用户对品牌产生认同、参与到活动中。塑造品牌 / 产品的情感价值有三种方式。

情感包装：对产品的包装材料、图案、色彩、造型等进行创新，形成独有的风格，并赋予特殊的含义，给用户不同的情感享受，从而引起用户的好感和心理认同，激发用户的购买欲望。

广告语：撰写能让用户产生情感共鸣的广告文案，应能展现品牌形象，让用户对广告不再抵触，引发用户现实的或潜在的需求。

服务：如严肃并真诚地解决问题、及时并高效地兑现承诺、随时为用户答疑解惑等。通过良好的服务，提高用户对品牌的忠诚度，从而获得竞争优势。

②建立情感连接。放大用户潜在的情感因素，建立企业与用户情感连接的桥梁。如广告语“无论路途如何艰辛，也要回家过年”。

③培养情感互动。让用户与品牌互动，如通过提问、抽奖等形式引导用户评论、转发广告内容，或开展与情感主题相关的线上互动游戏；又或者使用与用户合影等线下互动形式。

（6）跨界营销。

跨界营销是指两个或两个以上的品牌根据不同消费群体之间所拥有的共性和联系，通过融合、渗透品牌的产品、文化，形成合作品牌的立体感和纵深感，进而获得用户认可和好感的活动，其可以使跨界合作的品牌都能够实现营销效果最大化。跨界合作对于品牌的最大益处是让原本毫不相干的元素，相互渗透、相互融合，从而给品牌一种立体感和纵深感。可以建立“跨界”关系的不同品牌，一定是互补性而非竞争性的品牌。这里所说的互补，并非功能上的互补，而是用户体验上的互补。

要想实现事半功倍的营销效果，选择跨界合作品牌时需遵循以下原则。

资源匹配：合作品牌间的实力、营销思路、用户群体和市场地位等方面具有能够发挥协同作用的共性和对等性；

目标用户一致：合作品牌间的目标用户群体应一致或部分群体重合；品牌理念具有相同点；

品牌非竞争性：合作品牌间应当属于互惠互利、相互借势的关系，不具有竞争关系；

以用户为中心：能够做到关注用户需求，为用户提供其需要的产品或服务，将用户体验和感受放在第一位。

跨界营销形式主要有以下几种。

商品跨界营销：指两个或多个不同品牌依据自身的优势联合进行产品研发，生产定制款产品用于营销。

文化跨界营销：指对产品品牌进行文化借势，从而提升产品和品牌的价值。其方法是将文化元素融入产品的设计中。

促销跨界营销：指将合作双方其中一方的产品作为另一方的促销品或促销工具，或者双方均把对方的产品作为己方的促销品或促销工具。

(7) 软文营销。

软文营销是指通过特定的概念诉求，以摆事实、讲道理的方式使用户走进企业设定的“思维圈”，以强有力的针对性心理攻势迅速实现产品销售的营销模式，如新闻、第三方评论、访谈、采访和口碑等。软文营销往往通过文章的情感因素和渗透其中的产品关键词的影响，润物细无声地使目标用户产生心理共鸣，给用户留下深刻的印象，让用户对产品产生购买冲动。

常见的软文形式有以下几种。

①新闻式软文：模仿新闻媒体的口吻对新闻事件撰写，让用户感受到事件的权威性。注意，写新闻式软文时不能太过随意、夸张，避免造成不必要的负面影响。

②情感式软文：通过抓住用户情绪爆发点，做到以情动人，获得读者的青睐，从而使软文达到宣传效果。

③悬念式软文：利用用户的好奇心设置问题，引起用户的关注，让用户猜测、想象，

然后选择合适的时间公布答案，在答疑的过程中植入广告，从而达到宣传目的，但答案要符合常识。

④故事式软文： 讲述一个完整的故事来引出产品，给消费者强烈的心理暗示，让消费者自然而然地接受产品，从而产生购买欲。

⑤促销式软文： 是最直观的软文，使用频率很高，虽然营销意味明显，但因其抓住了消费者"贪小便宜"的心理，营销效果还是比较好的，一些购物网站常常出现这类软文。

⑥恐吓式软文： 属于反情感式诉求，通过恐吓的形式来突出产品的重要性，但需要注意的是，要把握好尺度。

软文传播要素如下：

推广的对象：即企业锁定的目标用户群体；

推广的内容：能够准确描述推广商要表达的信息；

推广的方法：推广商将要表达的信息有效传递给目标受众，让其能够潜移默化地接受内容引导；

推广的平台：选择合适的发布平台，确保让尽可能多的目标群体看到文章；

推广的时间：选择合适的推广时间进行软文投放。

课堂小测

1.【单选】关于新媒体的特征，下列说法中错误的是（　）。

A. 每位用户既是信息的接收者，也是信息的传播者

B. 新媒体发布形式有图片、文字和视频

C. 新媒体用户可以表达自己的观点和感兴趣的内容

D. 新媒体用户能够实时接收相关信息并实时反馈

2.【单选】下列选项中，不属于网络新媒体的主要营销方式的是（　）。

A. 门户网站营销

B. 网络视频营销

C. 电子邮件营销

D. 数字广播

3.【多选】下列选项中，属于口碑形式的是（　）。

A. 正面经验性口碑

B. 反面经验性口碑

C. 继发性口碑

D. 有意识口碑

4.【判断】病毒式营销利用“人们更相信他人的意见”，让用户基于信任主动传播广告内容。(　)

案例解析

测一测属于你的主导色

案例详情

近年来，国内测试类H5屡见不鲜，但传播力度普遍较小。为了进一步传播网易云音乐的品牌价值，基于对互联网年轻用户心理研究的结果，网易云推出音乐H5，将声乐、颜色、关系匹配与人格特质解读进行创新结合，并通过互联网“年轻态”的社交互动达到全网刷屏，引发用户二次创作的狂欢。

· 参与企业：网易云
· 内容：性格测试游戏

人们对不同颜色、不同性格的感知与联想存在结合点，以此设置一系列题目区分个体性格，并将测试结果投射为颜色的展示形式，降低用户理解成本。首先，通过声、乐结合的8道题区分出16种人格类型；其次，根据美国心理学家托马斯·摩尔的著作《最准确的性格色彩测量工具》，将颜色与性格相匹配，给出全新的主导色性格解释；最后，将16种人格类型进行“吸引”与“远离”的区分，引爆社交话题。

网易云本次将视听化的题目与心理学性格测量方式相结合，将个体性格具象为16种颜色，并通过文案将性格解读区分为“你的特质”“在别人眼里”“在本质上”三个维度，层层深入。用户既可以在测试过程中获得沉浸感体验，又可以对个人性格进行精准解读，并通过“吸引与原理的颜色”开展社交话题的讨论活动，从而给用户带来新奇、有趣、自我了解与社交互动相结合的综合体验。

部分 H5 界面截图如图 1-4 所示。

图 1-4　部分 H5 界面截图

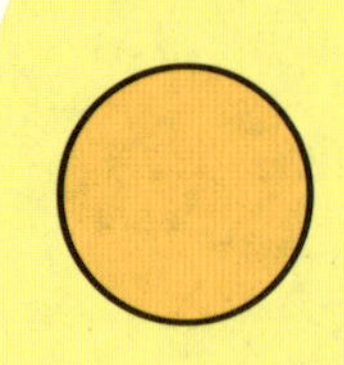

任务2 了解新媒体运营者应具备的素养

由于随着越来越多的企业布局新媒体运营，对新媒体运营者的需求更是呈爆发增长态势。

本任务将从以下两点展开介绍新媒体运营者应具备的素养。

（1）认识新媒体运营岗位。

（2）了解新媒体运营者能力要求。

活动1 认识新媒体运营岗位

随着新媒体的不断发展，新媒体从业者的队伍也在不断壮大。作为一名求职者，只有在充分了解新媒体工作的岗位职责和团队构成与分工的前提下，才能更好地胜任新媒体运营岗位，才能在工作中和团队默契配合。

1. 岗位职责要求

某招聘网站上的部分企业对新媒体运营岗位招聘的要求如图1–5所示。

职位描述

1.熟练运作公众号平台，有一定的文案功底；

2.具备一定的视频剪辑能力，有过抖音、视频号等平台运营经验者优先；

3.完成上级领导下达的其他工作任务；

4.公司设有党支部，企业员工均可评优入党；

5.欢迎有热情的应届生加入。

任职要求：

1.有网站或新媒体运营工作经验，有微信运营经验，投流经验优先；

2.有淘宝、京东、平多多等电商平台运营经验。

3.热爱新媒体行业和自媒体运营，对小红书、微博、大众点评、抖音等互联网等平台较为熟悉，对投流规则熟悉，对移动互联网发展潮流高度关注，思维活跃、有创意；

4.具有良好的理解、沟通能力，较强的洞察力和社会交往能力；具有比较广泛的知识储备，文字表达能力强；

5.对工作极具热情，优秀的团队合作精神、积极主动，创造性强。

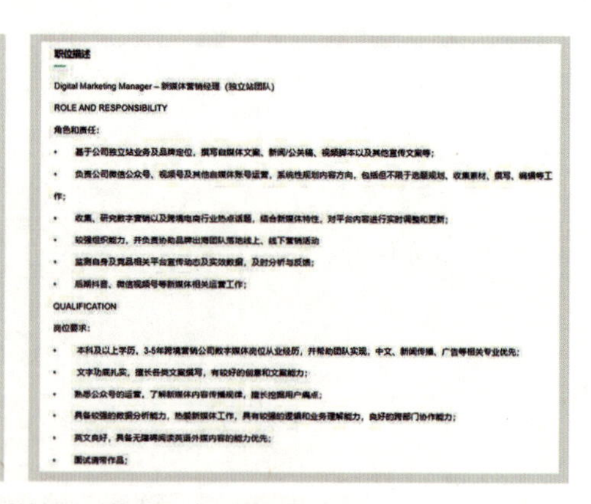

职位描述

Digital Marketing Manager – 新媒体营销经理（独立站团队）

ROLE AND RESPONSIBILITY

角色和责任：

- 基于公司独立站业务及品牌定位，撰写自媒体文案、新闻/公关稿、视频脚本以及其他宣传文案等；
- 负责公司微信公众号、视频号及其他自媒体账号运营，系统性规划内容方向，包括但不限于选题规划、收集素材、撰写、编辑等工作；
- 收集、研究数字营销以及跨境电商行业热点话题，结合新媒体特性，对平台内容进行实时调整和更新；
- 较强组织能力，并负责协助品牌出海团队落地线上、线下营销活动
- 监测自身及竞品相关平台宣传动态及实效数据，及时分析与反馈；
- 后期抖音、微信视频号等新媒体相关运营工作；

QUALIFICATION

岗位要求：

- 本科及以上学历，3-5年跨境营销公司数字媒体岗位从业经历，并帮助团队实现，中文、新闻传播、广告等相关专业优先；
- 文字功底扎实，擅长各类文案撰写，有较好的创意和文案能力；
- 熟悉公众号的运营，了解新媒体内容传播规律，擅长挖掘用户痛点；
- 具备较强的数据分析能力，热爱新媒体工作，具有较强的逻辑和业务理解能力，良好的跨部门协作能力；
- 英文良好，具备无障碍阅读英语外媒内容的能力优先；
- 面试请带作品；

图1–5 某招聘网站上的部分企业对新媒体运营岗位招聘的要求

由此可知，不同企业对新媒体运营岗位的工作职责也有不同规定。其主要的工作职责大致有以下几点内容。

能够关注网络热点，对相关资料进行收集、整合、筛选，完成专题的策划、编辑、制作等工作；

能够根据产品/品牌的特征，结合现有资源，制订并优化产品推广方案；

能够进行新媒体运营平台运营工作，如日常更新、账号维护、账号引流等；

能够跨部门进行团队协作，如协助市场部门制订企业推广计划及市场活动的开展、协助技术团队对企业网站进行修改、更新及维护等；

2. 团队的构成

不同企业或品牌的新媒体运营团队的架构有细微不同。通常，企业规模越大，新媒体运营团队的成员分工越细，在架构中的分组也就越多。常规新媒体运营团队的架构如图 1-6 所示。

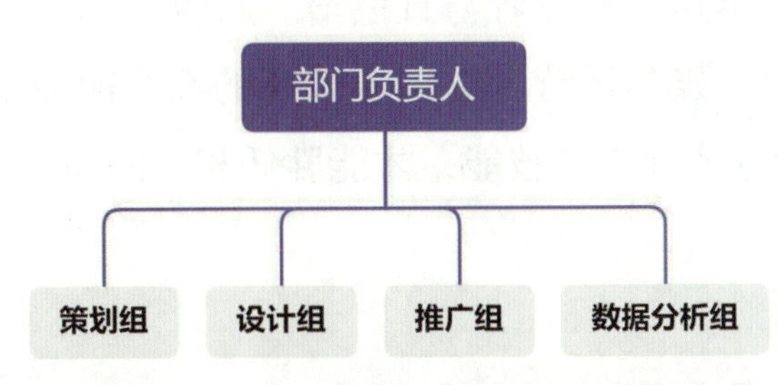

图 1-6　常规新媒体运营团队的架构

以常规新媒体运营团队的架构为例，各个岗位职责介绍如下。

部门负责人

规划、实施新媒体运营计划，并带领团队完成营销目标；

结合营销情况及产品，制订月度 / 季度 / 年度营销计划，并量化绩效指标；

制订内部团队管理措施、规范及业务流程等；

管理、培训、考核团队成员。

策划组

负责营销计划的前期调研与可行性研究；

制作新媒体运营内容；

规划与优化新媒体运营活动，明确活动的细节，如流程、成本、效果等；

协助上级拟订营销计划，做好用户管理工作。

设计组

图文排版；

拍摄与制作图片；

拍摄、剪辑音频和视频等。

推广组

负责新媒体运营平台账号间的引流与推广；

根据活动专题进行内容推广；

管理新媒体运营平台；

负责粉丝的维护工作。

数据分析组

调研、分析新媒体运营平台的数据，并提交相应的数据报告；

收集粉丝数据，建立粉丝数据库，对粉丝进行数据管理；

收集、分析活动数据，为活动改进提供数据支持。

活动 2　了解新媒体运营者能力要求

由于新媒体行业发展迅速，从业者与日俱增。新媒体的发展十分迅速，需要掌握相关的知识不断变化，这对新媒体运营者提出了较高的综合能力要求。一名合格的新媒体运营者需要具备相关基本素质和岗位技能，才能胜任相应的岗位。

1. 基本素质要求

新媒体运营者的基本素质要求如表 1–4 所示。

表 1–4　新媒体运营人员的基本素质要求

基本素质要求	具体要求
学习能力	能够主动学习相关专业知识，提高技能水平
抗压能力	能够积极调整工作状态
资源整合力	能够协调各个新媒体平台资源，最大限度地提高企业营销的价值，完成企业的品牌布局
思维创新能力	能够根据营销活动，提供有创意的策划思路
数据敏锐度	对数据趋势变化敏感，能够发现数据变化的原因
爱岗敬业	对工作负责、热爱工作
网感能力	能够敏锐判断、把控时下热点信息的趋势走向，捕捉到网络热点、爆点，时刻了解用户的关注点
审美能力	判断文章排版是否合理、配图是否精美、视频画面是否流畅等

2. 岗位能力要求

岗位能力是指胜任职业活动所需的技术能力，是职业人才从新手到熟手必备的能力。新媒体运营者应具备的岗位技能如下。

（1）信息采集能力。

新媒体内容的阅读量、传播度和其内容选题有着紧密联系。而一个好的选题，必定是用户密切关注的事件。因此，采集社会热点信息，对新媒体运营者来说至关重要。

常见的获取热点的途径有各大新闻门户网站的新闻首页；搜狐新闻、今日头条、新浪微博、百度搜索风云榜等媒体的热点内容。

（2）内容编辑能力。

寻出热点选题后，要求新媒体运营者根据营销要求，撰写出逻辑缜密、有吸引力、可读性强的高质量文章。为更好地实现这一目标，还要求运营人员能够灵活使用各种内容编辑工具，对内容进行排版和优化。常用的内容编辑工具有 Wordart 创意云文字设计、草料二维码、135 编辑器等，如图 1–7 所示。

图 1–7　常用的内容编辑工具工作界面

（3）图文设计能力。

在活动宣传、日常宣发的过程中，通过图文设计，提升信息阅读量，是新媒体运营工作常见的手段。图文设计主要体现在封面图制作、信息长图制作、icon 图标绘制、gif 动图制作、表情包制作等。

常用的图片编辑工具有 Photoshop、美图秀秀、醒图、黄油相机等。

（4）音视频编辑能力。

随着新媒体形式的不断丰富、短视频的迅猛发展，受众对于视频内容的喜爱日益增长。这就要求新媒体运营者具备相关音视频编辑能力。

常见的视频和音频编辑软件如表 1–5 所示。

表 1–5　常见的视频和音频编辑软件

项目	视频编辑软件				音频编辑软件
软件图标		Pr	Ae		Au
软件名称	剪映	PR	AE	格式工厂	AU

（5）活动策划能力。

一场好的活动，能够充分地带动用户的参与度，提高品牌粉丝量，增强用户黏性。因此，活动策划能力对新媒体工作而言，至关重要。

常见的活动策划工具如表 1-6 所示。

表 1-6　常见的活动策划工具

工具名称	Liveapp	H5.cn	Epub360
工具图标	liveapp	H5.cn	Epub360

（6）平台运营能力。

熟悉各大平台的操作和运营规则，对公司平台账号进行运营、维护，是新媒体运营人员必须掌握的基本技能。

课堂小测

1.【单选】关于新媒体运营岗位的职责要求，下列说法中错误的是（　　）。

A. 能够胜任日常更新、账号维护、账号引流等平台运营工作

B. 能够协助市场部门进行推广计划的制订、网站的修改、更新与维护

C. 能够结合现有资源，根据产品 / 品牌特征制订并优化产品推广方案

D. 能够完成专题策划、编辑、制作等工作

2.【单选】关于新媒体运营团队各个岗位职责，下列说法中错误的是（　　）。

A. 部门负责人：规划、实施新媒体运营计划，并带领团队完成营销目标

B. 策划组：制作新媒体运营内容

C. 推广组：负责营销计划的前期调研与可行性研究

D. 数据分析组：收集、分析活动数据，为活动改进提供数据

3.【多选】下列选项中，属于新媒体运营者基本素质要求的是（　　）。

A. 网感能力

B. 图文设计能力

C. 文案编辑能力

D. 审美能力

4.【判断】每个新媒体公司都需要有策划组、设计组、推广组、数据分析组和项目负责人。（　）

5.【判断】新媒体运营者为了吸引用户的眼球，可以编造、夸大一些内容，从而提高文章的阅读量。(　　)

案例解析

重返月球的Mate

案例详情

2018年，在华为Mate20上市之际，华为曾发布创意短片《一张来自太空的照片》，讲述宇航员小马为了拍摄一张全景的月球图而闹出的一系列包括安全绳掉落、误关舱门和踩到登月脚印的故事。而在某网络视频配音红人用重庆话魔改配音后，这部广告片更是被人们疯狂刷屏。

· 企业：华为
· 内容形式化：短视频
· 岗位技能要求：创新能力和创意

为宣传新款手机Mate50系列，华为发布了短片《重返月球的Mate》，时隔四年，那个搞笑的宇航员小马又回来了。短片借由小马在月球上的一系列突发状况，自然带出产品的超高性能，如耐摔，由耐摔性是普通玻璃10倍的昆仑玻璃打造；其还可以使用卫星通信功能，在没有网络的地方，便可以通过北斗卫星系统发送紧急短信；其还使用了XMAGE影像技术，多档可调物理光圈，能把肉眼看不到的细节放大等。

此外，华为《重返月球的Mate》广告片上线后，也没有忘记当年方言版的传播盛况。华为官方直接下场“打样”，同步上线重庆方言版，其趣味魔性的风格在网络上快速掀起二次传播热潮，引发大众争相模仿和讨论。

这种做法不仅能很好的拉近由于用户的距离，建立起“会玩、懂年轻人”的品牌形象，也能够激起用户的二次创作欲望，使热度持续传播。

产品宣传广告中的心智植入一直是衡量内容水准的重要指标，让用户可以在潜移默化地接收产品信息。

华为这支视频将产品功能与故事内容巧妙结合，通过场景化展现产品功能，更容易被大众接受。在视频中：手机没信号？用华为Mate50Pro，支持使用北斗卫星，没有信号也可以发消息！手机电力不足？用华为Mate50Pro，应急模式不仅能坚持续航，还可扫码摆脱窘境！当大众看到宇航员小马遭遇一系列窘境，然后借助华为Mate50Pro

成功解决问题，在会心一笑的同时，也深刻认识了产品的强大实力，可谓“润物细无声”。

通过上述案例，我们可以了解:《重返月球的Mate》紧扣时下热点的航天题材，通过设计巧妙的创意桥段，风趣幽默的表达方式，独具巧思的产品植入方式，以及高质量影片的呈现方式，得到了广泛好评，吸引了大量转发和热议，可以算是一部十分成功的经典营销短片。无论是女娲补天、夸父逐日、嫦娥奔月等古代神话传说的浪漫，还是我们现在拥有空间站、登月探测器的骄傲自豪，航天，是中国人挥之不去的情愫，如今也成为中国科技自立自强的标杆。《重返月球的Mate》营销短片能之所以能如此火爆，展现出华为品牌在营销策划上的“硬核实力”，也与该片“应景”地迎合了当下大家热议、逐步升温的航天题材有密切关系。华为以这样的方式向中国航天致敬，可以说既是广告营销方式，更是对于创新和突破的宣示。在移动通信行业，华为不断攀登，目标就是星辰大海。

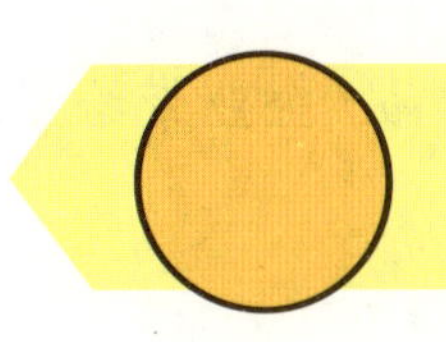

任务3　了解新媒体营销思维

营销思维是指通过换位思考，从营销的角度去看待一个问题，运用营销的理念去做服务营销对象的事情。营销的本质就是迎合消费者的心理需求。营销思维指引着运营工作前进的方向、目标，是运营工作的框架。当然，这个目标是有阶段性和针对性的，会根据现实情况不断进行优化和调整。现在，越来越多的企业向新媒体运营进军，企业对新媒体运营人员的需求激增。为了更好地胜任相关工作，了解新媒体运营思维是必不可少的。

企业要想实现新媒体运营的价值最大化，必须认识以下几个新媒体运营的思维。

（1）认识互联网思维。

（2）认识全局、跨界思维。

（3）认识大数据思维。

（4）认识免费思维。

（5）认识品质思维。

（6）认识品牌思维。

活动 1　认识互联网思维

小知识

什么是互联网思维？

互联网思维就在（移动）互联网+、大数据、云计算等科技不断发展的背景下，对市场、用户、产品、企业价值链乃至对整个商业生态进行重新审视的一种思考方式。

简单概括，互联网思维可以理解位由三个关键词组成——体验、话题、传播。其以互联网为媒体，将消费者在使用产品或享受服务时体验到的感觉，迅速将体验转化成话题传播出去，进而引发更多的话题。

互联网思维具备以下特性。

相对于工业化思维，互联网时代的标准思维模式是小批量、多批次的精细化生产，精准的销售和传播模式。

更注重消费者的需求，消费者能够更自主地选择自己所需的产品和服务。

强调“用户至上”的企业生产经营活动，将消费者的需求放在首位。

在互联网思维下，产品和服务相辅相成。产品除了可以满足基本功能需求外，还要满足用户对于其服务的需求。

互联网思维下的产品自带媒体属性。一些消费者在新媒体平台描述产品/企业带给自身的体验，以此来吸引更多的潜在用户。

互联网思维要求企业在进行新媒体营销与运营时需要具备以下意识。

互动意识：让用户参与到品牌塑造和传播的过程中，成为品牌的推广者，与品牌建立更深的情感连接。

碎片化意识：配合移动端用户碎片化的特性，让用户在短时间内被活动吸引，参与到活动中。

粉丝意识：以运营用户为核心，与用户建立深度联系，并引导用户积极参与活动。

焦点意识：把握核心营销渠道和模式。

极致意识：在互联网营销中，“第一”的称号往往更能吸引用户关注，如行业品类第一、思维想法第一、服务体验第一等。

活动 2　认识全局、跨界思维

全局思维是从实际出发，正确处理全局与局部、未来与现实的关系，并抓住主要矛盾制订相应规划，为实现全局性、长远性目标而进行的思维。而跨界思维则是从多角度、多视野看待问题，并提出解决方案的一种思维方式。

全局思维和跨界思维的特性有以下几点。

前瞻性：个人和企业，要想在激烈的竞争中站稳脚跟，就必须从全局角度出发，把握科技带来的机遇，掌握主动权，大胆探索。

融合性：融合性主要体现在企业与消费者之间的融合、企业与企业之间的融合，以及企业与媒体之间的融合。

企业与消费者之间的融合：企业利用社会化媒体拉近企业与消费者的关系，获取消费者信任，最终形成忠实消费者群体。

企业与企业之间的融合：跨界双方要通过融合，构建新的联系，发掘新的合作场景。另外，跨界的双方要通过共享客户、渠道等数据资源，实现深度协同营销和产业链互补。

企业与媒体之间的融合：当企业或产品拥有了一定体量的忠实用户时，该企业或产品本身就具有一定的号召力，能够有效连接企业与用户，增强用户黏性，为后续企业新品开发积攒销售渠道和流量入口。

活动 3　认识大数据思维

大数据是指无法在一定时间内用传统数据管理方法（如数据库管理软件工具）对其

内容进行抓取、收集、管理、分析处理的数据集合。大数据实际上是营销的科学导向的自然演化。

大数据思维的特性有以下几点。

注重关联关系：大数据思维是从海量数据中寻找相关性，从结果分析原因，从而冲破了原有思维框架的局限。

以大见小：大数据的核心就是预测，从大量数据中提取出需要的数据，对可能发生的事情进行预测，对消费者行为进行预判。

大数据思维的三个维度如下。

定量思维，即提供更多描述性的信息，其原则是一切皆可测。不仅销售数据、价格这些客观标准可以形成大数据，甚至连用户情绪（如对色彩、空间的感知等）都可以测出，大数据包含了与消费行为有关的方方面面。

相关思维，即一切皆可连，消费者行为的不同数据都有内在联系，可以用来预测消费者的行为偏好。

实验思维，即一切皆可试，大数据所带来的信息可以帮助企业制订营销策略。

这就是运用大数据思维递进的三个层次：先描述，再预测，最后产生攻略。

活动 4　认识免费思维

免费思维，即通过免费提供产品和服务，打造优秀的用户口碑，开拓市场，达到收费的目的。免费思维需要掌握的内容有以下两点。

1. 常见的免费模式

在新媒体运营中，常见的免费模式主要有以下四种。

模式 1：先免费消费，再付费消费。简单来说，其是指商家通过为用户免费提供产品后，对产品进行二次开发，使迭代后的产品在保有基本功能的基础上，具备更优质的功能或服务，吸引用户进一步消费。在运用这种方式时，企业需要保证其所提供的产品或服务有价值、有特色，符合用户进行消费或再次消费的需求。

模式 2：间接收费。间接收费主要有两种形式：一是商家为部分消费者提供免费产品，通过隐形消费来获利，如提供免费手机，但每个月必须支付一定额度的话费；二是用户可免费使用产品的部分功能或服务，但其他功能或服务则需付费使用，如有些音乐软件，只为用户提供一部分免费歌曲，开通会员才能收听其他歌曲。

模式 3：交叉免费。这其实就是在对一方免费的同时，对另一方收费，让收费和免费交叉进行。如某平台同时面向买方和卖方开放，为了实现双方的利益交换，进行交叉免费，一部分功能向买家免费、向卖家收费，另一部分功能向卖家免费、向买家收费等。

模式 4： 暂时免费。其模式类似分期付款，即用户可以通过信用担保来分期偿还购物款，从而分散一次性购买压力，刺激用户产生购买欲望。

2. 免费模式的设计思路

一个理想、效果良好的营销模式，必须从企业、用户的实际情况出发，为用户提供他们真正所需的价值。以下是几种常见免费模式的设计思路。

思路 1：免费体验。

运用场景：新品上市和产品推广；

目的：通过用户的体验使用，建立其对产品初步的信任和认可；

运行方式：以免费赠送和免费试用为主。免费赠送主要是让用户免费体验，打造前期最基本的品牌口碑；免费试用服务主要给有需求的用户提供，这可以促进他们后期产生付费购买的欲望。

思路 2：免费产品。

免费产品是指产品免费，附加功能付费。该模式主要包括三种产品类型。

诱饵产品，即产品部分功能免费，用于吸引用户，再通过后续服务引导其进行其他功能的消费；

赠品，即将某款产品 / 服务设计成另一款产品 / 服务的赠品或附加品；

分级产品，即为产品设计不同的版本，然后对更加高级、更加个性化的版本收费。

思路 3：免费增值服务。

免费增值服务是指为产品 / 服务提供免费的增值服务，增值服务是对产品 / 服务功能的延伸，可以提高用户的黏性，促进用户的重复消费，如卖产品提供全年保修、卖资料提供使用指导等。在设计免费增值服务营销策略时，必须先保证增值服务的质量。而更实惠、用户体验感更好的增值服务可以提升产品价值，提高品牌影响力，从而达到销售和口碑双赢的目的。

除了上述免费营销的设计思路外，在指定时间、指定地点，对某产品或某功能免费的营销模式也十分常见。这种模式有利于培养用户的消费习惯，有利于让他们形成良性消费趋势。

活动 5　认识品质思维

在任何营销环境中，品质永远是产品的主要价值。品质思维主要体现在产品品质、服务体验这两个方面。

产品品质：只有加强消费者对产品、品牌的认知，提升产品的价值和内涵，企业才能向精细化发展，才能让产品在市场中广为流传，站稳脚跟。

服务体验：随着用户需求的个性化发展，企业通过提供极致的服务，让用户获得良好的使用体验，才能带动产品和品牌的传播。

活动 6　认识品牌思维

品牌思维是通过组织的品牌来解决组织中所有问题的行为和过程。品牌的本质就是用户从心理上认同产品。品牌的知名度、美誉度是企业保持长期竞争力的内在动力，是企业的无形资产，能够给产品带来附加值。很多营销渠道的选择、营销价格和促销模式的选择，都是建立在品牌影响力的基础之上的。

塑造品牌主要从以下两点出发。

产品分析：产品分析应该围绕产品进行挖掘，好产品才能支撑起有影响力的品牌，产品特点、卖点、功能、形象、服务等都可以作为品牌特色来打造。

策略分析：策略是指打造品牌的差异化，通过细分市场满足用户的个性化需求，从而获得独特的品牌优势。

在完成品牌塑造后，如何对其进行宣传呢？品牌宣传的方式主要包括传统媒介和新媒介两种方式。传统媒体如报纸、杂志、电视、广播等，新媒介如社交平台、数字产品、网络等。在当前信息化时代下，要求品牌的传播策划真实、新颖、个性、有创意，应确保传播的效果良好。

课堂小测

1.【单选】关于互联网思维，下列说法中错误的是（　）。

A. 互联网思维是小批量、少批次的精细化生产，精准的销售和传播模式

B. 互联网思维下更注重消费者需求

C. 互联网思维下产品和服务相辅相成，企业致力于将消费者转变为企业粉丝

D. 互联网思维下的产品自带媒体属性

2.【单选】关于全局和跨界思维，下列说法中错误的是（　）。

A. 全局思维就是从实际出发，正确处理全局和局部、未来与现实的关系，并抓住主要矛盾制订相应的规划，以实现全局性、长远性的目标

B. 跨界思维则是从多角度、多视野看待问题并提出解决方案

C. 全局、跨界思维具有前瞻性，能够把握科技带来的机遇

D. 全局性、跨界思维是企业和消费者之间的融合、企业与媒体之间的融合、消费者

和媒体之间融合

3.【多选】大数据思维的三个维度包括（ ）。

A. 定量思维　　B. 定性思维　　C. 相关思维　　D. 试验思维

4.【判断】运用免费思维时，企业不管提供什么产品或服务，只要是免费的，就能够吸引用户的注意，从而达到使用户再消费的目的。（ ）

5.【判断】在时间紧迫的前提下，运营人员可以随性发挥，进行活动策划。（ ）

案例解析

集全国七大地标，为城市打气

案例详情

【创意阐述】以“城市幸福肥”作为主创意点选取有代表性的地标，打造变胖后的萌版视觉效果。使用模拟真实打气场景为每个人的城市打气，让地标“胖”起来，让元气治愈每个城市；同时，联合万家商户打造“1平方米温暖”爱心驿站，为户外劳动者提供休息、热饮等便利。

· 合作企业：滴滴代驾＋饿了么口碑

· 主题：为城市打气！

【结果与影响】本次传播在网上综合曝光量高达2亿各行业逐渐回暖的时间节点进行传播推广，对社会有着积极的正向鼓励和引导。同时，还选取有代表性的地标，有效地提升了品牌的影响力，传播周期为36天，覆盖全国37个城市，合作门店数超过13000家，微博话题引爆传播的总阅读量在全国范围内超过8000万，300余家媒体争相报道，创意活动H5 PV量高达100万，收录营销案例多达50篇。

通过上述案例，我们可以了解以下信息：滴滴代驾和饿了么口碑都属于城市中的服务业，滴滴代驾代表着衣食住行中的“行”，饿了么口碑代表着衣食住行中的“食”，它们的合作覆盖了服务业的半壁江山。而这背后有一群最普通的劳动者，他们就是城市中“烟火气”的来源。城市要恢复生机，就需要这些劳动者回到工作岗位，因此，“为城市打气”的概念应运而生，可以很好地为劳动者和城市加油。

项目二 营销定位与策划

情境导入

“营销定位与策划”是营销策划人员必须掌握的专业技能。本项目基于企业工作场景，主要讲解营销定位与策划、账号定位，矩阵布局与设置账号信息等知识点，以帮助学生夯实理论基础，提升技能实战水平。

项目概述

新媒体营销可以在很多环节上产生影响力。在用户产生购买行为之前，新媒体营销可以起到告知作用。企业将自己的企业文化、品牌价值内涵、产品情况等信息通过新媒体进行宣传，可以使用户产生共鸣。对于潜在用户，可以通过在新媒体上确认对自己有用的信息，从而对企业及产品产生识别与认同。而在用户产生购买行为之后，部分用户会主动地在社交关系中分享企业与产品的信息，从而产生二次传播效应。

学习导图

针对营销定位与策划工作，编者梳理出了学习路径，同学们可根据该路径学习。

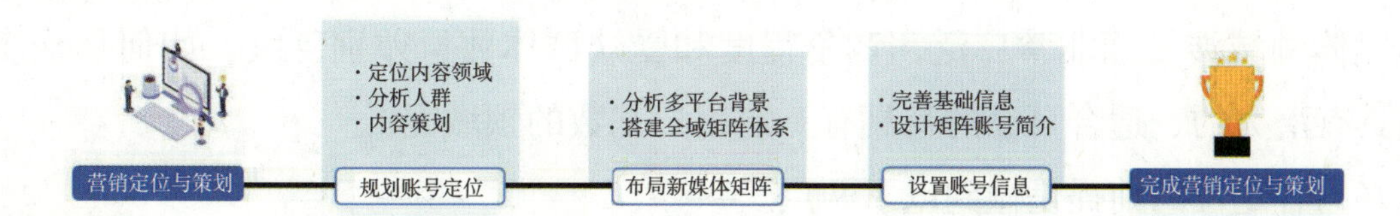

项目目标

通过本项目的学习，我们应当能够：

知识目标：

1. 明确内容定位的要点，归纳领域定位的内容；
2. 分析平台用户及目标用户的特点，制作用户画像；
3. 罗列新媒体平台的选择原则及相关设计要点。

技能目标：

1. 根据创作者个人特点和市场需求，选择账号内容；
2. 分析受众偏好，构建用户画像，深入了解用户需求，为账号的运营做好准备；
3. 能够搭建多平台矩阵账号，并完成账号信息的设置与完善。

素养目标：

1. 具备严谨、细致的工作态度；
2. 具备全局思考、协同工作的能力；
3. 具备利用网络资源等解决问题的能力。

任务1　规划账号定位

账号定位直接决定了涨粉速度、变现方式、引流效果等，也决定了内容布局和账号布局。一个人只有找准自己的定位，才能发展得更快、更稳，运营新媒体账号也是如此，账号定位越精准，就越有可能在激烈的竞争中脱颖而出。为了吸引更多的用户，运营者必须让自己的账号具有足够多的差异性。因此，定位内容方向、受众人群分析和内容策划是运营人员必须要掌握的基本技能。

活动 1　定位内容领域

定位内容领域是指找准自身账号的内容行业方向，然后按照这个方向持续产出作品。定位好大方向后，还要对细分领域进行定位。例如，大方向为三农领域，细分领域则可以是瓜果蔬菜、水产等。优势领域明确后，就需要在该领域垂直深挖，这样有利于精准获取粉丝。

新媒体领域涉及面非常广泛，竞争程度和受众群体数量差别巨大，如何从众多领域中找到具有潜力的、适合自己的且具有一定用户基数的领域呢？

做好内容定位的前提是做到以下两点。

（1）确定表现形式。

（2）定位内容形式。

1. 确定表现形式

新媒体内容的主要表现形式主要有四类：图文、音频、短视频和 H5。纯文字的新媒体内容表现形式已经很少见了，最常见的是图文形式。

（1）图文。

图文字面之意就是图片和文字合成，目前最常见的图文内容有以下三大类型，分别是长图文、短图文、图集。

①长图文： 长图文是在新媒体运营中较为常见的类型，一般也是最为传统的内容表现形式，是由较长的可持续讲解某种内容的图文相结合的模式进行的内容表达。长图文是最常见的发布头条号文章的模式之一。

②短图文： 最常见的短图文就是微头条和问答。

微头条是今日头条 App 内一种基于社交的内容形态，是基于粉丝发布的一款社交媒

体产品。通过微头条，用户可以随时随地发布短图文内容，机器会将其推荐给粉丝和可能感兴趣的用户群体。相关数据显示，微头条是头条内目前涨粉效率最高、互动性最佳、使用方法最简单的产品。

问答社区如知乎、悟空问答等，能使用户可以从数亿互联网用户中找到那个能为自己提供答案的人，是一种获取信息和激发讨论的全新方式。但要注意，内容坚持原创才有好的推荐和收录以及好的阅读量。

短图文可进行创作的方向有很多，如新鲜事、热点、热门、科普贴、经验贴、汇总贴、答疑解惑、生活感悟、心灵鸡汤等。

③图集：图集也是头条号最常见的发文模式，如婚纱摄影、旅游或其他必须使用图片才能更好地展现其内容的发文，都采用图集模式。

常见的支持发布图文内容的新媒体创作平台如图 2–1 所示。

图 2–1 常见的支持发布图文内容的新媒体创作平台

（2）音频。

越来越多的听众在碎片化时间的挤压下，适合且喜好短小的音频内容，日益明确的内容需求，对广播内容生产提出了更高的要求。越来越多的广播人通过制作大量的短音频来满足市场需求，在这个过程中，广播还进一步将音频打造成产品或服务，来实现音频的商业价值。

音频内容的拓展玩法有很多，如声音展览、演唱会、播客讲座、线下播客电台、故事台、情感电台等。新媒体背景时代下，音频内容平台具有以下趋势。

内容趋势：长尾化 + 多样性

长尾化、更多元、更基于兴趣爱好的内容将取代传统的内容，如图 2–2 所示。

图 2–2　内容趋势

用户趋势：黏性化 + 社群化

主播借助粉丝经济发展周边产品，粉丝成为电商的精准受众人群。根据兴趣、话题，把粉丝进行分类，逐渐分化出不同圈子，不仅便于社群管理，还便于互动。利用电台的品牌效应，吸引目标人群购买产品，通过节目形式的变化实现对不同产品的推广，完善电商体系并保证支付顺利，从而形成交易闭环。

收听趋势：碎片化 + 生活化

音频用户消费能力强，且睡前、出行、休闲等多场景碎片化时间都可以收听音频，这使得音频平台在萌芽阶段的付费效果就已经得到了证实。加之一些成熟 IP 已经形成了较大的用户群体，音频平台只需引入进行有声化转化，即可直接形成营收。

从收听人群来看，音频的受众年龄跨度最大，从不会说话的婴儿到年迈的老人都可以为音频的变现提供想象空间。以儿童消费为例，他 12 岁之前，都会对故事、童话、寓言、唐诗、英语这样的音频内容有需求，受启蒙教育长达 10 年。

常见的音频新媒体创作平台如图 2–3 所示。

图 2–3　常见的音频新媒体创作平台

（3）短视频。

在新媒体环境下，伴随用户触媒习惯的变迁，短视频作为一种媒体形式和信息传播手段，成为移动互联网时代受众利用碎片化时间接收信息、休闲娱乐的重要途径。在短视频平台的竞争当中，“记录美好生活”的抖音短视频的发展势头最猛，除了短视频这种传播形式赋予它的独特媒体特性外，内容本身对平台的发展也起到了至关重要的作用。内容不仅是短视频产业链当中的核心环节，更是短视频平台实现差异化发展的关键。

常见的短视频新媒体创作平台如图 2–4 所示。

图 2–4　常见的短视频新媒体创作平台

对于短视频来说，主要有五种不同的展现形式：图文 + 背景音乐、真人出镜口述、记录拍摄 / 动画 + 配音、表演剧情和 Vlog。

①图文 + 背景音乐。

图文 + 背景音乐相对简单，由图片和文字简单合成，如图 2–5 所示。该形式适用于制作干货视频、教育理论视频等。

图 2–5　图文示例

图 2–6　真人出镜口述示例

②真人出镜口述。

真人出镜口述（图 2–6）比图文难度变大，要求演员表情到位，内容有吸引力，但也容易被模仿。该形式较为通用。

③记录拍摄 / 动画 + 配音。

图 2–7 所示为记录拍摄 / 动画 + 配音的展现形式。由于其对内容的要求比较高，原创难度比较大，很难被模仿。适用于技能分享、种草视频等。

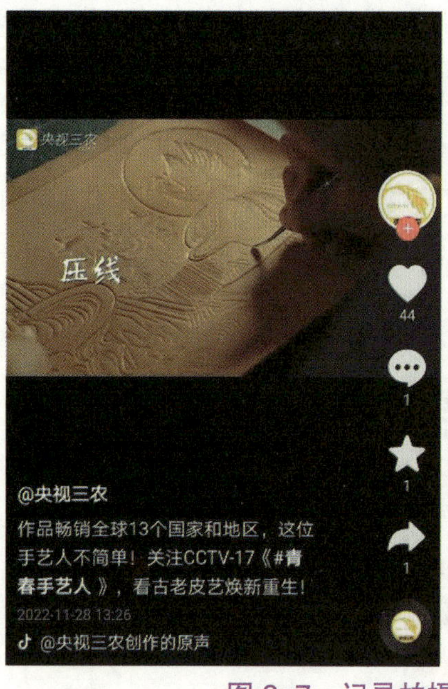

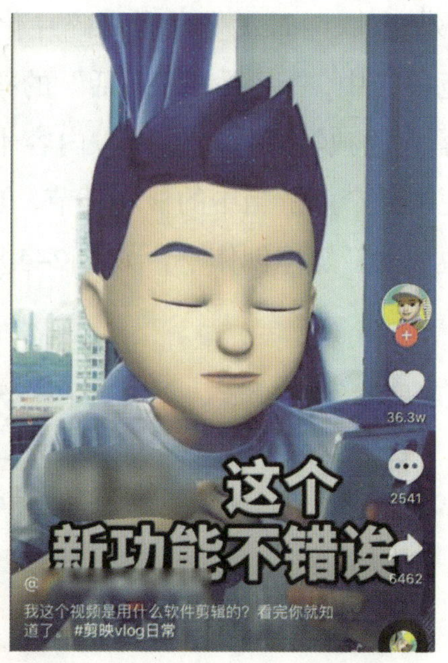

图 2-7　记录拍摄 / 动画 + 配音示例

④表演剧情。

图 2-8 所示为表演剧情的表现形式。其要求有真人出镜，需要撰写脚本，对出镜人员的表演能力、场景、设备、拍摄角度、拍摄技术等都有要求，适用于有幕后包装团队的抖音红人、优质视频创作者等。

⑤ Vlog。

Vlog 的分享尤为生动和真实。如图 2-9 所示，其能直观地表现环境和事实细节，更具吸引力，对拍摄、设备要求较高，但也极难被模仿。其适用于有幕后包装团队的抖音红人、优质视频创作者等。

图 2-8　表演剧情示例

图 2-9　Vlog 示例

（4）H5。

作为一种颇具人气的移动新媒体广告传播形式，H5 越来越常见。H5 是一种代码格式，全称为 Html5。对于新媒体来说，它是一个具体的、为展示而设计出来的产品。

H5 具有多媒体属性（文字、图片、音频、视频、互动都可以实现）和跨平台属性（在微博、微信等 App 中都可以一键转发），很方便，能够引起爆发性传播。H5 在生活

中有很多的使用场景，如营销活动、互动活动、品牌宣传、产品介绍、小游戏、蹭热点（如测测你是《欢乐颂》里的谁）、人物故事（如网易新闻）等。

常用的 H5 页面编辑工具如图 2-10 所示。

图 2-10　常用的 H5 页面编辑工具

2. 定位内容形式

新媒体账号的内容形式多种多样，创作者可从自己擅长的领域和人设定位的需要出发，在符合定位的基础上确定内容形式，并在创作时加入创意。

做好内容形式定位需要把握以下要点。

（1）常见的内容形式。

种草测评。其以公正的态度，对产品进行先“测”后“评”，帮助用户筛选出有质量保障、体验感好、适合自己的产品，从而促成消费。

才艺展示。其包含唱歌、跳舞、演奏乐器、健身、表演曲艺等，如账号“云南小花”的万物皆可削的技能。

创意剪辑。其通过与众不同的剪辑手法，吸引用户眼球，引发用户关注。

技能教学。其以分享实用干货为主，如蔬菜种植技巧、捕鱼技巧、Photoshop 教程、视频剪辑教程等。

解说。其对一些知识点或者某一领域的科普解说，如账号“无穷小亮的科普日常”就是对一些网络热门生物进行解说。

访谈。通过访谈挖掘出有价值的信息，利用社会大众关注的热点话题，找到真实而有趣的回答，进而吸引粉丝的关注。

探店。创作者亲自到实体店中探访与体验，将感受记录并分享给别人。

情景短剧。其在故事情节上引起用户的情感共鸣，一般由两人或多人表演。

记录生活。用影像代替文字或图片来记录生活，内容、主题均不限。

（2）内容形式的选择原则。

内容形式定位，可以从三方面入手。

人设定位。账号内容定位需与人设符合，能够展现账号的专业性，如达人的人设形象为科学养殖，其账号内容可为科学养殖技能分享等。

差异化运营。比较自身账号和竞品账号的内容，避免同质化竞争。

产品定位。视频内容的定位需建立在符合产品定位的基础上，如售卖 Photoshop 课程时，可将视频内容定位为 Photoshop 教程等。

定位内容形式是指找准自身账号的内容行业方向，然后按照这个方向持续产出作品。定位内容形式需要充分考虑以下两点。

自身优势。明确自己擅长什么，选择要做什么内容，又有什么产品。

商业价值。了解市场前景，是否有合适的盈利模式，能否盈利。

活动 2　分析人群

在进行新媒体营销之前，需要分析账号是面向哪类人群的，这些人就是受众。新媒体营销受众是众多的、自由的、主动的、匿名的、各不相同的。了解受众并针对其进行新媒体营销，可达到事半功倍的效果。对于新媒体营销来说，分析人群主要是指分析平台用户和分析目标用户。

1. 分析平台用户

在运营新媒体账号时，平台用户的分析对账号的发布内容定位是非常重要的。如果没有对平台用户进行分析，将会在很大程度降低作品的浏览量和粉丝的数量。

每个平台用户的兴趣点各有不同，不同平台下的用户呈现出差异化特征。关注各平台的发展趋势，分析平台的用户特征，才能创作出符合平台发展方向和用户偏好的内容，优化作品数据。

平台用户主要分析以下四个方面。

性别。影响营销产品、内容乃至推广渠道和方式等各方面的决策。

年龄。进一步圈定用户范围，因为不同年龄的人群有不同行为方式和喜好。

地域。了解平台用户聚集的地区，方便制订对应的策划方案。

关注话题。可进一步了解用户，也为运营提供内容。

常见平台数据采集渠道如表 2-1 所示。

表 2-1　常见平台数据采集渠道

渠道	具体方式
平台数据	平台官方账号公布的数据
第三方数据采集工具	飞瓜数据公众号、西瓜数据公众号、蝉妈妈公众号、千瓜数据公众号等
其他	问答平台、百度搜索、行业数据、社交媒体数据等

例：某同学准备入驻小红书平台，于是在千瓜数据公众号平台阅读了 2022 年小红书活跃用户画像趋势报告，了解到小红书平台目前有 2 亿活跃用户，72% 的用户为“90 后”，50% 的用户来自一二线城市，其中活跃粉丝中女性占比高达 88.2%，并且了解了平台活跃用户标签（图 2-11）和行业人群标签（图 2-12）的情况。该同学根据掌握的平台用户信息，结合自身的兴趣和特长，最终选择穿搭行业，创作穿搭类内容，并取得了不错的成绩。

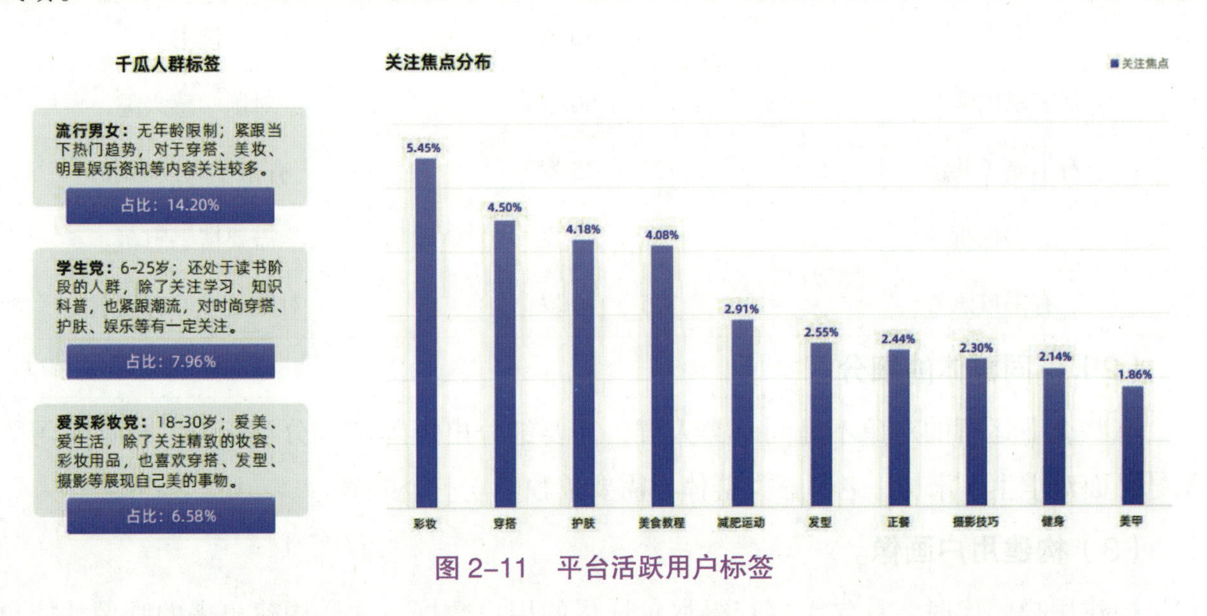

图 2-11　平台活跃用户标签

随着女性意识觉醒，年轻女生们穿衣越来越注重自我感受，随心、不设限，彰显出她们对自由的追求。“辣妹穿搭”开始在小红书流行，2022年1~2月笔记增量为20800篇，热度值达921万。

穿搭行业热搜词云

外套 女装 穿搭减龄 潮流穿搭 运动裤 百褶裙 平价穿搭分享 马丁靴 阔腿裤 小香风外套 阿玛尼 棒球帽 辣妹穿搭 棒球服 购物分享好物 喇叭裤 卫衣穿搭 约会穿搭 健身穿搭 日系穿搭 短款上衣 老爹鞋 平价短袖 温柔穿搭 裤子分享 裤子合集 反季节穿搭 秋冬外套 运动穿搭

穿搭行业热搜词排行TOP10

热搜词	当前笔记总量	热度值
辣妹穿搭	37w	921w
平价穿搭分享	33w	644w
约会穿搭	31w	625w
温柔穿搭	95w	526w
潮流穿搭	101w	450w
卫衣穿搭	98w	448w
阔腿裤	30w	419w
棒球服	13w	389w
阿玛尼	58w	384w
百褶裙	19w	378w

图 2-12　行业人群标签

2. 分析目标用户

对账号的粉丝数据进行统计分析可以明确用户的需求，从而确定账号面向的目标用户群体。通过细分，运营人员可以更直观地了解到自家用户的特点，方便后期开展有针对性的精细化运营。

（1）同类群体的细分。

有些账号运营的对象是某一类人群，如读书类账号“有书”的用户群体主要是爱读书的人，再细分就是对亲子共读更感兴趣的人和对英语学习有需求的职场人等，如表 2–2 所示。

表 2–2 “有书”矩阵账号不完全举例

账号名称	细分人群年龄	细分需求
有书	20 ~ 50 岁	读书
有书国学	30 ~ 50 岁	对国学感兴趣
有书亲子共读	25 ~ 35 岁	有亲子共读需求
有书夜听	35 ~ 45 岁	需要情感慰藉
有书口语	25 ~ 40 岁	对英语学习有需求

（2）不同群体的细分。

有些企业运营的对象不是同一类人群，需要细分出矩阵实现分类运营，比如学习类账号可面对学生、家长、老师三类群体，需要单独建立三个账号。

（3）构建用户画像。

构建用户画像时，首先需要获得尽量详尽的用户数据，这样构建出来的画像才能更加贴近真实用户群体，反映他们实际的喜好和行为。

①采集用户数据。

若要构建用户画像时，需要结合多种数据维度进行用户群体特征的衡量、分析和判断，这些多种多样的数据可以分为两类。

基础数据：又称为静态数据，通常不会在短期内发生改变；

行为数据：指由于用户的行为而产生或改变的动态数据。

基础数据与行为数据所采集的详细内容如表 2–3 所示。

表 2-3　基础数据与行为数据所采集的详细内容

类型	具体内容
基础数据	性别、年龄、出生日期、学历、职业、居住地、住房类型、收入、家庭结构等
行为数据	访问设备、活跃时段、停留时长、访问频次、流量来源等

对营销不同产品的主播来说，由于不同数据重要性不同，需要重点关注与创作者自身定位相关性较高的数据。

例：主营美妆的账号，对用户职业的重视程度就明显高于主营农产品类的账号，会为学生、教师、办公室白领等不同群体推出个性化美妆教程。

当确定需要采集的内容后，可通过各平台创作者中心统计数据、对标用户画像、问卷调查、360 趋势、百度指数等途径获得用户数据。

②构建用户画像。

用户画像是用户行为、动机和个人喜好的一种图形表示，它能够将用户的各种数据信息以图形化的直观形式展示出来，帮助运营人员进行用户定位。用户画像展现的并非每一个用户的信息，而是具有相同特征的一群目标用户的共同数据信息，运营人员通过这种画像方式为具有共同特征的用户贴上同一个标签，从而完成对数据的分类统计。

构建用户画像可以分为两个步骤。

a. 数据整理。

b. 数据建模。

用户进行数据整理，需要找出群体中占大多数、具备共性的数据，并将其归类，以便进行后续的分析和建模工作。

例：某主播想要对自己的粉丝构建用户画像，经过采集后得到如图 2-13 和图 2-14 中的用户数据。

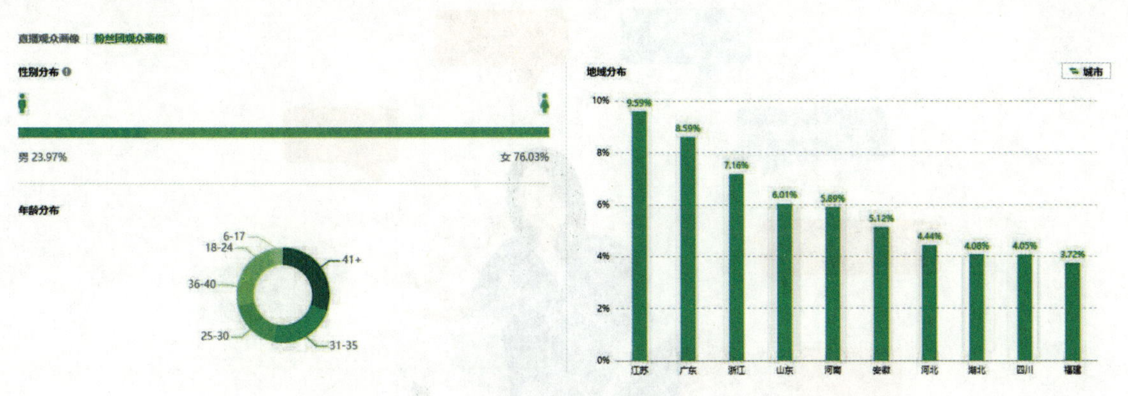

图 2-13　性别、年龄、地域分布数据

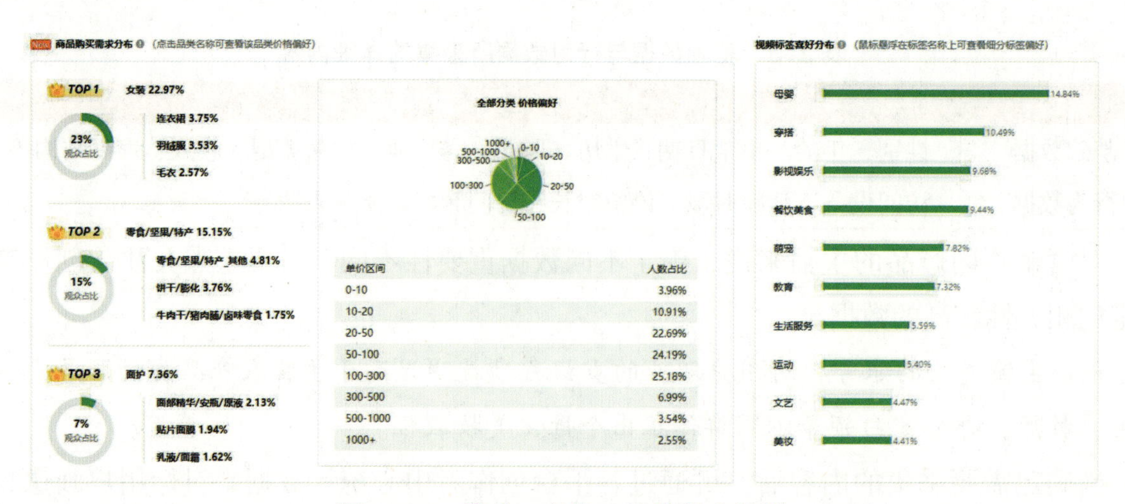

图 2-14　需求、兴趣、消费能力数据

运营人员通过整理和筛选，提取出共性之后，将年龄、价格偏好等数据中占比过低的数据再次进行剔除，将主要数据提取出来，如表 2-4 所示。

③数据建模。

运营人员整理完数据后，需要使其形成标签，让用户画像逐渐明确，从而形成可视化模型。

例：根据表 2-4 中的数据，可转化为图 2-15 所示的用户画像。

表 2-4　用户数据整理

性别	年龄	地域分布	需求	价格偏好	视频喜好
以女性为主，占 76%	以中青年女性为主，中年女性占多数	主要分布在江苏人、广东人、浙江人	对女装、零食 / 坚果 / 特产、面护产品需求较为强烈	集中在 20 ~ 300 元，价格较低	喜好母婴类视频的用户最多，其次是穿搭和美食

图 2-15　用户画像

构建数据模型的过程中，可以基于数据再进行一定程度的分析、延展，让用户画像更为丰富。

例：目标用户以中青年女性为主，由于可推测这类群体要么是职场人士，要么是家庭主妇，活跃时间多为午后或晚间。

活动 3　内容策划

内容策划就是对内容的整体战略和策略的运筹规划，使内容具有吸引流量、挖掘潜在用户的转化作用。根据新媒体营销的需求，其内容策划需要进行三项工作。

（1）分析策划背景。

（2）规划内容定位。

（3）搭建选题库。

1. 分析策划背景

在内容策划的过程中，要做分析策划背景，即在业务内容中找到新媒体账号的业务需求及目标人群定位，从而形成新媒体账号推广的内容定位。

分析策划背景主要包含两方面。

（1）分析业务需求。

分析业务需求在于通过公司业务分析产品内容及产品卖点信息，然后对新媒体账号运营进行定位，明确营销推广的内容方向、新媒体账号运营目的，即快速、准确地掌握账号运营要做什么内容和实现什么目的。

（2）目标人群分析。

目标人群分析的作用是为整个内容策划工作明确目标人群定位，即确定将信息传播给哪些用户。

定位目标人群可以通过三点进行分析。

从需求出发，圈定目标用户；

从用户属性出发，定位目标用户；

从细分领域出发，精准定位目标用户。

2. 规划内容定位

内容定位能让运营人员明确内容制作的方向和风格，以便账号的长期运营。而对于用户来说，明确的内容定位能给用户树立标杆，让品牌形象深入人心。

（1）寻找对标竞品。

寻找对标竞品不仅可以学习对标竞品的营销策略，还可以避免出现同质化竞争。

小知识

什么是对标竞品?

对标竞品即运营内容领域相同或相似，在现阶段能作为参照对象的账号内容。

作为运营人员该如何去寻找对标竞品呢？可以通过三个步骤进行。

步骤 1：从站内或站外渠道找到同领域的账号；

步骤 2：根据该账号信息，关注该账号下所运营的新媒体账号；

步骤 3：研究对标竞品账号的内容营销策略。

例：某淘宝主播在站内挖掘同领域账号时，通过关注其新媒体账号矩阵来研究对标账号的内容营销策略，从而获取对标账号内容。

（2）差异化。

通过寻找对标竞品，找到内容定位方向，但在细分领域里，依然存在大量的竞争者，那就必须对相同领域内容进行差异化分析，来避免同质化竞争。

内容差异化分析的三个方向。

人无我有：开辟一条崭新的道路，进军别人从未涉及的领域；

人有我优：对内容运营全流程定位，做到比竞品更优秀；

侧向突围：选定某个垂直领域，通过改变参数或跨界，获得新形式。

3. 搭建选题库

选题是内容运营的核心。生产内容时，应该提前规划出自己的选题范围，通过搭建属于自己的选题库，有效地收集灵感，系统性地确定内容的定位，这样才能让品牌内容对外形成一个较为统一的用户心智。

选题的来源渠道主要有以下几类。

关注热点：了解并获取热点信息，从而制作选题；

时间节点：根据行业的重要活动、比赛、营销节日和传统节日进行选题规划，制作选题日历；

行业资讯：关注行业内的 KOL，随时了解行业最新动态；

竞争对手：关注同领域的竞争对手，借鉴他们的选题方向和写作技巧等；

问答平台：通过在知乎、百度知道和分答等问答平台，搜索和自己内容相关度比较高的内容，别人的问题和答案往往就是你的灵感来源。

运营人员可以从五个维度进行选题制作。

频率：选题在用户的需求和痛点上存在高频发生率，具有用户高频关注点；

难易：根据选题制作的难易程度，确定是否能够支撑起选题背后的内容生产和内容运营；

差异：根据与竞品账号的差异化来制作选题，增加用户粉丝的识别；

视角：站在用户感受的选题视角，充分考虑用户的角度呈现制作选题；

行动成本：满足用户的需求，判断是否能够触发用户，使其产生更多动作。

从不同维度选题搭建选题库，如日常选题库、爆款选题库、活动选题库等。某美妆类账号的日常选题库如表 2–5 所示。

表 2–5　某美妆类账号的日常选题库

选题细分方向	细分方向展示
热点资讯	2022 年防晒趋势白皮书发布！ 5 大机会点不容错过！
	美妆信息：想要肤白貌美？无敌美白精华 TOP8
种草	真诚推荐！没钱也能买大牌 亲测靠谱小样
	学生党平价面膜合集！敷一次囤一次私藏好用
干货	新手必看：眼线显脏不精致？保姆级眼线画法技巧快收好
	新手必看：巨详细化妆步骤，零基础也能学会

在这个“内容为王”的时代，要学会通过内容来连接用户和产品，向用户传递产品价值。这就要求运营人员必须对推广文案进行制作，用场景化、内容化的文案提炼卖点，撰写产品推广文案，以满足用户的内容消费需求。

文案撰写部分主要是从大纲、标题、正文三个方面进行搭建。

（1）大纲。

在正式撰写正文之前，先梳理文章的大纲，保证正文的大方向，这样可以有效避免偏离主题。某美妆类大纲范例如表 2–6 所示。

表 2-6　某美妆类大纲范例

大纲骨架	大纲内容
热点引用	根据美妆主题，结合热点《乘风破浪的姐姐》引入文章
嵌入产品	将热点嫁接后，通过融合节目特点，将美妆产品的卖点植入文章
找到读者痛点	打破用户对女团固有的“幼龄”刻板印象，找到用户痛点
加入链接	在文中加入产品链接，并加上一些引导语句

（2）标题。

标题决定了内容的点击率，撰写优秀的标题需要从用户心理和标题撰写原则入手。

①用户心理——了解用户心理能使标题更加投其所好，增加用户点击的概率。

好奇　消遣　焦虑　感性

例：“为什么宇航员在月球上行动时要边走边跳？”（好奇）

“盘点那些满级人类搞笑名场面。”（消遣）

“即学即用的高情商沟通课，轻松解决表达难题。”（焦虑）

“一路走来谢谢你，这一幕太感人了。”（感性）

②标题撰写原则——从原则出发，让标题的写作有据可依。

引发共鸣　设置悬念　引起争议　颠覆认知

例：“真心对你好的人都注意细节，人会说谎，细节不会。”（引起共鸣）

“过年回家相亲，结局亮了……”（设置悬念）

“你怎么维持家庭与事业的平衡？”（引起争议）

“拥抱工作压力，它让人更健康。”（颠覆认知）

（3）正文。

正文的质量好坏是用户对内容的感官及用户是否会持续关注、保持阅读的关键，其技巧如下。

讲故事：故事比起道理、理论更容易被人接受，故事形式内容的优势：通过故事吸引用户阅读，为后续的广告内容做铺垫，减少用户对广告的抵触。

设悬念：在正文中设悬念的核心在于提出一个问题，先引起用户的好奇，再围绕问题自问自答。

给代入：利用用户熟悉的情景、事物来解释用户未知的情景、事物。内容专业度高，

或讲述新奇的事物，用这种方法可以让用户更容易理解，也更愿意阅读。

反预期：反预期类似写作中“先抑后扬”“先扬后抑”。反预期能颠覆读者的预判，激发读者的阅读兴趣。

课堂小测

1.【单选】下列平台中支持发布图文内容的是（　）。

A. 今日头条　B. 秒拍　C. 微视　D. 蜻蜓 FM

2.【单选】关于内容形式的相关描述，下列说法中错误的是（　）。

A. 种草测评是对产品进行先“测”后“评”，帮助用户筛选出质量有保障、体验感好、适合自己的产品，从而促成消费

B. 访谈类内容是通过访谈挖掘出有价值的信息，利用社会大众关注的热点话题，找到真实而有趣的答案，进而吸引粉丝关注

C. 内容形式的选择只需要从产品定位和差异化运营两方面入手

D. 探店是创作者亲自到实体店中探访与体验，将感受记录下来并分享给用户的过程

3.【多选】下列用户数据中属于基础数据的是（　）。

A. 性别

B. 活跃时段

C. 停留时长

D. 收入

案例解析

小米矩阵营销

案例详情

· 企业：小米

· 平台：微博、微信、抖音、B站

以小米手机为例，下面具体介绍其是如何利用各平台特点为自己造势。

（1）微博矩阵化运作用，最直接的方式和用户对话。

在微博上，小米手机已经建立起自己庞大的矩阵帝国，于是，微博便成为小米最重要、最直接触达用户的平台。在刚开始运营微博时，小米手机就给自己规定，在任

何一个账号中每天发布的微博不能超过 10 条。小米对于每一条微博中的机型主体都会根据内容调整，如图 2-16 所示。

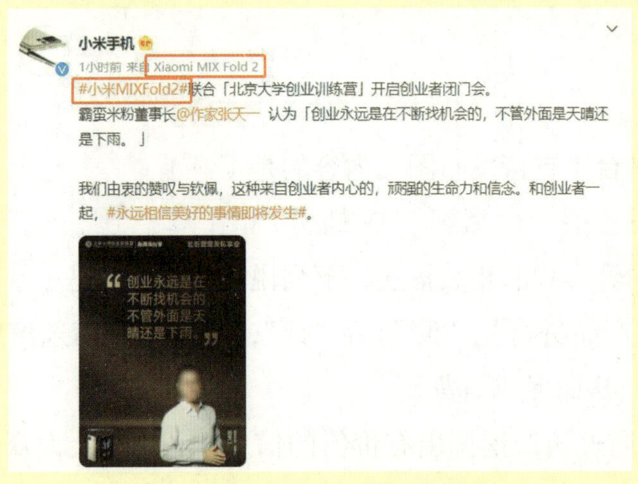

图 2-16　小米手机微博

（2）微信公众号推文，营造群体归属感。

如果说微博是小米的信息发布平台，微信公众号则更像小米的福利派发平台。

据新榜数据显示，“小米公司”“小米手机”公众号推文点赞量长期稳居企业双微榜首位。在内容运营上，小米谙熟于为粉丝营造群体归属感，不定期派发福利，如《每天送一台小米 6X，还不快来？》《点这里，就可能中一台小米笔记本！》等。在文末，“小米手机”会设置评论引导、点赞引导，如“评论区抽 1 位，送‘动起来’热场礼包”“点赞过 10 万，加送 5 台小米 8！”，以此来逐渐培养用户互动习惯（图 2-17）。

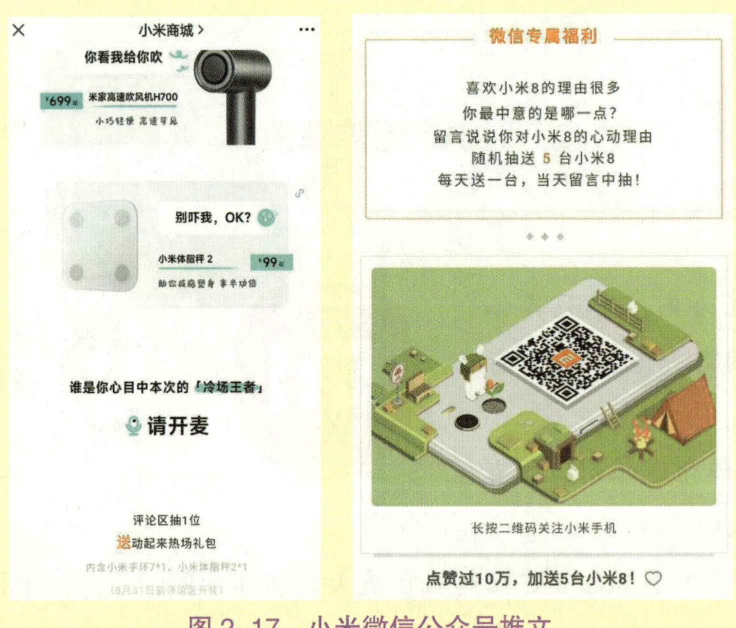

图 2-17　小米微信公众号推文

（3）抖音爆款制造机、B 站 UP 主小米一直在和年轻人交朋友。

小米对于抖音号运营并非简单内容搬运，而是定制化制作。例如，小米一般使用自己原创的背景音乐，大多数视频支持竖屏观看，对抖音用户非常友好。小米上市时，发布了一支抖音视频，其运营特效是让原本坐在北京办公室的小米员工瞬间移动到香港见证雷军敲钟的时刻，也是创意满满。

而在 B 站，人们从霸屏的弹幕中不难感受小米这位 UP 主确实和 B 站用户玩在了一起（图 2-18）。

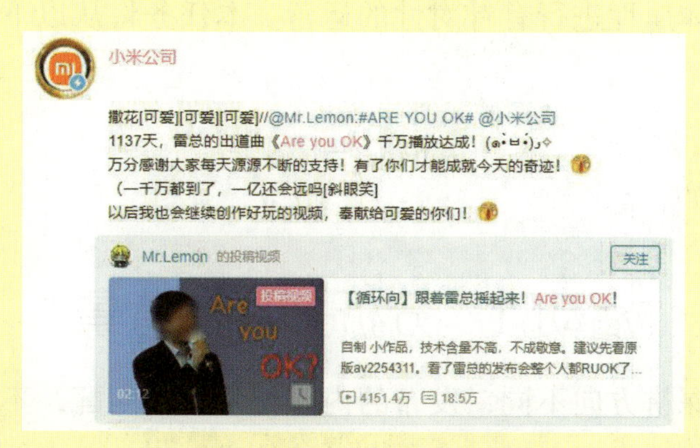

图 2-18　小米 B 站运营

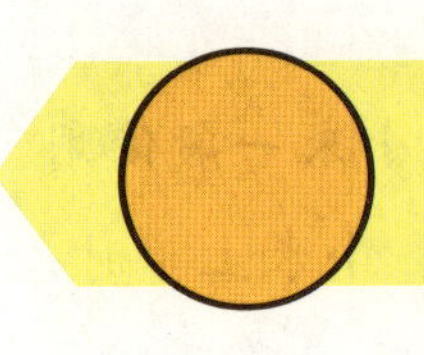

任务2 布局新媒体矩阵

新媒体矩阵是针对用户的附加需要提，为他们供更多服务的多元化媒体渠道运营，是以增加自身影响力，获取更多粉丝，将粉丝导流至某一新媒体，以实现最终变现目的一种运营方式。但新媒体矩阵不是在一个平台上创建多个账号，而是结合多个平台，再根据平台的定位和群体属性进行有针对性的运营。本任务将从以下两点展开讲解新媒体运营矩阵布局。

（1）分析多平台背景。

（2）搭建全域矩阵体系。

活动1 分析多平台背景

不同的平台由于深耕方向不同，发布的内容与平台不匹配，不仅达不到扩大受众面的目的，反而有可能影响账号口碑，陷入营销困境中。因此，企业在入驻平台前，除了考虑自身在该平台的粉丝基数外，还需要进行多平台背景分析。

1. 分析矩阵平台

矩阵有横向矩阵和纵向矩阵两种类型。

（1）横向矩阵。

横向矩阵指运营主体在除了自营网站、App外的全媒体平台的布局，包括各类新媒体平台，如微信、微博、今日头条、一点资讯、企鹅号等，也可以称为外矩阵。横向矩阵注重对各种渠道的整合，即让各平台之间相互联动，互相支持形成全面的覆盖。通过整合不同新媒体平台的内容，提高传播效果。这种矩阵布局最大的优点是可以在不同平台上形成品牌形象，增强品牌影响力。

（2）纵向矩阵。

纵向矩阵主要指运营主体在某个媒体平台的生态布局，是其在各条产品线上的纵深布局，也可以称为内矩阵。纵向矩阵则注重在单个平台上深度挖掘，以达到提高粉丝黏度、延长阅读时长的目的。纵向矩阵主要是通过在一个平台上进行多样化的内容输出，形成一个完整的内容生态环境，提升了该平台的用户黏性和品牌忠诚度。与横向矩阵相比，纵向矩阵的优势在于企业可以深入了解用户的需求和习惯，更好地打造针对目标用

户的内容。例如，在微信平台上可以通过使用订阅号、服务号、社群、个人号及小程序等功能形成内容生态常用的新媒体外部平台如图 2-19 所示。

例：某家婴儿产品公司在微信通过微信公众号进行知识科普、育儿经验、母婴产业解读、明星孕育等内容，以此吸引父母用户的眼球，并提高他们对该公司品牌的了解和信任感。其次，该公司还在微信开设线上商城功能，穿插在公众号文章内容或发布在微信社群内，引导用户下单，从而进一步促成用户与品牌的互动。

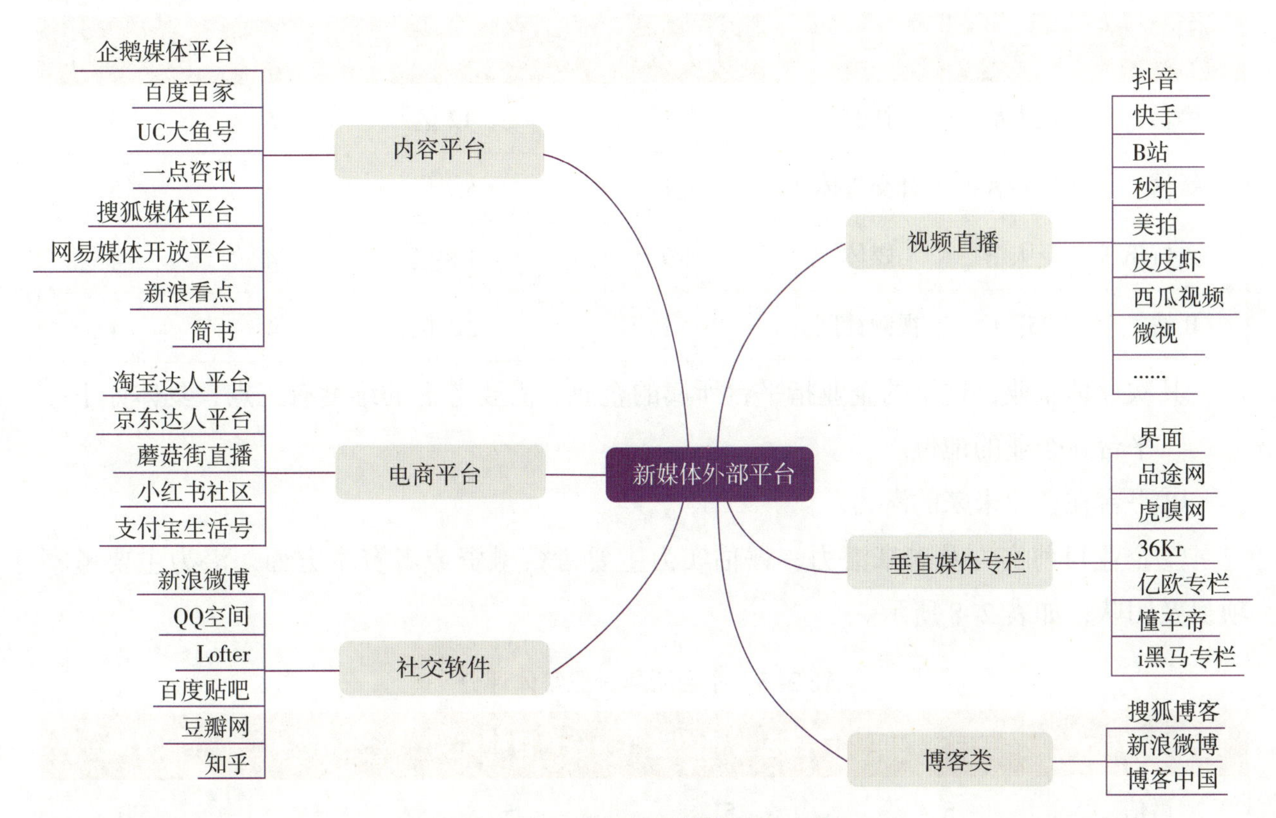

图 2-19　常用的新媒体外部平台

2. 多平台选择分析

进行多平台选择分析时需要综合考虑以下四点。

①平台的用户构成和目标用户的匹配程度。

②平台内容调性和发布内容调性是否吻合。

③平台氛围决定内容发布频率。

④平台的运作逻辑是什么？是否可以与平台的功能、政策相结合？

在综合考虑以上四点并根据新媒体的目标及运营对象、企业垂直领域业务，初步选择了相应的平台后，需要对新媒体平台进行复筛和确认，具体步骤如下。

(1)复筛。

复筛需要找到核心运营的平台，对平台进行多维度的考核。

首先评估平台，评分标准视平台类型、该平台在同类中的排名、月均活跃用户和平台成熟度而定，其中平台成熟度与平台成立的时间长短及商业化变现情况相关。可以综合各方面情况给平台评分，以微信、微博、一点资讯和B站为例，具体如表2-7所示。

表2-7 平台评分表

平台名称	平台主人群	平台类型	App/网站网类排名	月均活跃用户	平台成熟度	整体评估
微信	泛人群	社交	1	12亿	5	5
微博	年轻人	社交媒体	1	5.7亿	5	5
一点资讯	泛人群	媒体	9	1.8亿	4	4
B站	“95”后	视频社区	1	2.5亿	4	4

其次评估企业，这里的企业指平台所属的企业。需要考虑的维度有三点，具体如下：

①平台在企业的地位。

②平台在企业未来的潜力。

③企业目前实力及未来潜力，评估实力主要考察融资或者资本方面，潜力主要考察项目及团队，如表2-8所示。

表2-8 平台所属企业整体评分

平台名称	产品目前地位	产品在公司的潜力	公司目前实力	公司潜力	整体评分
微信	5	5	5	5	5.0
微博	5	5	5	5	5.0
一点资讯	5	5	4	4	4.5
B站	5	5	3	4	4.3

最后评估运营层面，评估标准包括用户纯净度、运营自由度、粉丝价值、平台对运营者的扶持力度和平台内容的主创作形式，如表2-9所示。

表2-9 平台在运营层面的综合评分

平台名称	用户纯净度	运营自由度	粉丝价值	扶持力度	主创作形式	整体评分
微信	1	5	5	3	5	3.5
微博	1	4	3	3	5	2.75

续表

平台名称	用户纯净度	运营自由度	粉丝价值	扶持力度	主创作形式	整体评分
一点资讯	3	1	1	3	4.5	2
B 站	5	3	1	2	4.3	2.75

从三大层面分析完之后，再进行综合评估，即分别把三项（产品整体、公司整体、运营整体）的评分加权或者直接取一个平均数。最后平台的综合评分如表 2–10 所示。

表 2–10　平台的综合评分

平台名称	产品整体评分	公司整体评分	运营整体评分	综合评分
微信	5	5	3.5	4.5
微博	5	5	2.75	4.25
一点资讯	4	4.5	2	3.5
B 站	4	4.3	2.75	3.68

从表 2–10 中可以看出，评分较高的是微信和微博，分别为 4.5 和 4.25 分；一点资讯和 B 站的评分分别为 3.5 分和 3.68 分。所以复筛结果是，用微信和微博这两个平台来搭建年轻人社交公众号的外矩阵。

（2）确认。

通过复筛，选择综合评估分较高的几个平台进行试运营。注意，上述评分是主观意见，结果只能参考，并不能当作定论。可以借鉴其中的分析方法，根据实际评估结果进行人力和资源的分配。最终还需要经过一段时间的试运营才能得出结论。

活动 2　搭建全域矩阵体系

全媒体体系搭建并不意味着需要覆盖所有的平台。新媒体营销人员可根据每个平台的人群构成、内容偏好、信息推送机制等差异，划分每个平台需要承担的功能，如娱乐、私域流量运营、日常工作公告等事宜，入驻相应平台，搭建全域矩阵体系，从而利用一个账号的资源带动团队账号，实现利益最大化。

例：某头部主播将抖音定位为美妆专业内容输出口，重点发布直播过程中口红的相关试色或化妆品推荐的内容；将微博则定位为工作内容公告区，重点发布直播预告、直播嘉宾的打卡照片或出席活动的图片合集等工作动态；将 B 站则定义为生活类，重点播放直播开箱 Vlog 类长视频或独家综艺。

在选择合适的平台后，新媒体营销人员搭建全域矩阵体系的过程如下。

（1）划分垂直领域。

（2）管理多平台账号。

1. 划分垂直领域

小知识

垂直领域划分是什么？

垂直领域划分就是按用户需求，对产出的内容纵向细分，并在不同的平台上运营。

无论在哪个平台做内容输出，都一定要明确内容为谁而做，为用户组织适合的内容，并以最适合的方式让用户看到。

以美妆为例，内容垂直领域划分，可参考以下几点。

以品类不同划分：如不同肤质应如何挑选粉底、眼影、口红。

以用户群不同划分：如适合学生党的百元内化妆品推荐；上班族该如何应对熬夜等。

以技能教学点划分：如日常美妆教程、仿妆教程、新手彩妆教程等。

进行内容分配时，需要考虑以下几点。

内容：什么样的内容值得发布？对用户是否具有价值？

渠道：通过什么样的方式发布出去？是否符合平台用户的阅读习惯？

用户：谁来消费该内容？

例：抖音平台的内容调性偏泛娱乐，故某短视频营销团队将直播中主播和嘉宾互动的视频进行剪辑后，投放在其上。

2. 管理多平台账号

对多平台账号进行管理时，主要有以下三个步骤。

（1）账号创建。

在同一平台下裂变多个子账号。裂变的账号可根据业务需要、内容领域划分、团队成员等方向进行功能部署。

例：央视在抖音平台根据内容领域不同进行划分，裂变的账号有央视新闻、央视夜线、央视财经、央视三农、央视国家记忆、央视科教等，如图 2-20 所示。

图 2-20 央媒抖音账户矩阵

在多个平台创建多个账号时，账号可根据平台的表现形式、用户阅读偏好等方向发布不同内容。

例：央视新闻在除抖音外的其他平台（知乎、微博、今日头条、微信公众号等）上也创建了账号，如图 2-21 所示。

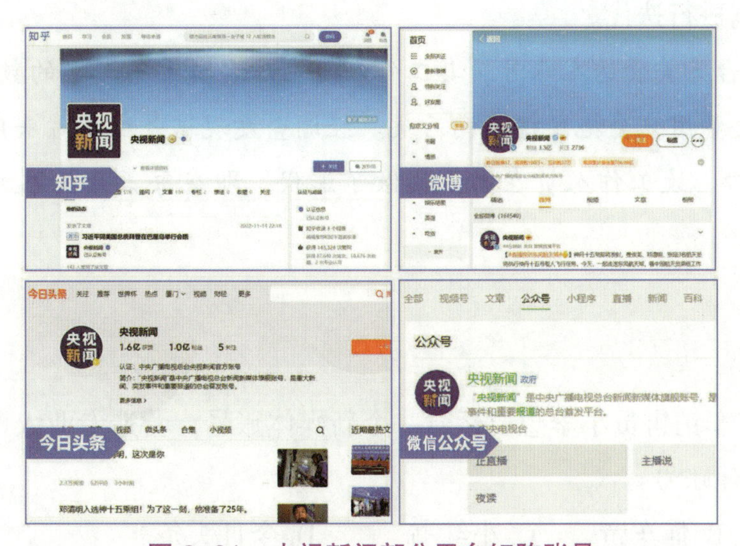

图 2-21 央视新闻部分平台矩阵账号

（2）内容发布。

内容发布主要包括以下两方面：

统一分发：即把一个平台上的内容同步到其他平台。

垂直运营：根据平台特点和账号定位，对两个或两个以上的平台进行内容深度输出。

例：樊登读书在抖音平台的矩阵账号共有 200 多个，它们分别针对账号定位发布不同的内容，如亲子教育、文史类读物推荐、情绪管理等，如图 2-22 所示。

图 2–22　樊登读书垂直运营

(3) 数据分析。

根据用户的留言反馈和账号后台数据，调整内容形态和选题，持续地对策划、制作、发行、运营、数据进行迭代。

例：短视频平台某美食达人账号，其工作人员在后台观察第二集的数据和用户反馈时，发现在前 5 秒时大量用户会拖曳视频向后跳。经调查发现这是由于片头内容太枯燥，导致用户失去观看耐心。故工作人员在第三集做了迭代，即在每集开头添加了吸引用户关注的内容。

课堂小测

1.【单选】汽车销售员小李想要运营一个新媒体账号，营造专业人设，因此他可以在(　)垂直专栏创建账号。

A. 抖音　　B. 懂车帝　　C. 小红书　　D. 今日头条

2.【多选】下列选项中，属于今日头条的纵向矩阵有(　)。

A. 头条号　　B. 今日头条小程序　　C. 西瓜视频　　D. 火山小视频

3.【多选】在进行多平台选择分析时，企业需要综合考虑(　)。

A. 平台的用户构成和目标用户匹配程度

B. 平台在企业中的地位

C. 平台未来的潜力

D. 平台的内容调性和分发内容调性是否吻合

案例解析

小米媒体矩阵布局

案例详情

- 企业：小米
- 矩阵模式：横向矩阵、纵向矩阵
- 主题：新媒体平台矩阵布局

小米品牌占据了“互联网手机”这一品类的用户心智，其新媒体营销玩法无疑是企业营销的教科书式案例，而在营销玩法上，小米一步步部署出自己的新媒体版图。

微信公众号刚诞生三年时，小米微信公众号的粉丝量就已达500万，建立起了依托微博、微信、QQ空间、百度贴吧等全社会化媒体平台的自媒体矩阵。因为入局早，在微博、微信主战场上，小米早已建立起成熟的矩阵化运营策略（图2-23）。

图2-23　小米矩阵化运营策略

在微博上，小米公司旗下带蓝V的矩阵账号数量惊人。除主号小米公司和小米手机外，小米的微博矩阵布局从产品品类到小米高管，再到用户群体，排列得错落有致；而在微信上，“小米科技责任有限公司”主体和相关主体下的公众号将近50个（图2-24）。

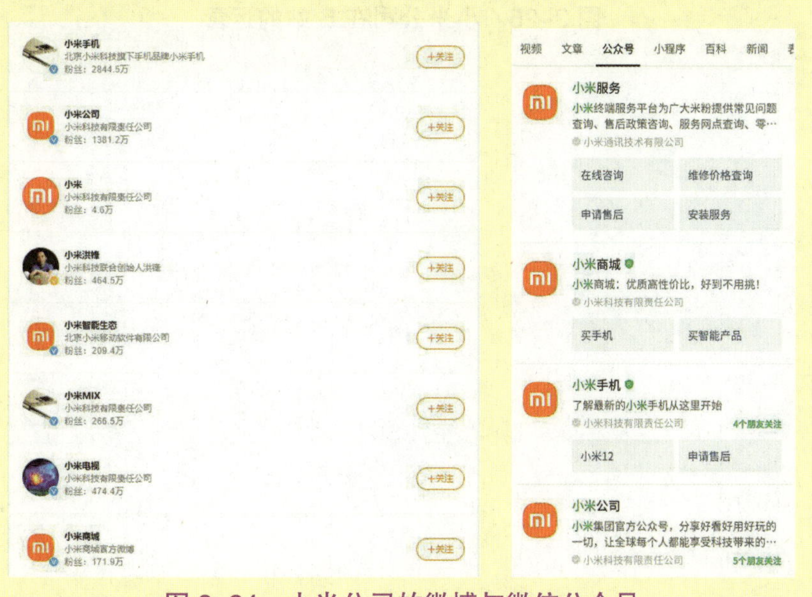

图2-24　小米公司的微博与微信公众号

在抖音、B 站等平台上，小米也是动作敏捷，反应迅速。例如，在抖音上，小米是爆款制造机，其视频播放量排抖音蓝 V 第二；在 B 站上，小米成了知名企业 UP 主，获得的流量特别大。

不同于传统企业，小米是真正在用互联网思维做社交媒体营销，懂得贴合平台属性调整自身姿态。小米在短视频平台上的人设属性非常突出，例如小米抖音号宛如一个调皮的“90 后”，既能玩转各种酷炫技能，也能化身段子手，拍搞笑短片。根据《抖音企业蓝 V 白皮书》，小米抖音号的粉丝量虽然没有进入蓝 V 抖音号 TOP10，其短视频播放总量却位居第三，可见内容质量之优。

而对于 B 站（另一处年轻人聚集地），小米则使用各种方法撬动 B 站活跃粉丝。当然，小米在 B 站的主要素材还是雷军参加各种发布会的镜头（图 2–25）。毫无疑问，小米通过社交媒体营销，利用矩阵营销打造了自己的品牌，并可以对各种热点迅速反应，及时调整运营策略。

图 2–25　小米公司在 B 站的运营

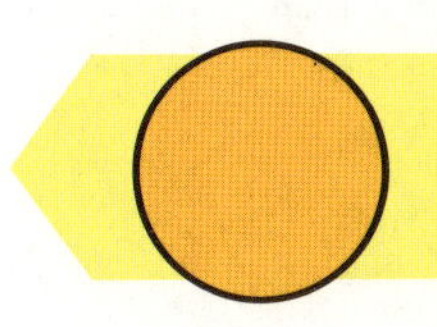

任务3　设置账号信息

在各类新媒体平台上，用户既可以浏览自己感兴趣的内容，也可以发布内容供其他用户浏览。蛛网式的传播方式更为新媒体营销提供了丰富的平台和渠道，让企业或个人拥有更多的营销选择。运营人员在使用新媒体平台进行营销，前需要进行一些准备工作，并做好账号的设置工作。

本任务将从以下两点介绍账号设置。

（1）完善基础信息。

（2）设计矩阵账号简介。

活动 1　完善基础信息

通过对账号名称、头像、背景图等内容进行完善，能够快速给自己的视频和账号打上标签，让输出的内容被更多潜在粉丝看到，从而让账号更快做到最大化的内容变现。

1. 设置账号名称

一个信息描述准确、有代表性的账号名称能够大大降低用户对账号的认知成本。在确定账号名称时，运营者要注意以下两点。

（1）昵称中不要包含特殊符号。

（2）为了方便昵称被搜索和记忆，建议不要将其设置得过于复杂。

设定一个合适的账号名称时可以从以下两点入手。

（1）起名技巧。

起名技巧主要有以下三个。

简单、朗朗上口：可选择数字、谐音、叠词等，如“十点读书”“咩咩爱历史”；

关联性：所起名称可以与所在领域相关，如“毒舌电影”“顶尖文案”；

正面性：能让用户联想到正面的个人形象，如“秋月梨三叔”“念乡人周周”。

（2）起名方法。

①名称设定方法一：结合法。

前缀 + 内容选题：如“直男财经”等。

形容词 + 选择的领域：如“快乐粤语”等。

人物 + 职业相关：如“老张讲红酒”等。

个性化易于传播的名字：如“老番茄”等。

②名称设定方法二：围绕法。

围绕产品：如“小米手机”“荣耀手机”。

围绕服务：如“宝洁生活家”“微博客服”。

围绕工作：如“JD 京东招聘”“全国总工会”。

围绕活动：如“加多宝活动”“抖音直播活动”。

围绕业务 / 频道：如“京东手机通信”“华为商城”“小米智能生态”。

2. 设置头像

头像作为视觉语言是用户辨识账号的主要标准，决定了用户对账号的第一印象。因此，选择一个吸睛的头像对于账号运营人员来说至关重要。一个好的头像就如同标识一般，可以帮助用户认识运营人员，并加深用户对运营人员的印象，如图 2–26 所示。

图 2–26　四种常见的头像类型

3. 设置背景图

在设计主页背景图时，尽量把主体内容（如 IP 形象、产品信息等）放在核心位置，这样才能抓住用户的注意力，引导用户关注账户。

一般来说，主页背景图主要有以下几种样式。

二次介绍：再次强调账号的核心内容，加深用户的记忆，如图 2–27 所示。

IP 出镜：视频角色出镜，适用于打造个人 IP，加深用户对 IP 的印象，如图 2–28 所示。

图 2–27　二次介绍案例

图 2–28　IP 出镜案例

引导关注：根据账号定位，强调用户关注后能够获得的好处（如进步、成长、知识成果等），并以此来吸引潜在用户的积极关注，如图 2–29 和图 2–30 所示。

图 2–29　引导关注案例（一）

图 2–30　引导关注案例（二）

活动 2　设计矩阵账号简介

矩阵账号分为单平台多账号和多平台单账号两类。单平台多账号即单一平台上同一企业品牌下的不同产品账号、创始人账号、活动账号、客服账号和员工账号等多账号形成的营销矩阵。多平台单账号是大多数个人自媒体常用的方式，它通过在目前所知的所有自媒体或网络平台建立账号，用一稿多发的方式形成营销传播。

账号矩阵和自媒体矩阵是新媒体矩阵运营的两种模式。

（1）账号矩阵。

通过账号之间的交叉可以促进粉丝的增长。比如“十点读书”“未读”“秋叶 PPT”等采用的都是这样的策略（图 2–31）。用主号辐射小号，从而帮助小号快速发展，在刚开始运营账号时就可以采用这样的策略。

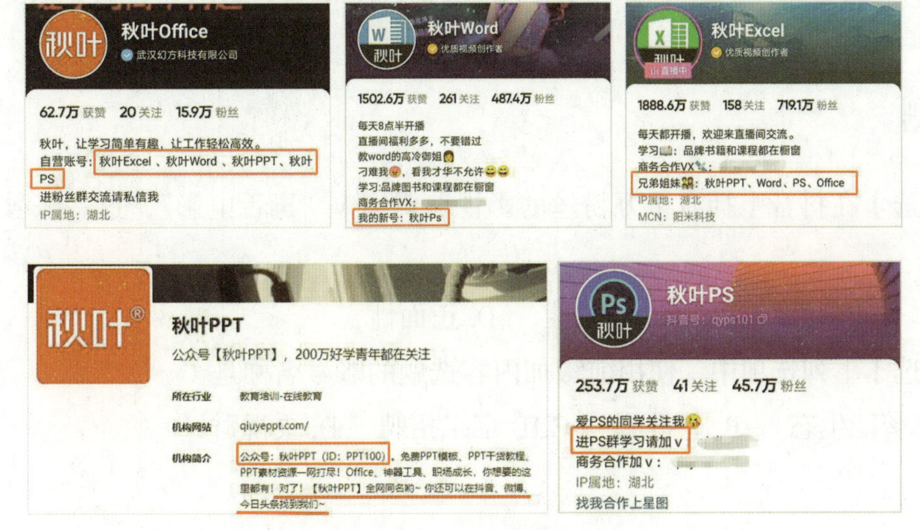

图 2–31　账号矩阵示例

（2）自媒体矩阵。

自媒体矩阵就是同时经营多个自媒体平台（如微信、微博、今日头条等），将它们进行统一管理，建立媒体关系链，打通原本零散的公众号和网站，使之相互链接，从而形成一个可持续的流量池。

若要使不同账号之间的粉丝形式交叉并实现导流，最常用的方法之一就是利用账号简介。

账号简介除了可以当作作导流工具外，还可以用来介绍账号。账号简介可以让用户对账号有更加明晰和深入的认知，也可以让用户更明确账号的定位与内容方向。因此可以根据账号在不同平台的定位来设计简介。账号简介一般有以下 3 种类型：

表明身份：如“周黑鸭”的账号简介为“没错，我就是那个卖鸭子的！”；

表明领域：如“OPPO”的账号简介为“致力于带来令人怦然心动的科技产品”；

表明理念和态度：如“雅诗兰黛”的账号简介为“成就女性优雅自信”。

账号简介不仅可以导流，还可以开拓商业合作的渠道，在上面留下联系方式，也可以用来发布公告，让用户了解近期的相关活动内容等，如图 2-32 所示。

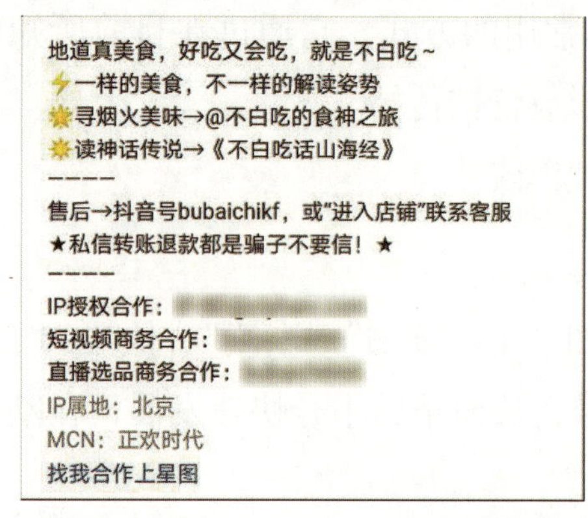

图 2-32 抖音账户简介案例

课堂小测

1.【单选】在抖音上拥有千万粉丝的影视剪辑大 V“毒舌电影”，这一账号符合（ ）的起名技巧。

A. 简单 B. 朗朗上口 C. 关联性 D. 正面性

2.【单选】下列选项中，使用前缀加内容选题的账号名称是（ ）。

A. 小米智能生态 B. 老番茄 C.JD 京东招聘 D. 央视财经

3.【多选】下列关于头像设置的说法中正确的是（　）。

A. 真人头像能直观地向用户展示人物形象，拉近其与用户的心理距离，还有利于个人 IP 的打造

B. 使用卡通形象做头像偏向于突显账户的风格，如搞笑、俏皮等

C. 以图文 Logo 作为头像主体，再次加强用户对该账号的印象，突出文字，强化账号 IP

D. 一个好的头像就如同标识一般，可以帮助用户认识运营者，并加深用户对运营者的印象

案例解析

“抖音电商官方直播间”账号设置

案例详情

· 账号：抖音电商官方直播间

· 平台：抖音

· 主题：账号设置

“抖音电商官方超级流量”搭载“央视当家主持人亲身推荐”“厨电好物”+“集成厨房”双线并行，抖音官方联合央视主持人推出的“抖音 818 发现好物节”直播在“抖音电商官方直播间”盛大开启！央视主持人尼格买提等一众“美好生活发现官”，以专业视角发现触及用户需求的花样好物，以官方矩阵对家居全域深度种草（图 2–33）！

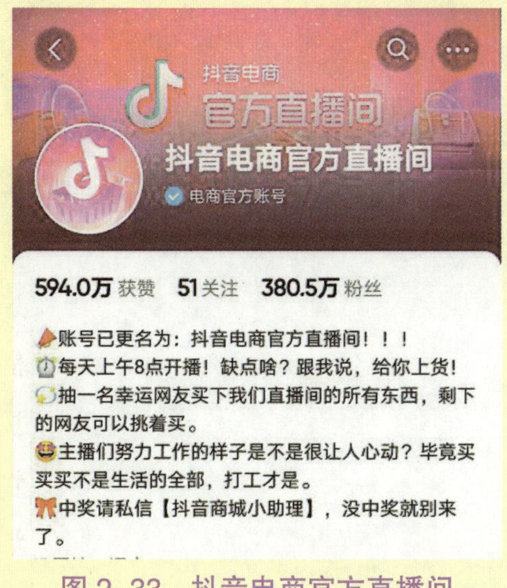

图 2–33　抖音电商官方直播间

进入“抖音电商官方直播间”账号，观察其昵称、头像、背景和简介。

（1）昵称。

运用了关联性的起名技巧，所起昵称与所在领域相关，围绕直播业务给其取名为“抖音电商官方直播间”，让用户可以直观地了解这个账号是抖音官方电商直播账号。

（2）头像。

以图文 Logo 的形式向用户展示账号内容，强化官方形象，增强用户信任。

（3）背景。

背景与头像形成统一风格，加强用户印象。背景图片中出现账号名称，再次介绍了自己是抖音电商官方直播间，又一次加深了用户对昵称的记忆。

（4）简介。

“抖音电商官方直播间”的账号简介让用户对账号有了更加明晰和深入的认知，也让用户更明确了账号的定位与内容方向。简介中表明了身份——抖音电商官方直播间；同时也可当作公告使用，让用户清楚近期的相关活动内容，如每天的开播时间、直播间的活动规则和领奖方式。

项目三 图文内容营销

情境导入

“图文内容营销”是新媒体运营人员必须掌握的专业技能。本项目基于企业工作场景，主要介绍图文内容选题、创作图文作品、内容分发与推广的相关知识点，以帮助学生夯实理论基础，提升技能水平。

项目概述

在内容营销中，图文内容是一种重要的信息传递途径，也是网络营销中最需要重点设计的一个内容元素。文字内容可以表达理性的思考，图像内容可以直观地表达感性的认知，因此相较于纯文字或图片，图文形式结合的内容表现力更直接、更快捷、更形象、更有感染力，可以让信息传递更简捷、有效。

图文内容营销需要根据账号定位和目标用户的需求进行选题策划，结合平台的调性进行图文创作，还要根据平台用户传播的属性进行内容的发布与推广。

学习导图

针对图文内容营销工作，编者梳理出以下学习路径，同学们可依据该路径进行学习。

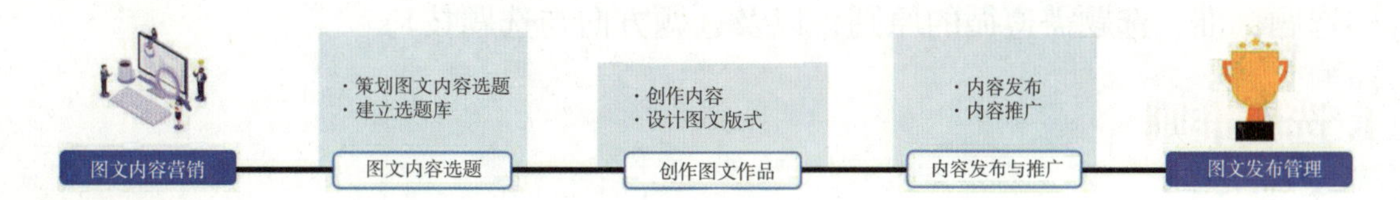

项目目标

通过本项目的学习，我们应当能够实现下列目标。

知识目标：

1. 明确选题的准则和要点；
2. 熟悉图文号选题策划的方法；
3. 掌握图文号内容创作的原则与技巧。

技能目标：

1. 利用新媒体图文排版工具，根据需求编辑图文内容；
2. 能够策划优质的选题；
3. 能够根据目标，结合新媒体图文平台特性组稿、写作。

素养目标：

1. 具备规则意识，遵守平台规则，根据主题进行规范化写作；
2. 具备互联网创新思维、发散思维和创意思维；
3. 具备一定的设计、审美与编辑能力。

任务1 图文内容选题

在新媒体内容营销中，一直流传着这样一句话：“你和阅读量10万+之间只差一个爆款选题”，这句话说明了选题的重要性。对于高点击率、高阅读量的内容，其选题是核心要点，选题决定了内容的广度与深度。

选题即分析什么样的图文内容是用户真正感兴趣、想看、喜爱的内容，什么样的内容会被疯狂转发。本任务将从以下两方面为大家展开介绍。

（1）策划图文内容选题。

（2）建立选题库。

活动1 策划图文内容选题

不同的选题有着不同的粉丝量、变现值和运营机制，要想做好出的内容，一定要先进行选题策划，要选对方向并找准内容定位。而运营人员在进行内容选题策划时需要清楚好的选题标准、选题需遵循的原则，以及选题方向与选题技巧。

1. 选题准则

选题是对文章从什么角度、以什么为中心、用什么口吻去写的一种构思。选题决定作品的生命力，一个优秀的选题，决定了内容的好坏。那怎么判断一个选题的好坏，选题又应遵循什么准则呢？

（1）优秀选题标准。

在传统媒体中，优秀的选题要能吸引用户眼球，从而引发讨论；而在新媒体时代，选题内容好不好是用户说了算的，因此选题时一定是要从用户的角度出发，优秀的选题满足三个标准，如图3-1所示。

A	B	C
你作为用户，会转发这个话题吗？	你想表达对事情的情绪，用户能明白吗？	这个话题能引起用户的共鸣吗？

图3-1 优秀选题的标准清单

例：《请回答1992：30岁对你来说意味着什么？》，先不看文章内容及文采具体如何，单看标题可知，这个选题能引起1992年左右出生的用户群体的共鸣和转发。30来岁意味着什么？能激发这类人群对于“三十而立”“成家立业”“事业有成”的兴趣。

（2）选题原则。

在选题时，运营人员既要考量用户产生每一个动作背后的原因，也需考量选题是否切合平台属性及规则。选题时需遵循的原则大致如下。

选题切合平台属性：从平台角度出发，在进行内容分析之前，运营人员需了解平台提倡或者严令禁止什么样的内容，平台的特点和规则要求是什么，在平台上有哪些选题是符合平台属性的。

选题具备利他性：从用户角度出发，选题内容要能给用户带来价值，如增长知识、获得福利、节省成本、获得快乐 / 动力、收获向往的美好等；选题内容能引起用户情感共鸣或者兴趣相投；选题内容能激发用户痛点，并为其提供问题的解决方法。

选题有趣、易懂、好操作：从用户参与角度出发，选题内容要简单易懂，太复杂或专业术语太多，使用户不容易理解，一般很难停留；同时，选题内容若具备一定的趣味性，且易操作、好上手，更容易得到用户的喜爱。

2. 选题方向

选题一定要和账号定位密切相关，这样才能让账号运营事半功倍。因此，在确定选题方向前，需要明确四要素（用户是谁、用户需求、解决痛点、如何持续）后再进行，如图 3–2 所示。

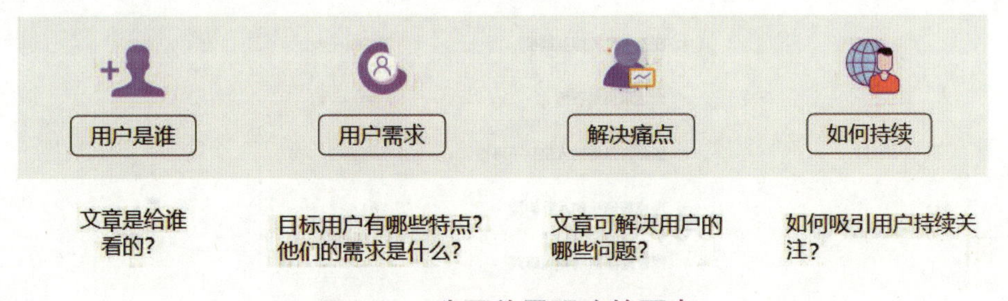

图 3–2　选题前需明确的要点

针对以上进行逐一思考和梳理后，则可根据思考后的内容规划选题方向。那么，应如何确定选题方向呢?

内容选题一般有三大方向，分别是资源型选题、热点选题、关键词选题。

（1）资源型选题。

作为运营人员，如果可以，最好选自己喜欢、自己擅长的内容。选题到底从何处切入，要以基于自身有哪些资源能够快速实现内容创作为准。资源在一定程度上能决定结果，脱离了本身实际条件，所有的选题、策划、创意等都会落得无法持续落地的结局。

（2）热点选题。

追热点是所有新媒体人绕不开的话题。对于热点，可简单分为时事型、节点型、平台型三类。

时事型热点：一般由社会、民生、娱乐事件引发热议内容。具有爆发强，流量多，不确定性的特点；要求创作者响应速度快，以保证热点的时效性。

节点型热点：行业重大节点、节日，如“618”“双十一”等。具有可预知，好策划的特点；要求创作者切入角度新，从而使内容出人意料。

平台型热点：平台的热搜榜单，即用户打开各新媒体平台的搜索栏就能看到当前平台的搜索热点。图 3-3 为小红书站内热点榜单。

图 3-3　小红书站内热点榜单

需要注意的是，不能追涉政事件、负面事件、争议事件的热点。在选择热点时，一定要与自身账号调性相关，要从用户的角度筛选热点。

（3）关键词选题。

除了热点之外，运营人员还可根据企业的资源卖点和特长，以及用户的特点和需求来进行选题关键词的挖掘和关联。可以通过问答平台，或者相关帖子的用户评论需求来找选题。一些常见的问答平台用户提出的细分需求如图 3-4 所示。

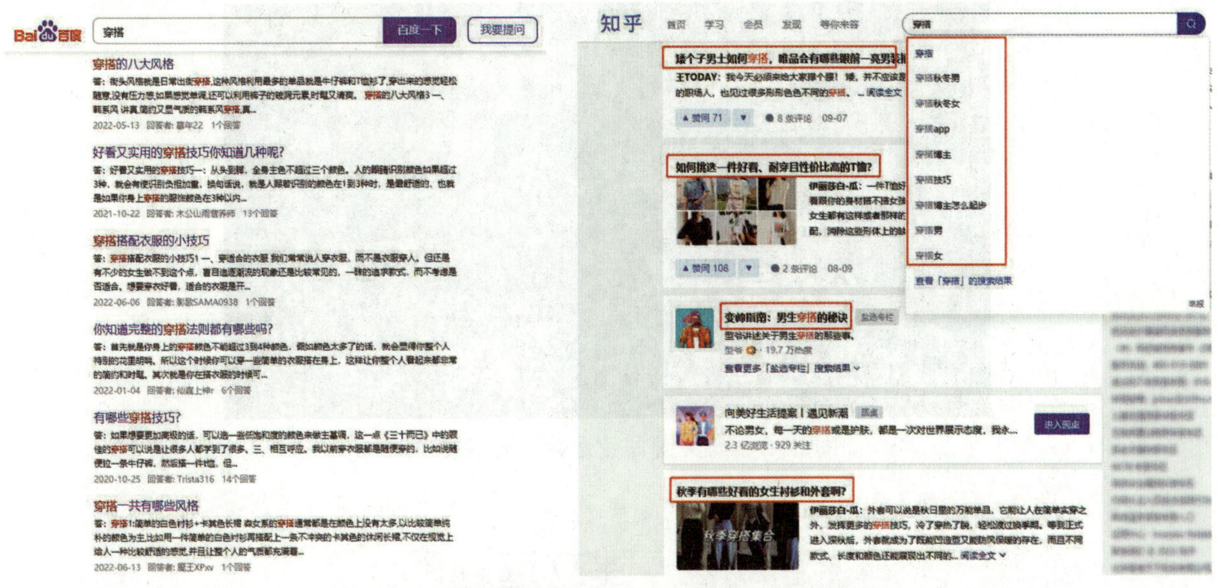

图 3-4　常见的问答平台用户提出的细分需求

例如：以服装行业的选题为例。根据企业资源的卖点和特长，可挖掘的关键词有：性价比高、品类齐全、轻熟风、有垂感、潮牌服饰、穿搭达人、抗皱、运动专卖、耐穿、设计师款、大码服饰、热销、透气、定制、颜色全等。

根据用户特点及诉求，可挖掘的关键词有：微胖、梨型身材、小个子、显高、显瘦、个性、本季流行、显白、少女感、百搭、搭配配饰、企业白领、学生、商务应酬多、爱运动等。

那么，根据挖掘出来的这些关键词，运营人员可以灵活地将它们组合成多个选题。比如：

选题 1：小个子女生怎么穿?

选题 2：盘点最适合办公室白领的 5 大流行穿搭!

选题 3：胖子的福利，显瘦热销潮牌推荐!

同时，运营人员也可通过筛选与自身账号定位相关的关键词，由每个关键词衍生出的一系列内容话题都是选题。

例如：某公众号的定位是“专注流量增长运营和变现研究”，那么围绕的 4 个核心关键词就是“运营”“增长”“流量”“变现”。再以核心关键词“运营”为例，则可得到一个词云，如图 3-5 所示。同理，运营人员在日常工作中就可围绕这些关键词选题。

图 3-5　与关键词“运营”相关的词云

活动 2　建立选题库

在日常策划选题的过程中，随着对选题内容的延展和持续性选题，创作者要做好选题内容规划，通过搭建内容选题库，以此来保障源源不断的图文内容输出，提升用户粉丝的黏性。

1. 选题方法与技巧

选题作为内容创作的第一步，自然是重中之重。选题如果只是靠灵感和“感觉”，是远远不够的。在文章内容发布频率高的情况下，或者需要同时孵化多个账号的，就需要运用方法与技巧来提高选题的效率。

（1）选题方法。

关注对标账号：关注平台内头部账号，第一时间预判到平台的变化，借鉴对标账号来选题。

系统推荐热门主题：进入推荐页面，根据作品内容的系统推荐，搜集热门创作主题。

关注话题讨论：从平台的话题分类中，找到与自己账号定位相关的话题，搜集讨论激烈、点赞高、回复高的内容作为选题。

关注热搜榜单：持续关注站内热搜榜单、热门榜单、实时上升的热点，搜集与自己账号定位相关的话题，可以快速借势宣传，热点内容更容易获得流量。

收集评论私信：与粉丝互动，不仅可以增加粉丝的活跃度，也可以从大量的评论、私信中找到用户最关心的问题，作为备选内容选题。

以小红书为例，可以关注小红书官方账号，小红书部分官方账号如图 3-6 所示。每一个行业都会有对应的官方薯，可关注账号有无活动，如旅游类的用户可关注“走走薯”、美食行业的用户可关注“吃货薯”。

图 3-6　小红书部分官方账号

图 3-7　小红书笔记灵感

除此之外，还可以点开小红书 App 创作中心，在“笔记灵感”中参考系统推荐的热门主题，如图 3-7 所示。官方会将最新的互动数据良好的笔记进行整理，点开自己的行业，就可以参考最近有哪些优质选题。

站外选题方法有以下两点：

关注站外热搜榜单：根据各大平台热搜榜单，找到合适的话题，如微博热榜、微信热榜、知乎热榜、B站热榜等；

关注第三方平台：利用第三方数据平台提供的热门素材，分类查找话题、评论、热点等适合的选题，如千瓜数据、新榜、百度指数、易撰、今日热榜等。

（2）选题技巧。

为了对账号内容进行整体的规划，可以系统化地制作内容，确立明确的题材，以保障内容源源不断地输出。例如，可以通过以下几个选题技巧来提高选题效率。

（1）以用户为中心，找准定位。输出的内容必须与账号定位相匹配，保证内容垂直度。

（2）结合自身优势，写自己擅长的领域。术业有专攻，每个人都有自己擅长的领域，一定要充分发挥自身优势，写自己擅长的东西，避免涉足陌生领域。

（3）选题时要与时俱进。时代在变，内容和观念也在变，结合当下，审时度势，推送大家较为熟知的内容选题。

突击选题价值。选题要具有可写性和价值性，适合自己的账号定位，保证价值输出，内容有“干货”。

制造反差化选题。看惯了千篇一律的文章推文，偶尔也可以考虑利用受众心理反差去制造选题，可能会有出其不意的效果。

2. 建立选题库

通过以上选题方法和技巧搜集选题，并根据表 3–1 所示的三种类型进行分类，以美发行业为例，最后整理成表 3–2 中的选题库示例。

表 3–1　选题库类型

类型	选题方法
爆款选题库	关注热门榜单，如小红书热搜、今日头条热搜等，选择合适的角度进行选题创作，热度越高的内容选题越容易引起用户的观看兴趣
常规选题库	积累每天接收到的外部信息，通过价值筛选整理到自己的常规选题库中。还可以通过专业性和资源性来进行筛选
活动选题库	节日类选题可以提前布局，如国庆、情人节等，并且平台也会不定期推出话题活动，如小红书的“一周穿搭”、知乎的“向美好生活提案”等，让参与平台话题活动的用户得到一定流量扶持和现金奖励

表 3–2　选题库示例

日期	爆款选题库	常规选题库	活动选题库
2022 年 10 月 6 日	假期发型不重样； 2022 年秋季发型； 1 分钟学会 4 种超简单的懒人发型	×× 必去的网红美发店打卡； 女生发型合集； 百搭耐看发型合集	国庆限定发型； 国庆约会发型； 一周发型

选题库内容并不是“一步到位”的，不断更新才是优化的常态。一旦发现优秀的选题，就可以马上记录到选题库；保持对生活的观察和思考，选题就会源源不断，在设计选题时，要紧扣内容方向，以用户需求为核心。

课堂小测

1.【单选】选题的原则不包括（　　）。

A. 选题要切合平台属性

B. 选题要具有利他性

C. 选题要生僻

D. 选题要有趣、易懂、好操作

2.【单选】小明具有五年新媒体运营从业经验，于是他以自己擅长的新媒体运营作为内容选题，这属于（　）选题。

A. 常规选题　　B. 热点选题

C. 资源型选题　　D. 关键词选题

3.【多选】在小红书上，常用的站内选题方法有（　）。

A. 关注所在行业领域的小红书官方账号

B. 利用千瓜数据平台提供的热门素材，查找适合的热门话题

C. 关注微博、微信平台热搜榜单

D. 参考小红书创作中心的笔记灵感

案例解析

小红书双十一选题攻略

案例详情

· 平台：小红书
· 选题方向：热点选题
· 主题：选题

一年一度的“双十一”即将到来，打开小红书 App，已经能嗅到浓浓的“双十一”气息了。作为一个内容种草平台，小红书在“618”“双十一”这种购物节中的热度非常高。根据官方统计，2022 年“双十一”期间，小红书的站内笔记阅读量达 41 亿，搜索次数同比增长 97%。另外，“双十一”活动的蓄水周期也拉长了，从 10 月初持续到 11 月中旬。

无论是商家，还是纯博主，这次全网全年最大的流量大势，必须要跟上。于是小红书创作者小北收集了“双十一”的六大类灵感选题，为本次“双十一”灵感选题提供参考（图 3-8）。

1. 活动整理系列

这类笔记就是把活动时间、平台优惠政策等相关信息进行归纳、整理，没有具体的类目限制，但是非常讲究时效性，越早发越容易上热门。如果错过时效，可以从深度和广度上来展现差异化。比如，除了整理淘宝、天猫的活动外，还可以再加上京东、拼多多等的活动。

2. 购买攻略系列

对于“双十一”，用户最关心的莫过于购物时怎么省钱，这类笔记的热度也是“双十一”节点中最大的一类。具体到某个类目，如哪个品牌打折力度大、怎么搭配更省钱等。攻略内容一般涵盖价格、品牌、优惠政策等。

3. 好物清单系列

清单类选题的本质上其实也是种草合集。在品类选择上，既可以采用跨品类的合集，涵盖日用品、电器、服饰等常规产品，在“广”和“全”字上下功夫；也可以专注于创作者本身的行业和类目，列举某个垂直品类的合集，出彩点就是“专”和“精”。

4. 避坑劝退系列

很多时候，逆向思维总能出奇制胜。在大家疯狂“买买买”的节奏中，各种劝退、避坑型、红黑榜内容笔记，就成为一股清流。经历多届“双十一”后，人们也开始崇尚清醒式买买买，所以这种选题的内容同样也很受欢迎。因此，运营人员可以从价格、性能等方面给大家介绍，但是注意要有依据、实事求是。

5. 单品种草系列

单品种草类的笔记，因为种类单一，需要在种草文案上多下功夫。尽量把成分、功能、使用效果等全面、带着细节展现出来。最为关键的是，要体现出个人的真实体验。可以结合一些使用窍门或相关的知识科普类干货，来降低尬夸和营销感。

6. 中期开箱系列

近年来，“双十一”活动都是分成了两波，第一波活动3～5天后，也就是11月初，大家就陆续收到快递了。这时候各种开箱视频是最火爆的。从拆包装到拿出产品，这种沉浸式的产品展示更真实、直观，还能让用户产生跟着博主拆盲盒的期待感。若在这类选题内容中安排试穿、试用、试看等“买家秀”体验，用户的满足感就会更强。

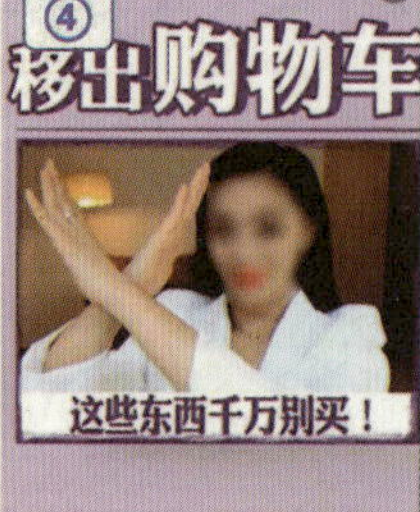

图 3-8 “双十一”灵感选题

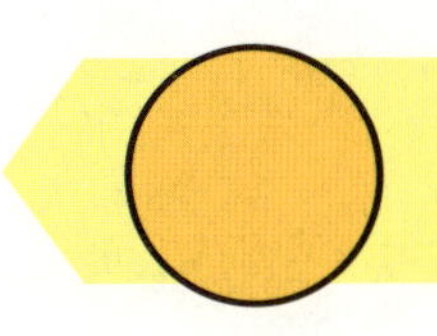

任务2　创作图文作品

在新媒体领域，信息的传递形式包括文字和图片，也可以将这两种形式进行融合，共同为用户提供需要的信息。要想迅速地吸引受众注意，不仅要有精彩的文案，也要有精彩的图文排版。因此，本任务将从以下两点对创作图文内容的方法展开介绍。

（1）创作内容。

（2）设计图文版式。

活动 1　创作内容

优秀的图文内容的创作过程并不是一蹴而就的，在高点击率、高浏览量的背后，需要创作者扎实地完成每一步工作。新媒体文案写作大致可以分为三步，即撰写标题、搭建内容框架和编写正文。

1. 撰写标题

标题对图文内容的重要性不言而喻，如何写出有创意、有吸引力的标题是非常考验写作功底的。下面介绍几种常见的标题类型和极具实用性的标题写作技巧。

（1）标题的类型。

写好一个标题，意味着可以使用户产生点击阅读的兴趣。下面归纳几种常见的标题类型。

①干货型标题。

主要用陈述法。适合内容中有很多干货价值的、信息量大的笔记，能输出价值，让用户看到很多干货。

公式：干货分享 / 整理 /xx 速成 + 数字 + 笔记核心价值

例：干货分享 | 56 个学习网站，大学生逆袭必备

学习干货 | 9 个学霸高效学习方法

大师速成 | 30 秒做出懒人酸菜鱼

②悬念型标题。

用疑问、自问、反问、自问自答的句式，来引起用户的关注，不直接把答案告诉用户，引起用户思考而点击浏览，但不要弄虚作假、颠倒是非，这会引起用户反感的。

公式：为什么 / 如何 + 数字 + 悬念

例：为什么要努力学习？70句骂醒自己的话

9种抗衰老成分，第6种你还在用吗？

30岁，从年薪百万到一无所有，我如何走出迷茫？

③痛点型标题。

标题直接戳中用户内心的痛点，让用户联想起内心的种种疑问，想点击进去寻找答案。

公式：痛点问题 + 解决办法

例：装修瓷砖怎么选？90%装修人都会交智商税。

30岁的脸已经垮了？干敏皮的抗老自救之路。

做小红书号没有方向吗？4个步骤教你找到定位。

④其他类型标题。

除了以上几种类型的标题，还可以套用以下两种万能公式。

公式Ⅰ：描述内心的痛苦（现状）+ 解决方案（轻松具体）+ 放大结果（强烈反差）：基础太差被嫌弃？7天逆袭职场高手！offer任你挑！

公式Ⅱ：人群定位 + 实时信息 + 有热度的具体事情 + 最终结果：胖子都在用，最近很火的明星减肥法，一周瘦2斤！

（2）标题的写作技巧。

想要吸引并引导用户点击，起一个好的标题至关重要。若要写出好的标题，可以使用以下几个技巧。

①写出关键信息。

在标题中直接标出坐标、价格、景点会更能吸引用户关注。

例：穷大学生毕业旅行省钱攻略——重庆。

②多用数字。

绝大多数的人对数字比对文字的敏感度更强。要学会用阿拉伯数字，让用户看到标题的第一眼就能感觉到标题的核心要素。

例：7人、8天、2 000元玩遍海南；张同学2个月涨粉千万被人民网点评，他这5个视频拍摄技巧真绝……

③植入热门关键词。

在标题中添加热门关键词，也会得到大量的搜索热门关键词的流量。

例：在标题中植入“减肥”这个关键词，当用户在站内搜索“减肥”的时候，博文就会出现，会有更大的概率被精准用户看到。

④对号入座式精准布局。

例：目标用户是学生族、熬夜党、宝妈、护肤达人等，对应的标题如学生族花 1 000 元青岛 7 日游攻略；宝妈必备的“双十一”母婴用品攻略……

⑤借助热度高的话题。

如果站内热度很高的话题是“健身”，就可以写健身必备的 App、健身必须知道的小常识等，这样，想要健身的用户就会关注了。

⑥标题要分段。

标题可以适当分段，提升用户的阅读体验，如可以分成 3 段，降低用户的阅读成本。可采用公式“简单的概括词”＋“一个吸引人的广告语”＋“价值”。

例：书籍推荐 | 5 本提升气质格局书单整理，收获良多。

⑦表达夸张情绪。

表达夸张情绪时要通过数字放大并呈现出更好的效果。

例：对于“一年瘦 30 斤”和“瘦到亲妈都认不出”，后者表达更有张力和感染力，用户更容易受情绪感染的影响而点击阅读。

2. 搭建内容框架

新媒体文案最重要的是思路与框架，新媒体文案创作者要有清晰的段落架构思路，按照设计好的思路和框架布局正文内容。

（1）构建思路。

在完成图文内容的选题和标题撰写工作后，创作者就要开始着力于文案的整体构思。在构思阶段，图文内容的创作要先回答以下问题在进行。

步骤 1：账号的定位是什么？

步骤 2：账号所处行业领域是什么？

步骤 3：主要用户群体是谁？

步骤 4：对标账号的内容怎么样？

步骤 5：怎样将内容与产品结合起来？

结合以上构建思路，可以快速找到设计框架的切入点，明确图文创作的方向。

（2）搭建框架。

对于新媒体文案而言，在文笔上并没有过高的要求，因为文案侧重于传播，而要想传播得广泛，关键在于结构清晰、语句通顺、通俗易懂。为了更好地梳理想要表达的内容，便于文案内容的输出，可以参考文案写作中常见的几种框架结构。

①总分总式结构。

总分总式结构是新媒体文案中比较常用的一种布局方式。第一个“总”一般起着点明主题的作用，是文案的总结；“分”是指分层叙述，即用若干并列的分论点论述中心论点，逐层深入，使正文整体呈现出发散的结构；第二个“总”是指在结尾进行总结或重复主题。

例：微信公众号“视觉志”发布的文章《天天就知道玩！能有什么用？》，就采用了总分总式结构。该文案在一开始通过一个视频引出了主题：玩有什么用？然后列举历史人物和现代成功人士的事例证明玩的积极意义，接着阐述孩子爱玩的好处，最后升华主题，指出爱玩并玩得好的人在工作和生活中过得一定不会差，如图 3-9 所示。

天天就知道玩！能有什么用？

原创 小视本人 视觉志 2019-05-20 21:39

01

最近，有这样一条五分钟的视频，展示了中国的七个家庭，七个不同的瞬间。

看完，你可能会从中找到一些自己的经历……

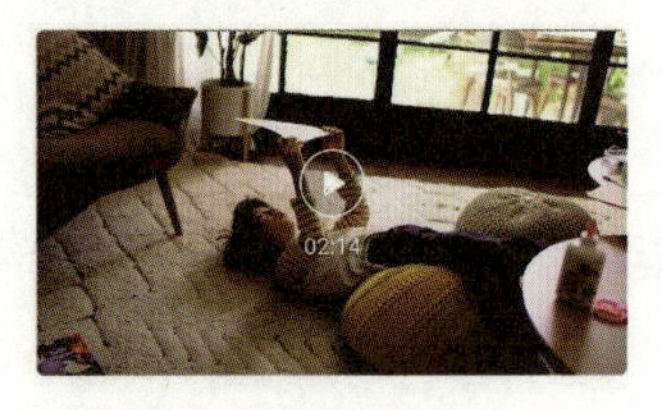

这个短片是乐高玩具在六一儿童节推出的短片，由金马奖最佳原著剧本奖获得者席然执导。

那个曾经刷爆朋友圈的《世界再大，大不过一盘番茄炒蛋》的感人亲情视频，便源自他之手。

而今这个视频也一样，一发布便迅速在一些家长群里

在孩童时代，看起来毫无用处的玩耍，是他们成长中必不可少的养料。

玩，到底有什么用？

这个视频以及无数孩子，已经给了我们答案。

02

“玩”的背后，我们更应该看到的，是一颗颗不被现实条件束缚住思维的，全新自由的灵魂。

玩耍常常被认为是浪费时间的行为，但在科学史上，有许多伟大的发现是在玩耍中产生的。

正直的品格，健康的心智，还有面对各种问题的坚忍不拔与创造性解决问题的能力……

而这些，就如同这两年流行的一句话：有趣的灵魂万里挑一。

工作学习塑造了我们的骨干，但是玩这件事，丰满了我们有趣的灵魂。

与其说是玩，不如说是换一种方式，和这个社会相处和学习。

能玩好的人，在工作和生活中，也一定不会差。

玩到底有什么用？

乐高的宣传片早已给了我们答案：

图 3-9 总分总结构案例

②盘点式结构。

盘点式结构也称清单式结构，各部分内容之间可以相互调换顺序。主要是把盘点对象作为小标题来分开阐述，列出受众想要了解的信息，这些标题之间往往是平行结构。常见的盘点式结构有以下两种。

推荐某类事物：在正文中向受众盘点、推荐某类事物，如国外适合冬季旅游的 10 个景点；最适合进行自我提升使用的 App；作为职场新人，最适合阅读的 10 本书等。

解决方案：针对受众在生活和工作中可能遇到的各种问题，为其提供几种有价值的解决方案。例如，旅游类公众号为受众提供去某个旅游城市游玩的几条旅游路线等。

在运用盘点式结构时，可以在文案的主标题上明确写出具体有几条内容，这样会让对此感兴趣的用户更加期待阅读。

例如，微信公众号“秋叶 PPT”发布的《PPT 不会做？收下这 3 种 PPT 排版技巧》就采用了盘点式结构，在标题上明确说明了有 3 种 PPT 排版技巧，让想提升 PPT 应用技能的受众迫不及待地点击阅读，如图 3-10 所示。

PPT不会做？收下这3种PPT排版技巧

秋叶PPT 2022-10-18 07:17 发表于湖北

以下文章来源于一六视觉，作者一六视觉

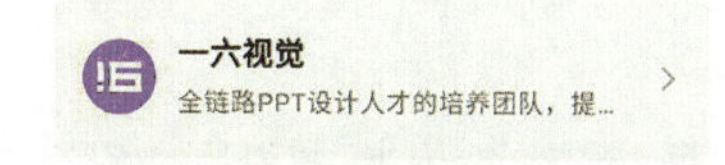

来源：一六视觉 | ID: yiliushijue
编辑：河豚格格

PPT 里面有一个非常实用的功能叫「布尔运算」，在形状之间进行布尔运算，可以设计出一些非常有意思的内容。

图 3-10　盘点式结构案例

③片段组合式结构。

片段组合式结构是将某些体现共同主题的片段组合在一起，或叙述事件，或描写商品特点，或烘托品牌等。运用这种结构时，一般以叙事的手法进行写作，不过每个片段的内容不能太多，且不能分散主题，可以从多个角度出发，围绕文案的主题来叙述。

例如，微信公众号“插座 App”发布的《一个人最大的愚蠢：习惯性反驳》用的就是这样的结构。该文案首先表明了能够克制自己的反驳欲是最大的自律，接着讲述了多个生动、有趣的故事，从多个角度阐述了过多的争辩会彰显自己浅薄无知，并在最后希望大家不争不辩、清醒从容、沉稳自在，如图 3-11 所示。

语欲胜人，或许会有一时的胜利，却永远赢不来长久的尊敬。

生活中，我们谁都免不了被反驳、被批评。

但愚蠢的人，会习惯性的针锋相对，不赢不休；而有智慧的人，面对不同的意见时，先消化，再内省。

人生在世，能够克制自己的反驳欲，便是最大的自律。

过多的争辩
会使你陷入生活的陷阱

不知你是否见过这样的人：

无论你说什么，他的第一反应就是针对你，反驳你；

无论观点是否正确，只要言语胜过别人，他

3
弱者自困
强者自察

有人说：为人处世，反驳是本能，反省是本事。

面对不善的言论，习惯性地辩驳、解释，往往只会彰显自己的浅薄和无知。

懂得言迟意缓，向内审查，才能化平庸为不凡。

沈尹默早在浙江任教期间，他的书法就已扬名于外。

一次，他在朋友家，即兴作了一首五言诗。

不料，第二日陈独秀看了却点评道：“诗写得很好，字却不怎么样，流利有余，深厚不足。”

看过一个哲理故事：

有人问：“大师，快乐有什么秘诀？”

大师答：“勿与愚者争。”

问的人说：“我完全不认同你的观点。”

大师答：“是的，你说得对！”

习惯性辩驳，是一种本能；但能收敛克制，却是一种能力。

愚蠢的人，喜争好辩，自断后路；仁慈的人，静而不争，容纳万物。

和善的人，反求诸己，察而自省；智慧的人，一笑而过，自我精进。

老子言：夫唯不争，故天下莫能与之争。

点个“在看”，往后余生，不争不辩，清醒从容，沉稳自在。

图 3-11　片段式结构案例

④递进式结构。

文案的主题层层剥离，并在论证过程中逐步推进，环环相扣。正文中材料与材料之间的关系是逐步推进的，递进式结构不同于盘点式结构之处在于其结构严谨、逻辑严密，内容前后具有逻辑关系，不能随意颠倒顺序。一般来说，有递进式结构的文案会以议论体和故事体的形式来写作。

议论体文案：在论述时递进的形式可以分为三种：一是由现象递进到本质，由事实递进到规律；二是直接讲道理，逐层深入；三是首先提出“是什么”，然后分析“为什么”，最后讲述“怎么样”。

故事体文案：要先点明故事的核心要素，然后按照故事的发展顺序将故事起因、经过和结果讲述清楚。

⑤穿插回放式结构。

该结构是利用思维超越时空的特点，把某个物体或者某种思想情感作为线索，通过插入、回忆、倒放等方式进行内容描述，使文案形成一个整体。在运用这种结构写作文案时，创作者要选择好串联素材的线索，围绕某个中心点来组织材料。

3. 编写正文

正文写作完成后，还需要对文案进行审核修改，确定无误后再进行下一步的图文排版工作，待内容创作完成后才能将其发布到新媒体平台上。

（1）正文写作。

内容创作者需要在不同的新媒体平台上发布图文内容，这就要求其对各种新媒体图文平台有充分的了解，并能够熟练运用，从而针对各平台的特点撰写出合适的文案。除此之外，还要掌握以下写作要领。

①分享经验。

有的图文内容通过分享经验，将产品或品牌植入其中，直截了当地告诉受众某种产品的使用效果、使用方法、注意事项等，以此来引起他们的注意，使其抱着主动学习的态度阅读文章，从而扩大了该产品或相关产品的知名度。

如微信公众号“日食记”在其发布的《如何做一碗口感顺滑温柔香甜的红薯南瓜汤？》中，分享了做红薯南瓜汤的经验，能吸引想做红薯南瓜汤的人的注意。作者在文中嵌入“破壁机”这一产品，并在文章结尾处推荐了某品牌静音轻薄破壁机，如图 3-12 所示。

红薯南瓜汤 × 西瓜冰沙

夏天想吃些香甜可口的东西，来教一道口感顺滑又温柔的红薯南瓜汤。

甘甜软糯的红薯与香醇浓郁的南瓜融合在一起，绵密清甜，再配些外脆里韧的法棍切片蘸着吃，口感层次立马丰富起来，咸甜又柔滑顺口，停不下来。

还做了个西瓜冰沙，25s就能搞定。一口一口，满嘴都是幸福的感觉：）

2. 将南瓜块、红薯块、60g腰果和500ml水一同放入破壁机中。

*如果觉得清淡可加入少许糖，或者最后盛出后淋上少许淡奶油调味。

3. 按下破壁机的浓汤模式（约30分钟）。

*如果没有该功能，需要先将南瓜和红薯块隔水蒸10分钟，

| 种草 |

破壁机大多都好用，但也大多有个缺点，就是运转时动静太大，早晚可不敢开，怕隔壁邻居投诉。

但奥克斯静音轻薄破壁机，拥有静音结构独家专利，实现同轴动力传动，能有效减少噪音产生并提升动能50%。使用起来只有65分贝，什么概念？就相当于平时的说话音量，不扰民，自己用时也不会皱眉。这点非常安心：）

图 3-12　分享经验案例

②讲述故事。

优质的故事型文案可以引人入胜，唤起受众的内心感受和欲望，培养其认同感，因此用户不会产生抵触心理，反而会在不知不觉中产生消费欲望。当然，故事型文案的最终目的并非讲故事，而是展示故事背后的产品或品牌。因此，写故事型文案时可以根据自身情况，选择不同的角度来描述和展现产品或品牌的特点，如品牌的角度、产品角度和客户角度，分别为品牌故事、产品故事和客户故事。

例：某微信公众号发布的《品牌故事 UR 国产品牌生力军》一文中就讲述了国产品牌 UR 的品牌故事，如图 3-13 所示。

品牌故事 | UR 国产品牌生力军

优惠君　2019-08-23 08:30

URBAN REVIVO(简称UR)——全球快时尚领先品牌，是UR集团旗下的服装连锁零售品牌，自创立之初，所有运营和管理均以快时尚DNA为核心进行探索和发展，品牌以"奢华大店、产品丰富、更新快速、价格实惠"为定位，突出产品主导一切的经营理念。

UR采用买手主导产品设计开发的全球领先时尚开发管理理念，位于巴黎、伦敦、米兰、纽约、东京各时尚中心的买手团队进行最前沿的时尚趋势收集，保持UR产品始终处于潮流尖端，并以合理的价格让大众轻松拥有高品质的时尚。

名称含义

URBAN - 都市是一个如此丰富和多元的存在。URBAN REVIVO - 都市在每一个日长月落之间，张弛着活力与激情。在每一个瞬息万变的同时，唤起人们心底的跃动。时尚也是如此，始终千变万化、灵感涌现，充满着无限的可能性和想象力。URBAN REVIVO是都市快节奏、多元化、感官冲击的缩影。彰显了都市人对体验性、个性化、自我发现的时尚态度和追求。

玩味意味着知识、见识、品味和鉴赏玩味时尚是一种混搭的体验，这里有无限混搭的机会，这里是你创造个人风格的乐园无限的选择和自由，轻松的拥有和享受。

图 3-13　讲述 UR 的品牌故事

③情境导入。

情境导入能够增强用户的体验感。在撰写图文内容文案时，可以有目的地将宣传的产品或品牌融入特定的情境中，经过情境渲染或描述，可以将产品或品牌与该情境进行“绑定”，让用户毫无违和感地接受其信息，并在有所需要时第一时间想到该产品或品牌。

例：图 3-14 所示为某美妆品牌官方在推出某款精华时发布的一条小红书博文，这条博文将换季敏感皮肤会遇到的皮肤问题很直观地罗列了出来，让用户判断自己是否有同样的问题，从而使其对号入座，产生购买产品的欲望。

修护太狠了

换季敏皮集合‼️这个修护大佬给我人手一支

换季！我油敏皮忍你很久了！
泛红发痒、起皮爆痘都是小事
还会一整个大红脸，根本没法出门...
-
直到用了最近刚升级的👉
维稳修护真的一批！我的烂脸全靠它拯救回

说点什么... 59 17 30

图 3-14　情境导入案例

④借兴趣点引出主题。

用户对某种事物越感兴趣，就越容易关注该事物，因此文案创作者要根据平台的定位，结合当前社会热点、推广产品的特征和用户的喜好，挑选出合适的选题，发布干货、盘点、分享、热点、攻略等相关话题，进行产品或品牌的软文植入。

例：图 3-15 为攻略类文案，用旅游话题吸引用户的兴趣，并在文中植入了相关产品（冒险水世界门票）。

逃离城市计划 | 丽水冒险岛水世界超强攻略

您好，夏天
又与你如约而至，夏日清凉避暑地。
怎么能少了“丽水冒险岛水世界”
这里既有刺激好玩水上项目，也有宫崎骏童话中的夏日小清凉，夜晚更是电音的世界，这样夏日假期怎么能不爱呢?
温州小伙伴好有福气~距离非常方便。
江浙沪 杭州小伙伴，暑期旅行攻略记得收藏，一起清凉一夏
-

6 暴雪湾巨型造浪池
每天12点准时与你相见，音乐响起大家一起嗨起来，约10 000m²，还有惊涛骇浪冲击，浪波一浪接着一浪，太好玩了吧。晚上这里就是音乐节DJ控场，海浪中蹦迪你试过吗
-
游玩之后，这面还有绿色森林泡池，感受心情愉悦，一览好山好水，秀美瓯江景色，无边泳池嬉戏玩耍
这里满足不同年龄段游乐假期体验，感受清爽夏季。
-
景区信息
景区名字：冒险岛水世界
景区地址：浙江省丽水市莲都区环城南路琵琶岛1号
交通出行：自驾游
开园时间：6月12—9月12日（7,8月有夜游）
6月营业时间10:00—19:00
-
省钱攻略来了
最近刚开业W搜公众号“冒险岛水世界”
活动力度不错
6月158元，（7月—8月238元）
#逃离城市计划

图 3-15　借兴趣点引出主题案例

（2）审核及修改。

审核及修改是软文完成后的重要步骤，也是图文排版的前提。具体而言，在审核文

稿时，要特别注意四类问题，如图 3–16 所示。针对这四类问题进行排查及修改，从而保证文稿的内容质量。

图 3–16 常见的文稿内容错误

①政治性错误。

网络文稿中不能有违背党和国家路线、方针、政策的内容，文稿不能侵害国家利益、泄露国家机密。文稿一定要避免出现危害国家稳定和民族团结、容易引起外交纠纷、危害青少年健康成长等负面内容。

②事实性错误。

文稿中的事件所牵扯的人物（包括人名、照片或职务）、时间、地点有误，或事件前因后果、人物关系与事实不符、统计数据存在问题等，都属于文稿的事实性错误。对于一些知名度不够的网站中的信息要慎用，若某条信息确实有价值，需要通过多渠道对该信息进行仔细核对，确保信息的真实性后再使用。

③知识性错误。

例如，诗词引用不准确，历史事件的时间、地点、人物出现差错，用词不当等。对于自己不理解的、不能判定的问题，要善于翻阅资料并予以求证，也可以利用网络专门的数据库释疑。

④辞章性错误。

辞章性错误指文字表达方面的问题，如错别字、语法错误、标点符号误用、数字使用不规范、行文格式不统一等，这些都是文稿审读中经常出现的错误。

活动 2　设计图文版式

在新媒体平台上的图文内容中，图文版式代表文章的门面，也是用户的阅读环境，具有视觉冲击力的图文排版是留住用户使其继续阅读的关键所在。合理规划图文版式能让用户更愿意阅读文章内容，从而获得更好的阅读体验，提高文章的浏览率和用户停留时长，提升用户黏度。

1. 文字处理

文字是整个版面的重要信息来源，保证可读性，是文字排版中首要考虑的事情。影响文字可读性的因素很多，但在众多问题中，流畅的阅读排版是保障可读性的基础。在排版中控制好文本的长度、字距、行距、段落与对齐方式，能够有效地提高可读性。因此，文字的排版是非常重要的。虽然文字排版的创意层出不穷，但不变的原则有两个。

原则 1：强弱显示

标题：突出显示，用于表明文章主旨。

分标题：削弱显示，属于信息补充，或者更加详细的说明文字。

正文内容：最弱显示，开始围绕标题进行创作，属于补充性文字。

强调的方法有三种，如图 3–17 所示。文字强调示例如图 3–18 所示。

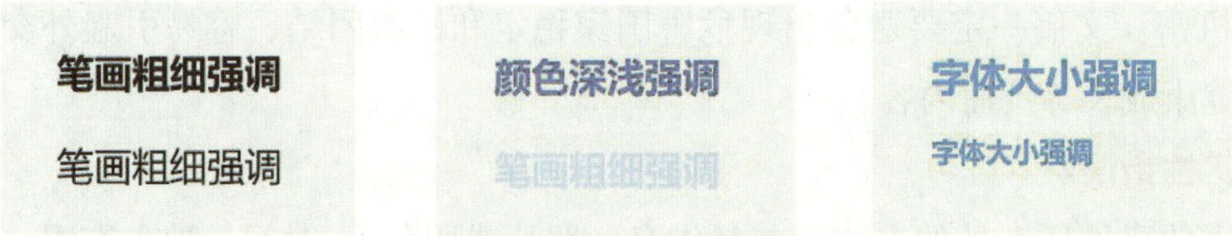

笔画粗细强调

笔画粗细强调

颜色深浅强调

笔画粗细强调

字体大小强调

字体大小强调

图 3–17　文字强调方法

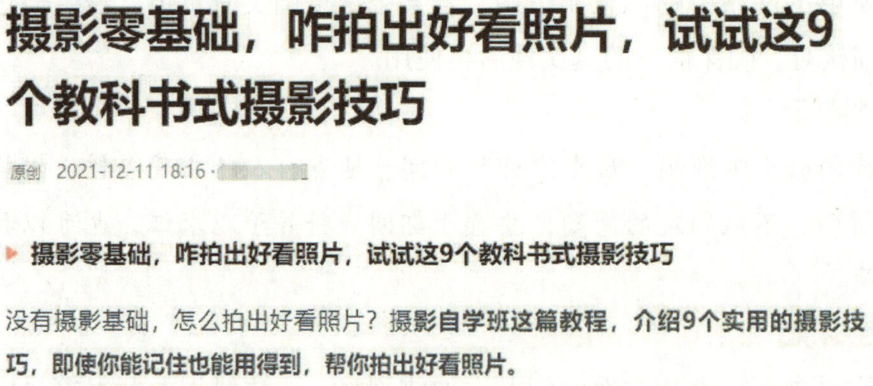

摄影零基础，咋拍出好看照片，试试这9个教科书式摄影技巧

原创 2021-12-11 18:16 ·

摄影零基础，咋拍出好看照片，试试这9个教科书式摄影技巧

没有摄影基础，怎么拍出好看照片？**摄影自学班这篇教程，介绍9个实用的摄影技巧，即使你能记住也能用得到，帮你拍出好看照片。**

图 3–18　文字强调示例

原则 2：归类显示

对于每个文字都要归类，而归类的最佳方法就是调整间距，把握好间距就很容易将文字归类显示，如图 3–19 所示。

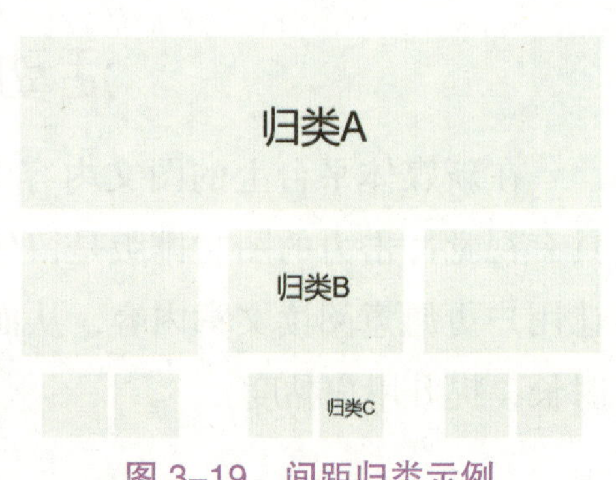

图 3–19　间距归类示例

除了通过间距给文字归类外，还可以利用颜色、字体等给文字归类。

在实际应用中，图文内容中的文字排版还能如何

呈现呢？下面介绍三种常见的文字排版方式，如表 3–3 所示。

表 3–3　常见的文字排版方式

排版方式	示例
对齐	
图形辅助	在家用手电筒打光丨静物摄影 ：佳能R+50 1.4 ：vsco 滤镜Av8 ：变焦手电筒 有两张用了重曝
添加底纹	想看更多直播带货、抖音小店 变现玩法、实操干货 文末点赞+在看~ 每晚21:30就能第一时间找到我们啦~

2. 图片美化

图片对图文营销效果的影响较大，与视频相比，图片有时更具有冲击力。为了让图片更具特色和吸引力，可以对图片进行适当的编辑和美化。即使是同样的素材，图片的美化处理不同，给人的印象也会有所变化。对图文创作者来说，选择合适的图片素材，并对图片素材进行美化是至关重要的。

（1）素材选择。

图片是图文内容中不可或缺的一部分，作品封面、内容润色都需要用到图片。图片可以表达心情，美化作品，提升用户阅读体验，高质量的图片更能升华作品。

①素材搜集。

在完成文稿加工后，还需要对内容进行润色，添加封面图和配图。搜集图片素材，对素材进行组合再加工是创作者常用的方式。以下整理了几个常见的图片素材网站，可帮助创作者提高图文内容产出效率。

图片素材：Pixabay、Visual Hunt、Unsplash、Pexels、Stocksnap、Finda、摄图网、花瓣网。

免抠元素：觅元素、pngimg、千库网、PNG ALL、Stick PNG。

②素材筛选。

图片作为图文内容中的重要部分，其素材选择也有一定的要求。图片会传递情感，所以选择图片的时候，要联系文中的场景，图片要切合文本。除此之外，图片素材选择还需要注意三个事项，如图 3–20 所示。

图 3–20　素材选择要求

· 清晰整洁

高清图片是获得用户良好第一印象的关键，它提升了图文内容的质感，模糊的主图会直接影响用户的观感，从而降低浏览率。

例：如图 3–21 所示图文内容对比，图 3–21（a）的配图清晰，显示出强烈的内容质感；图 3–21（b）的配图则模糊且背景杂乱，使用户的阅读体验变差。

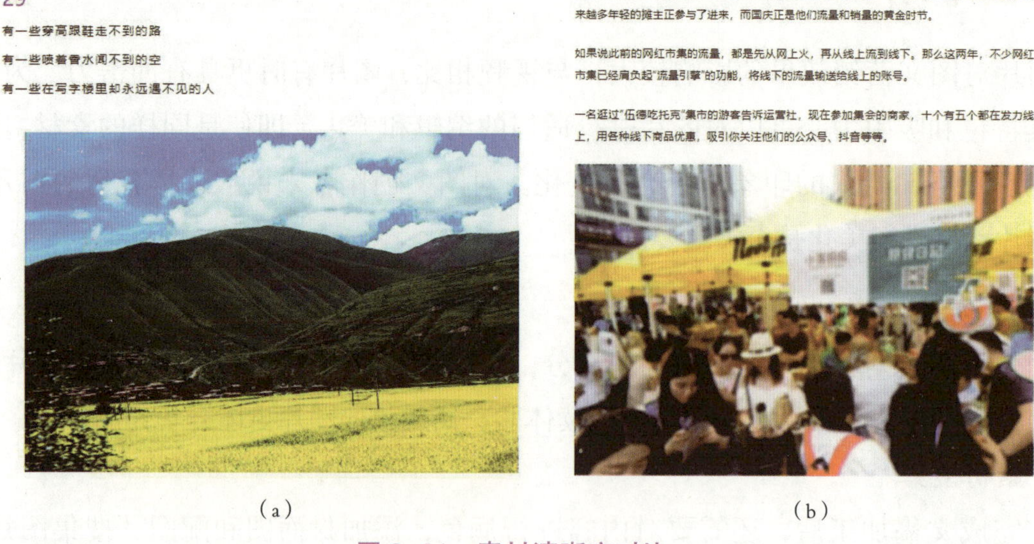

图 3–21　素材清晰度对比

（a）清晰；（b）模糊

· 无水印

在图片素材的选择上，无水印是对图片的基本要求。有水印的图片素材不仅影响图片再加工，还会给用户的阅读体验造成负面影响。

例：如图 3–22 所示图文内容对比，图 3–22（a）的配图无水印；图 3–22（b）的配图上大量水印，其不仅遮挡了部分内容，而且带给用户的观感差。

（a）　　　　　　　　（b）

图 3-22　素材有无水印对比

（a）无水印；（b）有水印

· 不涉及侵权

网络上素材搜集的渠道众多，可以选择免费的可商用素材网站下载素材，或者在通过官方渠道获得商用权益后使用。

（2）图片美化。

在选择好要用的图片素材之后，还要对图片进行加工。图片加工能避免出现侵权现象，通过设计加工也能让图片更符合文案风格和内容要求。

①设计要点。

在图片的设计加工过程中，创作者要注意以下两点。

基于内容调性：图片的设计需要根据内容调性来决定，不同风格的图文在设计图片时侧重的内容不同。

统一设计风格：设计风格的统一可以保持整体画面的协调，避免用户产生视觉上的不适感，还可以加深用户对于图文内容的记忆以及强化对账号的印象。

②色彩搭配。

在图文内容中，图片的色彩搭配把握着观众浏览体验的整体观感，也是文章风格的最直观体现。在选择配色方案时，一方面要考虑到文章的整体风格；另一方面还要考虑到内容调性。不论在什么情况下，进行色彩搭配都应当注意以下两点。

· 控制色彩数量

很多创作者对图文的图片设计存在认知误区，认为图片的设计越花哨就越好看，而实际上，过于花哨的页面只会让用户觉得视觉上很混乱。

一般情况下，建议详情页的页面色彩不要超过三种色相，如深红色和暗红色便可视为是同一种色相，如图 3–23 所示。

图 3–23　色相示例

· **协调配色比例**

详情页的整体颜色一定要给人以协调、同一的感觉。同一的颜色是指主色调只有一种，在此基础上搭配一些其他的颜色，即所谓的“总体协调，局部对比原则”。

黄金配色比例为 70% ∶ 25% ∶ 5%。70% 为大面积使用的主色，25% 为辅助色，5% 为点缀色，如图 3–24 所示。

图 3–24　黄金配色比例

在实际工作中，“参考配色”是非常实用的配色方法，主要是参考优秀案例背景的颜色、标题的颜色、搭配元素的颜色，并以此作为图片设计的配色方案。

使用频率较高的几种配色如表 3–4 所示。

表 3–4　使用频率较高的几种配色

配色	颜色代码
明亮的蓝色和白色	#0099E5　#FFFFFF
黑色和白色和洋红色	#000000　#FFFFFF　#E72178
蓝色、红色和金色	#354E6C　#E64241　#EAAC31

续表

配色	颜色代码
蓝紫色和淡黄色	#354581　#FFE074
亮蓝色和金色	#4A57A5　#F99935

③美化工具。

目前，使用较多的图片编辑工具软件以下几个。

Photoshop：功能强大，也很专业，需要使用者具备一定的操作基础。

美图秀秀：操作起来比较容易，比较适合零基础的用户使用，而且手机就可操作。

光影魔术手：拥有强大的调图参数和特效，海量边框素材，有拼图、文字和水印添加等功能，让图片更出彩。

醒图：操作简单、功能强大，拥有丰富的滤镜和模板资源，可以添加贴纸、文字、特效等，调色要自然，可将多个滤镜叠加使用。

3. 图文排版

在图文排版中，需要考虑图片和文案两个主要因素。排版人员可以通过文字排版设计和图片排版设计两个方面来协调图片与文案的关系，从而构建出能够传递有效信息和具有强烈视觉冲击力的页面效果。

（1）排版布局技巧。

在处理图片和文案的关系时，可以从以下几个方面入手。

①强化图片和文案对比。

通过巧妙地运用对比色和互补色强化图片和文案的对比来强化图片和文案的对比，不仅可以增强信息的可读性，让画面更加富有立体感和空间感，还可以增加用户的视觉感知，如图 3-25 所示。

图 3-25　强化对比案例

温馨提示

在色相环上相距 120° ～ 180° 的两种颜色称为对比色。常用的对比色有橙色与红色、黄色与紫色、青色与红色、黄色与蓝色、黑色与白色等冷暖色。

②弱化背景。

根据图像的复杂程度，通过应用模糊效果来创建一个干净的背景能够有效地增强页面中文字内容的易读性。通过局部模糊来弱化背景能够改变图像中的视觉焦点，让主体形象更加突出。同时，将文案添加至模糊区域内，可以使文案从杂乱的背景中抽离出来，从而增加文字信息的可读性。主体形象和文案就能在整个页面中形成一种视觉平衡，如图 3–26 所示。

图 3–26 弱化背景案例

③图文合一。

图文合一是一种能够有效增加页面吸引力的设计方法。图片与文字交错式的搭配能让图片与文字形成互动感，还能让页面产生空间感。同时，文字在页面中充当的不只是文案的角色，还是一种装饰元素，可以让页面显得更加美观，如图 3–27 所示。

④标签式设计。

标签式设计是指将少量的文本信息整合到一起，将文本置于矩形框内或在文本之上添加一个色块，形成产品标签的形式，从而将受众的注意力集中在标签上，如图 3–28 所示。在实际设计时，标签的大小需要从画面的美观度、文字数量、背景图案和版面的平衡等多个角度进行考量。

图 3-27　图文合一案例

图 3-28　标签式设计案例

（2）图文排版工具。

熟练掌握一些实用、便捷的工具无疑会使新媒体运营人员的日常工作事半功倍。下面介绍几款常用的新媒体图文排版工具，使用它们进行图文排版能够帮助创作者提升文章的格调，增加文章的阅读量。

秀米：一款专门为微信公众号文章提供文本内容美化的图文编辑工具，其包含多种风格的排版模板。

135 编辑器：一款功能强大、极易上手的在线图文排版工具，提供了丰富的排版样式、模板和图片素材，并拥有秒刷、一键排版、全文配色等强大功能。

i 排版：一款高效、简洁、美观的图文编辑器，有很多原创素材，支持全文编辑、实时预览、一键切换样式、一键任意追加签名等。

新媒体管家：一款可以辅助管理新媒体账号的插件，支持微信公众平台、今日头条、一点资讯、微博、知乎、网易媒体平台、搜狐开放平台、企鹅媒体平台、大鱼号、简书、百家号等多家新媒体平台。

壹伴：一款能够增强公众号编辑器功能并显著提高排版效率的浏览器插件。其可以高效地完成微信排版、多公众号管理、定时群发、一键图文转载、gif 动图一键上传、公众号数据分析、公众号运营等工作。

课堂小测

1.【单选】标题“30 岁没有一技之长，应该如何提升自己？”属于哪种类型的标题（　）？

A. 干货型标题　　B. 悬念型标题

C. 痛点型标题　　D. 万能型标题

2.【单选】创作者在构思阶段需要进行的首要步骤是（　）。

A. 明确自身的账号定位

B. 寻找对标账号

C. 了解主要用户群体画像

D. 使产品与内容相结合

3.【多选】审核文稿时常见的问题有（　）。

A. 政治性错误

B. 知识性错误

C. 辞章性错误

D. 事实性错误

4.【填空】文字的排版非常重要，对于排版原则中的强弱显示原则来说，可以强调文字的方法有：__________、__________、和__________。

5.【判断】壹伴是一款可以辅助管理新媒体账号的插件，支持微信公众平台、今日头条、一点资讯、微博、知乎、网易媒体平台、搜狐开放平台、企鹅媒体平台、大鱼号、简书、百家号等多家新媒体平台。（　）

6.【判断】某图文创作者为了节省时间，提高创作效率，直接搬运对标账号的图文作品发布。（　）

案例解析

“双十一”小红书首图封面攻略

案例详情

新媒体内容运营人员小兰为企业入驻小红书平台，在完成第一篇图文内容创作后，便开始制作首图封面。为此，她整理了平台上六种热门的封面类型以供参考（图 3-29）。

· 平台：小红书

· 主题：封面制作

①【步骤 / 教程类】封面：适用于教程、攻略类。

②【产品堆砌类】封面：适用于测评类、种草拔草类。

③【拼图 + 标题类】封面：简单易制作，适用于大部分类型图文。

④【干货分享类】封面：适用于知识类、科普类。

⑤【产品展示类】封面：适合大部分营销类图文。

⑥【产品 + 产品上身效果展示类】封面：使用与穿搭类、美妆类。

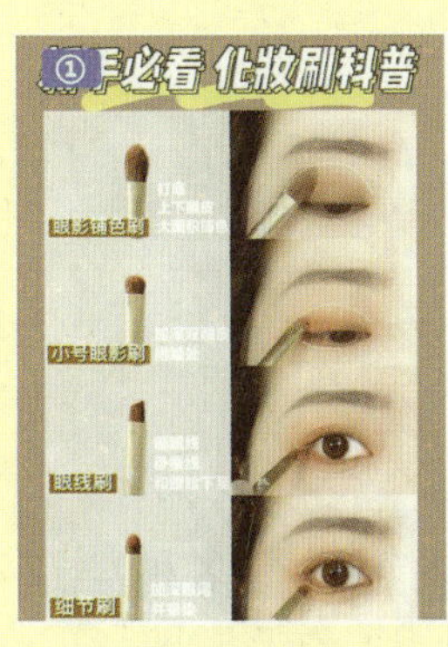

图 3-29　封面类型

小兰在整理完封面类型后进行了归纳。

①几张图片组成的宫格图封面，一般用于美妆、美食、健身、自拍、测评类。

②只用一张图的封面，或者图 + 文字解说的形式，适合各种类型的笔记。这种类型对于博主的审美还有修图技术的要求也较高。

最后，她知道常用作图工具有以下四款，打算先学习使用这四款工具的方法，再开始正式制作封面。

a. 黄油相机：可以加贴纸、滤镜、文字、制作图片的模板。

b. 醒图：功能与黄油相机相似，有海量图片模板、滤镜、边框、贴纸、文字等资源。

c.PicsArt 美易：拼图、抠图，抠人像特别方便。

d. 美图秀秀：添加文字、修图。

任务3　内容发布与推广

内容发布是内容运营中一个重要的工作环节。在完成内容创作后，选择合适的图文内容发布渠道发布内容，并对内容进行推广，能让更多人看到内容，使全网阅读量上升，这对于提升粉丝关注量和扩大知名度都有事半功倍的效果。本任务将从以下两点对内容发布与推广展开介绍。

（1）内容发布。

（2）内容推广。

活动1　内容发布

为了让内容具备更强的传播性，运营人员就要对内容进行多种渠道和媒体形式的发布，用不同的内容形式传播给目标用户。

1. 发布准备

在正式发布图文内容前，运营人员要先选择合适的发布渠道，并且提前做好上线排期规划，把烦琐的事情流程化和整体化，保证后续发布工作的有序进行。

（1）发布渠道。

运营人员必须知悉图文内容发布渠道具体有哪些，并且根据每个渠道特点有针对性地对图文内容进行发布。除此之外，内容发布不应只考虑发布的平台，还应充分考虑平台的内容发布规则。

①常用发布渠道。

常用图文内容发布渠道如表3-5所示。

表3-5　常用图文内容发布渠道

平台	简介
微信公众号	背靠微信生态的流量池，吸引了大量优质原创内容。如果文章被其他账号转载，也算被动发布，有利于内容曝光量和涨粉量的提升
小红书	属于社区类平台，由一群人依照某种主题或兴趣，聚集成了一个相对集中的群体，是品牌营销较常使用的图文发布渠道
今日头条	是较为典型的综合性新闻信息类平台，通过用户的浏览数据来推荐用户可能感兴趣的内容
百家号	集创作、发布和变现于一体的内容创作平台。内容编创者在百家号发布的内容会通过百度信息流、百度搜索等渠道发布，该平台支持内容编创者轻松发布多样化的内容

续表

平台	简介
微博	微博的主要功能有转发、关注、评论、搜索、私信。其互动性较强，可及时关注和发表与热点人物、热点事件相关的内容，拥有较为强快的传播速度以及较广的传播范围

②发布机制。

内容发布机制是指在运营者发布内容后，平台根据哪些因素决定给内容多大的曝光机会。内容发布机制决定了具备哪些特点的内容更容易在新媒体平台获得流量。运营人员只有在了解新媒体平台的内容发布机制后，才能对应地进行内容的调整及优化。发布机制主要分为以下两类。

以社交发布为主：优质粉丝特别重要，他们决定了内容的原始引爆点，平台有新浪微博、微信公众号、小红书。

以算法发布为主：不过于依赖粉丝与社交，而是以算法为主进行内容发布，发布核心是文章标签、账户标签及用户标签，如今日头条等。

以下是各平台发布机制：

新浪微博：通过互粉的关系，将内容一波波扩散出去。

微信公众号：通过粉丝和朋友圈，将内容多圈层传播。

小红书：推荐流程包括机器审核、去重检测、人工审核、特征匹配、笔记发布。

今日头条：把发布的权利让渡给机器，由算法来分析用户的兴趣和偏好，然后给用户推送相关内容。

（2）内容上线排期。

除了选择合适的发布渠道外，运营人员还需合理规划发布的内容、时间、频次等，制订符合内容营销策略的排期计划，以精准定位目标用户，实现内容的精准推荐。

根据账号角色定位选择合适的选题，并计划发布日期和时间、关键词，如表3–6所示。

表3–6 内容排期表

账号角色定位	主题	计划发布日期	关键词
口腔护理行业KOL①	牙齿这样做可以省钱	2022年11月1日9：30	牙齿护理
口腔护理行业KOL	口腔护理全攻略	2022年11月1日20：30	口腔护理
KOC②	选对电动牙刷，拒绝无效刷牙	2022年11月2日9：30	电动牙刷
KOC	平价好用的漱口水推荐	2022年11月2日20：30	漱口水

① KOL：关键意见领袖。

② KOC：关键意见消费者。

2. 发布内容

在发布内容时，要根据目标用户的活跃时间选择合适的发布时间，还要添加内容选题相关的标签，能让作品获得更多的曝光度。

（1）发布时间。

通过代入目标用户的阅读场景的方式来确定内容的发布时间。例如，职场类内容的目标用户主要是职场人士，因此，可以考虑在职场人士的通勤时间段内发布内容。即通过绘制用户画像，代入用户的生活及工作，分析用户会于什么时间段、在什么情况下最有可能浏览内容。

小红书各赛道的图文黄金发布时间如表 3-7 所示。

表 3-7　小红书各赛道的图文黄金发布时间

赛道	黄金发布时间
美妆类	11：00—13：00 / 19：00—22：00
宠物类	12：00—13：30 / 19：00—23：00
护肤类	6：30—8：00 / 21：00—23：00
探店类	10：00—12：00 / 18：00—23：00
娱乐类	7：00—8：00 / 12：00—13：00 / 18：00—22：00
母婴类	9：00—10：00 / 21：00—23：00
教程类	11：00—12：00 / 20：00—22：00
穿搭类	11：00—13：00 / 18：00—22：00
家居类	23：00—24：00 / 20：00—22：00
职场类	12：00—13：00 / 18：00—21：00

（2）添加标签。

为文章添加标签能带来很多曝光度，从而实现引流。内容标签通常分为以下几类：

热门话题标签：根据图文内容主题，添加相对应的话题标签。

地址标签：游记攻略、采办、参加活动等都可以选择地址标签。地址标签也是提升曝光的一种方法，可提高地址附近的用户浏览到的概率。

品牌标签：如果是测评类、种草推荐类的图文内容，发布时可以搜索找到相应的品牌标签添加，有助于增加自然流量。

产品标签：如果是分享使用的好物，可以搜索此产品的标签，添加标签可以提升内容的曝光度。

（3）多平台一键分发。

为了获得更好的曝光效果，大多企业会在多个图文内容创作平台注册账号，在这种情况下，如果不借助工具，每个平台都手动发布文章是非常耗时的。为了提高发布效率，图文创作者可以借助工具，把图文内容一键发布到多家新媒体图文平台。

常用的图文内容一键发布工具有以下几个。

易媒助手：支持二十多个图文平台一键发布，能统计全平台各类数据，一键实时查询真实数据，具备敏感词检测和原创度检测功能。

蚁小二：支持二十多个图文平台一键发布，内容类型清晰，主流平台齐全，即使多平台，多格式同时分发也不会混乱，具备文章质量检测功能。

小火花自媒体助手：支持至三十多个图文平台一键发布，同时还拥有多团队多账号管理、收益统计分析、全网热门爆文库、文章一键查重等实用功能。

3. 内容数据优化

内容数据能帮助运营人员进一步了解内容、用户、渠道，进而优化发布策略。例如，通过分析文章的展现数据了解内容质量，优化内容；通过分析不同渠道内容的转化率数据比较渠道匹配度，选出合适的渠道。

可以从四个维度进行数据分析。

展现数据：基于基础数据，有一个直观的效果反馈，用来展示内容被点击、查阅的情况；

转化数据：内容投入与回报数据，用于判断内容是否能促进用户的转化；

传播数据：分享数据表明内容质量、趣味性的特征，监测数据主动转发、传播情况；

渠道数据：用来衡量分发平台的质量、效果，由内容的特性和受众人群定位决定分发平台，通过同一篇图文在不同平台的数据表现，确定优质分发渠道。

基于数据维度分析制订数据指标。

展现数据指标：阅读量、分享量、点赞数、留言数、取关数、当日净增量等。

转化数据指标：点击次数、付费人数、付费金额、转化率等。

传播数据指标：送达人数、打开率、活跃度、二次传播率、分享率等。

渠道数据指标：覆盖人群、推荐量、页面停留时长、阅读次数等。

基于以上分析，运营人员可以通过四个步骤制订分析方法。

步骤 1： 基于内容数据，从四个维度中选取一个或多个维度进行分析。

步骤 2： 通过挖掘数据目标，明确制订目标数据指标。

步骤 3： 建立分析模型，对数据指标进行解释和评估。

步骤4： 找出问题根源，通过调整分发渠道或者优化内容进一步优化数据。

活动2 内容推广

完成了内容的发布，运营人员还需要通过推广让内容更快地触达到更多的用户，只有触达到用户的内容才是真正有价值的内容。

1. 制订推广策略

在执行推广工作前，运营人员要根据平台的内容发布规则，做好推荐机制的分析，明确推广目标、手段、渠道等推广策略，以此来指导推广工作。合理可执行的推广策略，能够让作品获得大量曝光，帮助账号快速涨粉，为后期的营销工作提前储备流量。

（1）分析推荐机制。

在发布之后，平台会给予一个初始的曝光量，这就是初始流量池。当作品的初始播放数据反馈较好时，作品就会进入下一级流量池。

例如：小红书的推荐机制和其他图文平台类似，唯一不同就是在推荐之前，它有一个收录的环节，如果笔记未被收录就到不了推荐池。笔记被收录后就会进入系统推荐池，被推荐到一级流量池（图3-30）。如果笔记的点击率、点赞率、收藏量、评论量等评估数据较好，达到了进入下一级流量池的条件，系统会自动将笔记推荐到下一级流量池；如果笔记的评估数据达不到进入下一级的条件，就会被停止推荐。

注意：在推荐期间，如果笔记被举报，推荐量则会下降。

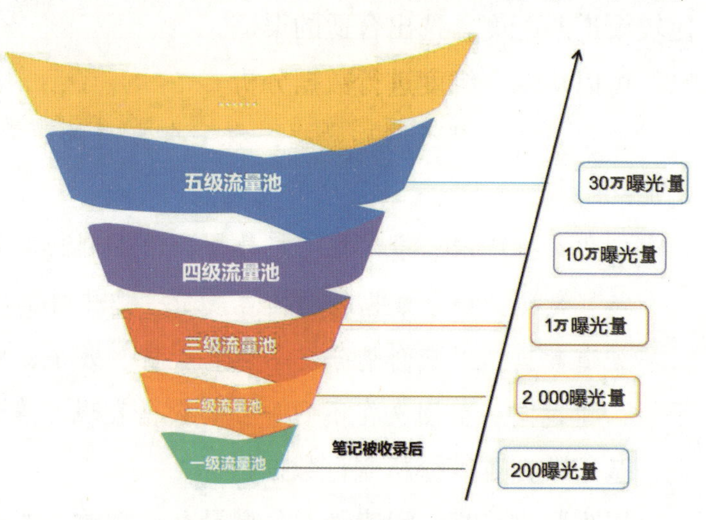

图3-30 小红书流量池算法

（2）推广方式。

图文作品发布后，仅靠官方推荐流量是远远不够的，还需要采用一些主动的方式去推广作品，提升播放量。一方面，这可以帮助作品快速进入下一级流量池，获得更多流量推荐；另一方面还可以扩大账号在其他平台的影响力，提升全网知名度。

图文推广分为站内推广和站外引流两种。

①站内推广。

虽然平台内汇集了大量的用户，但只输出内容，是不足以扩大账号影响力的。除了

需要长时间稳定的输出内容外，还要针对账号的定位，在平台内通过各种手段进行推广，让内容曝光给更多的精准用户。

站内常见的免费推广手段主要有以下几种，如图 3–31 所示。

在热门图文的评论区留评，为自己的账号引流。

寻找热门话题发布作品，平台会有一定流量扶持。

与其他博主或者自己的矩阵账号在作品描述中互推，从而引起粉丝关注。

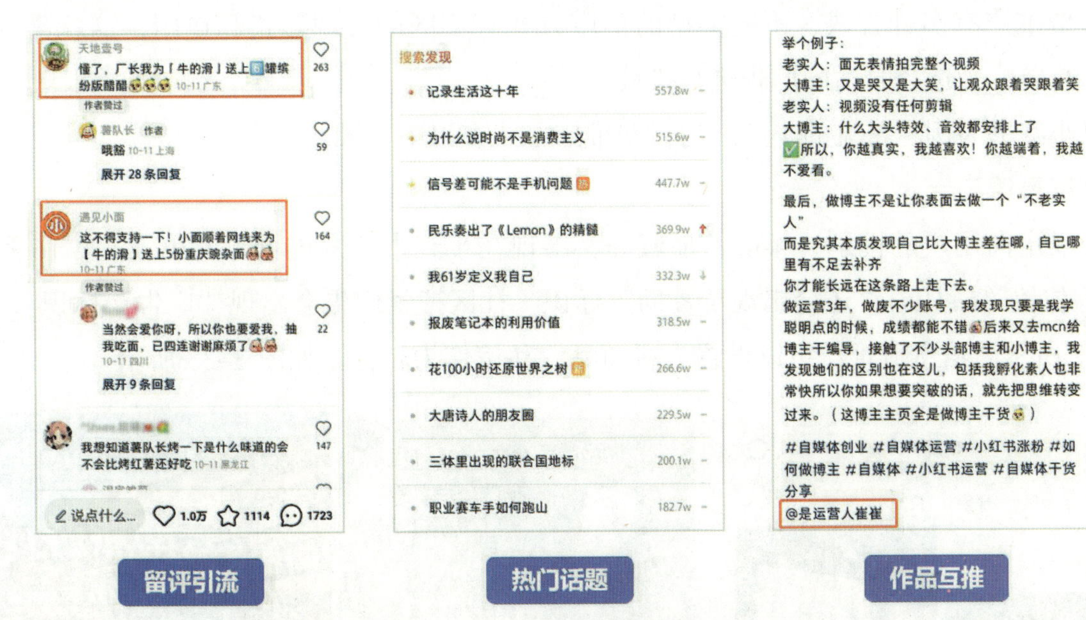

图 3–31　站内免费推广手段

②站外引流。

除了精准的站内推广外，站外引流也是为账号增加流量的重要手段。和站内推广一样，站外引流一样要做好目标人群分析，找到目标用户活跃的渠道，通过文案、视频等多种内容形式给图文账号引流。

常见的站外引流渠道类型如表 3–8 所示。

表 3–8　常见的站外引流渠道类型

站外引流渠道			
社交平台	媒体平台	视频平台	问答平台
新浪微博 微信 QQ群	头条号 网易号 百家号 搜狐	抖音 快手 哔哩哔哩 西瓜视频	知乎 豆瓣 百度知道

2. 执行推广策略

在制订完推广策略后，运营人员就要着手对图文账号进行推广，除了使用免费的推广手段之外，还要对付费推广进行合理的设置与投放。付费推广能够为账号带来大量曝光，是账号推广不可或缺的营销手段。

（1）站内付费推广。

付费推广有多种方式，不同类型的推广方式有不同的展现形式和作用，这就需要结合推广需要，来选择合适的广告进行投放。

以小红书为例，常见的小红书的付费推广方式有以下三种。

①信息流广告。

可以定向用户的性别、年龄、地域等，出现在小红书“发现页”的第 6、第 16 和第 26 位等位置（6+10n），还会出现“赞助”标识（社区搜索广告会出现“广告”标识），如图 3–32 所示。信息流推广可以设置为将商品、私信作为转化，如图 3–33 所示。

图 3–32　信息流广告

图 3–33　广告转化方式

②达人合作。

寻找一些 KOL 或 KOC 来发布内容，根据粉丝数来决定价格，通过他人推荐来推动品牌影响力，这种方式花销较大，但是效果也相对较好。对于中小品牌或者新品牌，前期建议多输出精品笔记，做好关键词排名，再适当选择与有流量的人合作，完成推广任务。

③薯条推广。

薯条是小红书官方的导流工具，让笔记收获更多流量，加速曝光。这种推广方式可以增加粉丝数量，但是因根据不同的账户推广不同的内容，效果也会有差别。薯条能实现的目的及优缺点如表 3–9 所示。

表 3–9　薯条能实现的目的及优缺点

客户端——薯条推广	
目的	帮助曝光、互动、涨粉
优点	没有广告标签、初期笔记测试工具、价格较低
缺点	高峰期无展示位、不保证转化率

薯条推广步骤简单易操作，只需选择要推广的笔记，并击右上角的“…”，选择薯条推广，进入推广设置页，进行简单的设置即可，如图 3–34 所示。

图 3–34　薯条推广

（2）广告投放。

掌握广告投放技巧是运营人员在推广平台拓展业务的前提，学会投放广告并持续运营，才能更精准、更轻易地匹配出目标客户。掌握小红书广告投放技巧主要应了解以下三个重点。

①广告类型。

小红书针对商家的推广有两种形式，即品牌推广和效果推广，即信息流（位于 6+10n 位）和社区搜索（位于 3+10n 位）。

以花店卖花为例，两种推广形式的区别如下。

品牌推广：广告购买方式是合约购买。品牌广告能长期打造花店的品牌形象，不仅宣传花的美丽、新鲜，还有花店的精致、高端，抢占用户心智。

效果推广：广告购买方式是竞价购买。针对一些有买花需求的人投放广告，比如在情人节的时候向情侣用户去推广玫瑰花，或者向日常搜索花卉相关关键词的用户推广花店相关笔记。

二者的推广触达方式如图 3-35 所示。

图 3-35　品牌效果和推广的触达方式

②投放步骤。

步骤 1，用小红书账户认证企业号，将广告账户绑定小红书企业号。

步骤 2，打开小红书聚光平台，登录广告账户，设置每日预算金额。

步骤 3，新建投放计划。小红书的投放主要有产品种草、抢占赛道、商品销量和笔记投放四种。

步骤 4，选择投放范围。信息流适合品牌对用户进行前期种草，搜索适合品牌进行意向用户需求拦截。

步骤 5，选择投放笔记。选择要投放的笔记，广告费用一方面可投放企业号笔记；另

一方面可选择投放达人笔记。

步骤 6，设置人群定向。定向只针对性别、年龄、地域、平台和兴趣标签，消耗大的客户也可上传 DMP 数据管理平台词包，能看到预估受众规模。设置好人群定向，单击“完成”按钮，待审核通过后，就开启投放。

③不同阶段投放策略。

具体如何设置投放预算，把握每个阶段侧重点，搜索和信息流如何进行比重，以“双十一”整体投放节奏为例，分为蓄水期、冲刺期、爆发期和返场期四大阶段。每个阶段对应的投放时间节点、预算占比、主要目的、策略和主要渠道如图 3-36 所示。

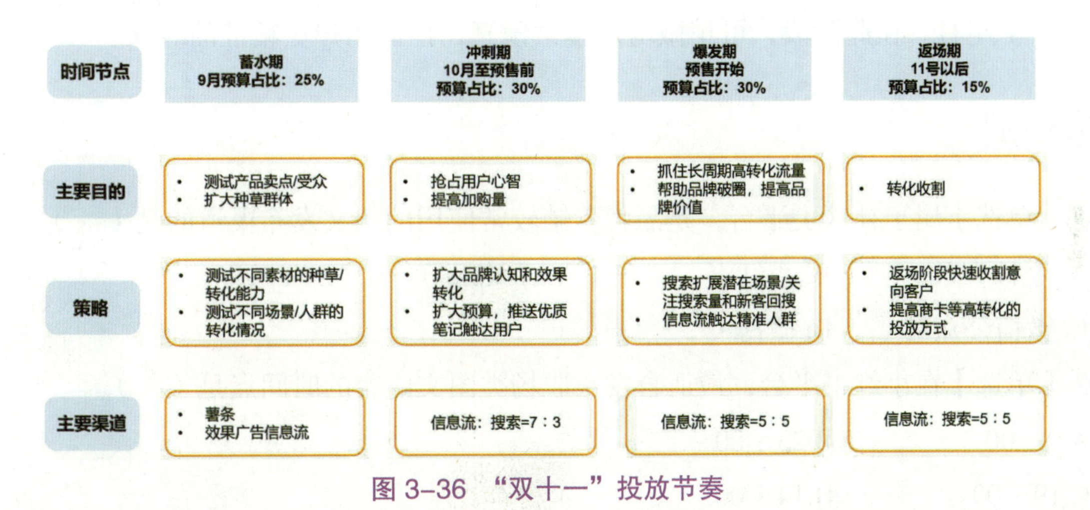

图 3-36　“双十一”投放节奏

· 蓄水期：素材打磨，提升转化

蓄水期阶段核心测试产品卖点，通过信息流多种素材来测试，了解用户消费场景和卖点，更容易获得用户点击，从而拿到高点击量的笔记，用来进行后期的笔记创作。在预算上，蓄水期预算占整个比例的 25%，蓄水期到冲刺期调整，在于是否找到品牌爆文方向，持续复制爆文类型。在广告投放上，主要以薯条和信息流为主，薯条有投放不错的笔记，再通过信息流进行加热，让笔记获得更多的曝光。

· 冲刺期：积累素材，扩大认知

在冲刺期核心是扩发品牌认知成果。蓄水期过后，会积累基础的站内曝光和优质的笔记素材，将互动效果不错的笔记进行持续投放，观察其对小红书商城和淘宝生意的影响，需要做好精细化投放产出表。对比较优质的笔记，可添加站内购买链接，测算其加购成本，每日站内投放产出比，还需要提高搜索比例，70% 投放信息流，30% 投放搜索。

在关键词设置上，品牌词 + 产品词锁定核心消费者，行业词（如面膜）+ 品类词（如衬衫）+ 功效词（如祛痘）+ 成分词（如烟酰胺）锁定查询型消费者，场景词（如穿搭）、人群词（如学生党）、热点词（如“双十一”必囤）锁定潜在消费者，此阶段应锁定核心消费词和查询型消费者。

· 爆发期：搜索放量，拦截需求

爆发期是拦截用户需求的关键期，此阶段信息流和搜索比例提升至1 ∶ 1，扩大搜索比重，搜索拦截用户需求词 + 品牌词和场景词，锁住更多品牌溢出的机会。通过关键词，拦截用户直接搜索关键词。

· 返场期：收割潜客，品牌曝光

返场期核心目的是转化收割，快速收割之前潜在用户，投放预算，搜索和信息比例仍为1 ∶ 1左右。在此阶段，可稍微增加搜索预算，拦截用户更精准的需求。

课堂小测

1.【单选】属于社区类平台，是品牌营销较常使用的图文发布渠道的是（　）。

A. 今日头条　　B. 小红书

C. 微信公众号　　D. 微博

2.【单选】在小红书平台，最适合发布职场类图文内容的时间点是（　）。

A.9：00　　B.23：00

C.19：00　　D.14：00

3.【多选】下列平台中以社交发布为主的有（　）。

A. 新浪微博　　B. 今日头条

C. 微信公众号　　D. 小红书

4.【填空】要想为文章带来大量的曝光和引流，内容标签必不可少，它通常分为以下几类：__________、__________、__________和产品标签。

5.【判断】作品数据指标中的展现数据指标，一般包括阅读量、分享量、点赞数、留言数、取关数、当日净增量等。（　）

6.【判断】运营人员在对笔记进行推广过程中，发现传播内容存在虚假信息，但为了达到传播效果，可以不处理细节问题。（　）

案例解析

五菱汽车——小红书广告投放案例

案例详情

越来越多的用户来到小红书创作汽车消费方面的相关内容。近年来，女性驾驶员数量增长，购车消费比例超过男性；2022 年 1—8 月，对汽车感兴趣的男性用户激增 82%。于是越来越多的汽车品牌选择小红书作为推广平台，五菱汽车就是利用小红书实现焕新品牌印象、销量暴涨、声量翻盘三合一的品牌。

- 品牌：五菱汽车
- 平台：小红书
- 主题：内容推广

五菱汽车在宣传时，直接将汽车从传统的代步车消费账户中摘出来，转向了情感维系和享乐休闲的账户。通过对“送自己的礼物”“给自己的奖赏”等几个主题的切入拓展，对这一点进行深化，从而影响消费者的心理状态。

在推陈出新时，五菱对自己重新定位，强调了日常和女性化。在推广过程中，他们用了大量的高质量笔记来强化用户对这个品牌的新认知。通过晒车展示、对车的改造教程等不同形式的多维度展示，将“五菱汽车 = 少女心”这个认知点强力注入用户心中。

在投放节奏上，他们也保持了每天持续性的曝光和种草，保证了品牌在平台上的声量沉淀。这也是品牌想要强力收割的重中之重。

在实际投放中，五菱的做法也同样值得参考和借鉴。由于汽车属于普适性并不算特别强的“非必需品”。在 KOL 层级布局上，五菱选择了各层级同步覆盖的做法。高质量 KOC+ 中腰部博主 + 头部博主是投放的主力人群，配合素人车主的高密度展示，在平台上形成声量闭环（图 3–37）。

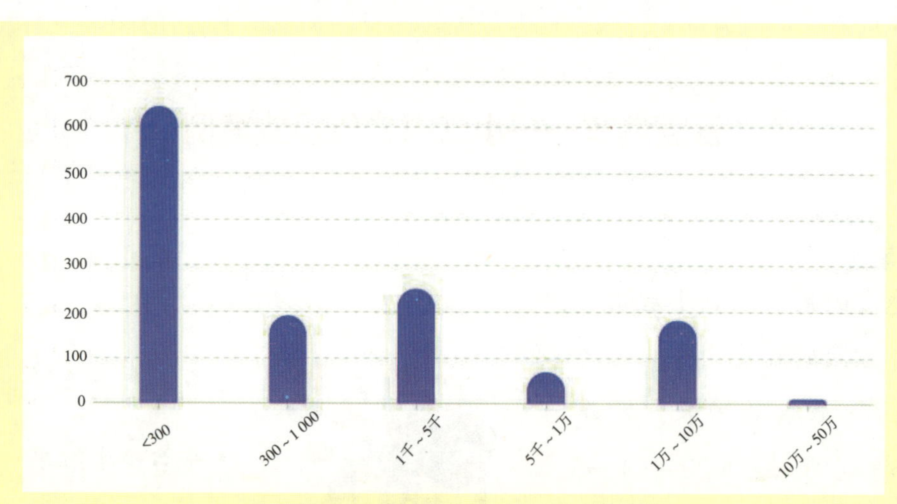

图 3–37　种草达人粉丝数量级分布

利用了热门主题——野餐露营的热度，加大曝光。通过“野餐车”的延展和分享搭了一波热搜顺风车，借助平台原生讨论热度赚了眼球。除此之外，在有关五菱宏光 MINIEV 的笔记中，有一类是比较特别的。发布的账号大都是素人账号，内容基本围绕“五菱宏光 MINIEV 该不该买”“使用心得分享”等展开。笔记本身没有对产品进行过多的渲染，却抛出了一个疑问，从而引发了大量的讨论。而评论区，就是大型的种草区。对于博主的展示，这类“自来水”所引发的讨论对消费谨慎型用户更具备影响力和说服力。同时，大量高频率的讨论也有助于对平台其他投放内容的曝光（图 3–38）。

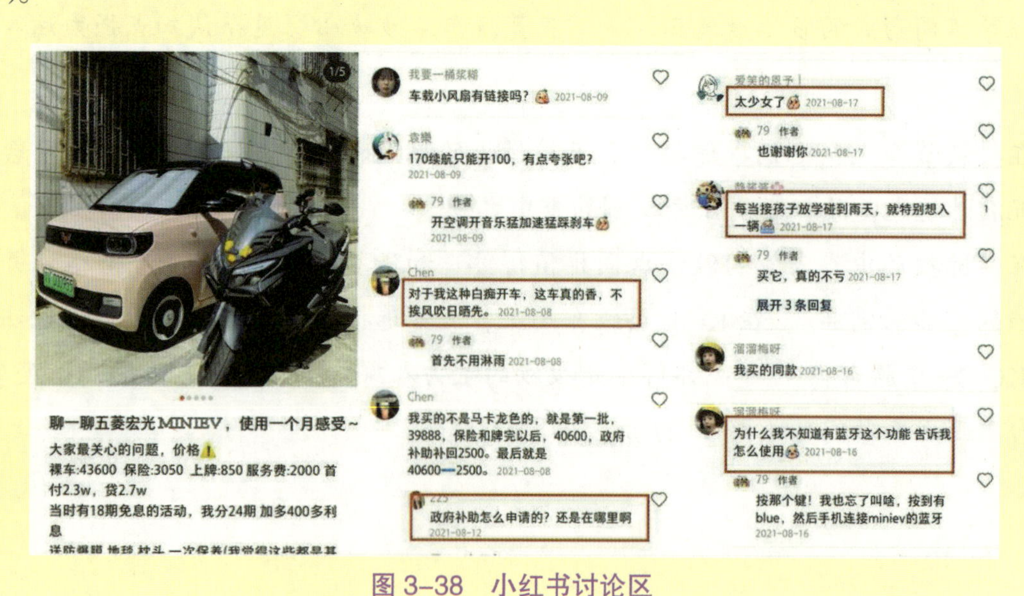

图 3–38　小红书讨论区

项目四 短视频营销

情境导入

“短视频营销”是短视频媒体运营人员必须掌握的专业技能。本项目基于企业工作场景，主要讲解短视频营销的短视频拍摄、短视频剪辑、短视频发布与推广等相关知识点。以帮助学生夯实理论基础，提升技能水平。

项目概述

短视频营销是为了获取更多流量，在新媒体时代取得竞争优势，这是一项长期的综合性工作，需要从全过程、多方面持续发力。新媒体工作者可以在各项流程中达到短视频营销的目的，如拍摄和剪辑别具一格的短视频来吸引大众眼球，又或者是在发布和推广中讲究技巧。从短视频的内容或方式方法等角度去考虑，能够输出优质短视频，帮助新媒体工作者完成营销目标。

学习导图

针对短视频营销，编者梳理出了学习路径，同学们可依据该路径学习。

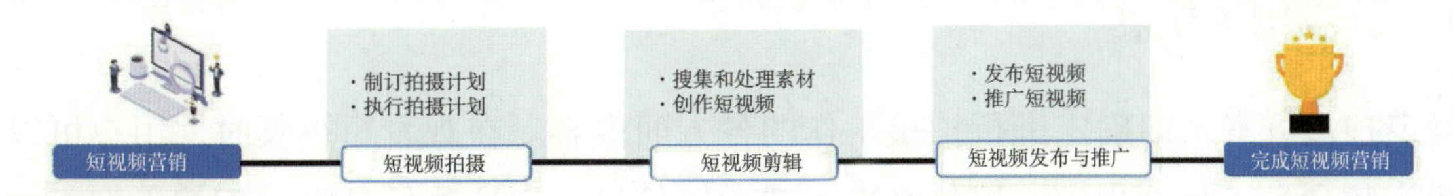

项目目标

通过本项目的学习，我们应当能够实现下列目标。

知识目标：

1. 认识常见的拍摄器材；
2. 了解拍摄脚本撰写思路，明晰拍摄方案主要内容；
3. 认识视频剪辑工具、短视频剪辑架构。

技能目标：

1. 能够完成短视频选题及大纲策划；
2. 独立撰写拍摄脚本并运用拍摄技巧执行拍摄；
3. 根据拍摄脚本和视频架构完成剪辑工作，并根据账号定位进行短视频推广。

素养目标：

1. 具备责任意识与团队合作的精神，完成工作策划并执行；
2. 具备学习意识和对网络热点的敏感性；
3. 具备一定的独立思考能力与辨析能力，明辨是非，遵守公序良俗。

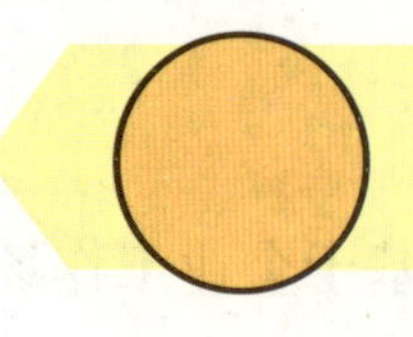

任务1　短视频拍摄

拍摄短视频是当下人们记录分享生活的一种常见方式。拍摄一段短视频并不难，但想要拍摄一段优质短视频来吸引观众获取流量，则需要从多方面考虑，用更专业的态度和技术水平来进行短视频的拍摄。本任务将针对短视频拍摄从以下两点展开介绍。

（1）制订拍摄计划。

（2）执行拍摄计划。

活动 1　制订拍摄计划

拍摄计划是短视频拍摄工作的重要环节，能为其打好基础。一旦决定要拍摄短视频，就要制订相应的拍摄计划，即拍什么、怎么拍。一份好的拍摄计划可以为创作者提供明确的目标和拍摄方向，让拍摄工作顺利展开。

1. 确定拍摄方案

确定拍摄方案，即确定进行拍摄工作的各方面内容。在观看短视频时，用户可以了解到短视频展示了什么内容、以什么方式展示等信息，而这些信息都属于拍摄方案的重要部分，正是短视频拍摄者需要去考虑的。只有优质短视频才能够明确地表达出所有信息。下面将从四个方面详细介绍如何确定拍摄方案。

（1）拍摄目的。

一般来说，拍摄短视频的目的主要有四种。

目的 1： 扩大营销市场。大多数短视频的拍摄都是为了推广品牌、营销产品。通过拍摄短视频可以提高品牌知名度，观众在潜移默化中想起某个关键词或在某种环境下就能联想到该品牌，最终购买产品。

例如，蜜雪冰城的主题曲以短视频形式传播，吸引了大批观众的评论及传唱，该主题曲在抖音收获了27.2亿次的播放量。

目的 2： 打造个人 IP。为了打造个人 IP，成为一名“网红”，自媒体人结合自身条件和优势选择适合的路线，拍摄具有独特风格的短视频。

例如，网络红人 papi 酱以搞笑的方式针对时下热点话题拍摄吐槽短视频，还设计了一句“一个集美貌与才华于一身的女子”，成功地打造了个人 IP。

目的 3： 传播有效信息。短视频的兴起促使很多官方账号开始使用创新工作方式，

如利用短视频的形式来发布重要信息，这就做到了信息公开的同时也更加走进群众。

目的4：分享兴趣爱好。部分自媒体人从自身特长或兴趣出发，制作相关领域的短视频内容，用分享的方式积累粉丝和人气并吸引流量。

例如，一些吃播博主对美食有极大的兴趣和研究。为了分享自己尝过的美食，专门拍摄短视频来吸引粉丝，积累流量。

（2）拍摄主题。

在拍摄前期，要选择好拍摄主题，从长期来看，能不断输出视频内容、提升粉丝黏性，吸引更多精准受众。确定拍摄主题就是挑选想要拍摄的物体、人物、事件、话题。短视频拍摄主题有很多，比如一件衣服、一顿饭、一片风景等。通过总结各平台的视频内容，常见短视频的拍摄主题类型如表4-1所示。

表4-1　常见短视频的拍摄主题类型

主题类型	分类细化
剧情类	日常生活、街坊故事等
娱乐类	舞蹈、音乐、星座等
影视类	解说、混剪、综艺等
生活类	情感、美食、穿搭、化妆、母婴、健康等
文化类	哲学、历史、二次元等
信息类	时政、新闻、地域、行业等
宠物类	治愈、搞笑等

这些类别都有一个共同特点，就是把拍摄内容转化成知识。也就是说，短视频的输出和传播就是传递知识。

在选择拍摄主题时，还应了解选题的原则。具体有以下三点。

贴近观众：坚持以用户为导向，关注需求、考虑喜好和痛点。

输出价值：注重表达有营养的中心思想。

匹配定位：拍摄内容与账号定位相匹配，提升领域内的影响力。

除了讲究原则之外，还要从以下几个维度考虑拍摄短视频的自身条件。

频率：拍摄主题属于大众话题，观众高频关注，能提高更多播放量。

难易：考验拍摄者的创作能力和视频制作水平能否达到用户对视频的质量要求。

差异：与竞品视频账号有差异化内容，提升识别度。

视角：选择站在观众、旁观者或主人公视角来呈现主题。

选择拍摄主题时的注意事项。

①注意敏感词汇。

短视频平台都会限制一些敏感词汇，多关注各平台动态，了解平台官方发布的通知，初步筛选敏感词汇，避免出现违规封号封禁的情况。

②不盲目蹭热点。

很多热门内容可能会涉及新闻时事、政治政策等敏感话题，盲目蹭热点不但不会吸引流量，甚至可能会有违规封禁封号的风险。

(3) 拍摄类型。

确定了短视频拍摄的目的和主题后，接下来可以依据观众喜好和需求确定短视频的类型。目前，短视频拍摄主要有五种类型。

科普教学类：创作者在视频中，以浅显的、通俗易懂的方式，让公众接受自然科学和社会科学知识，还能推广科学技术的应用、倡导科学方法、传播科学思想、弘扬科学精神。

好物种草类：一般以零食推荐、生活用品推荐、出行地点推荐为主。

剧情演绎类：短视频创作者通过观察生活中人民关注的热点事件，进行短视频脚本创作，用夸张或反转的手法进行故事演绎，激发用户共鸣。

测评攻略类：内容主要以商品测评、旅游景点攻略、游戏攻略为主，如美妆测评、故宫游玩攻略等。

日常分享类：这类视频主要是以记录、分享个人和其亲朋好友真实、有趣的生活日常来吸引用户的关注。这类视频主要是围绕吃、喝、玩、乐、育儿、事件挑战等内容展开。

(4) 拍摄形式。

各类视频需要通过不同形式来输出内容，不同形式适用于不同视频类型，能带来不同的传播效应。具体拍摄形式有以下几种：

图文形式：即用图片加文字的形式形成一段简单的短视频做内容输出。

口播形式：一般用真人出镜口述，或者是给画面配音的形式，视频整体的信息都通过口播台词来呈现。

短剧形式：需要真人出镜、撰写脚本，将视频内容浓缩在简短的剧情中。

纪实形式：真实记录画面，直观表现环境和事实细节。

通过和对标账号进行参照分析，能够帮助明确自己的短视频拍摄形式。在短视频的拍摄初期，可以通过模仿来快速获取粉丝，但同样不能放弃原创内容的学习。

2. 制作拍摄脚本

脚本又被称为“剧本”，是拍摄视频的依据。如果没有脚本，拍摄工作就会无从下手。而有了脚本能更好地统筹安排人员、服装、道具、镜头的拍摄时间及地点，从而提高拍摄效率和质量。接下来就重点讲解视频脚本的类型和撰写。

（1）脚本撰写思路。

撰写短视频脚本，即确定拍摄的整体思路和流程，具体步骤如下。

第一步：明确主题。一切拍摄工作都要围绕主题展开，脚本为拍摄工作服务。因此，需要确定视频想拍摄的故事背后的深意是什么，想反映什么样的主题，选择怎样的内容表达形式。

第二步：搭建框架。细化拍摄工作，如人物关系、拍摄选址、剧情走向，还包括设定情节冲突等。

第三步：填充细节。通过填充细节来丰富短视频内容。确定短视频所需人数及其角色，怎样设置场景，如何分配镜头等。相同主题或类型的短视频，往往通过细节来产生区别。

（2）主要脚本类型。

视频脚本主要分为三类。

①提纲式脚本。

提纲式脚本是根据拍摄内容制订的一些要点，只对拍摄内容起提示作用，适用于一些不容易掌控和预测的内容。一般应用在生活记录类主题中，如景点讲解类、美食探店类等。

撰写拍摄提纲可以分为四个步骤。

第一步：确定主题。一句话阐明视频内容。例如：拍摄一条介绍天台国清寺的视频。

第二步：情境预估。对现场可能会发生的情况进行罗列，提出备选方案，以最好的方式拍出最佳的视频效果。例如：天台国清寺里可能会人山人海，可能寺庙里不准拍摄。

第三步：信息整理。对拍摄场地相关信息进行了解。例如，天台国清寺的历史故事、参观内容、游览路线等。

第四步：脚本设计。主要包括时间线、拍摄场景和话术三方面内容。

准备好以上的息后，只需要将信息填写在脚本表格中，如表 4–2 所示。

表 4–2　提纲式脚本案例

时间线	拍摄场景	话术
到达天台国清寺	拍摄天台国清寺入口	介绍天台国清寺，以及寺前的狮子
进入寺内隋梅处	拍摄隋梅	介绍隋梅的历史故事
寻找寺内独特的景点	进行拍摄	补充寺内师父的生活

②分镜头脚本。

分镜头脚本又称摄制工作台本、导演剧本，是将连续的文字通过视频方式来呈现，相当于整个视频的制作说明书。相比提纲脚本，分镜头脚本更加详细，适用于故事性较强、内容确定的短视频。一般来说，分镜头脚本有六要素，如表 4–3 所示。

表 4–3 分镜头脚本要素

脚本要素	要素内容
镜号	每个镜头按顺序定下的编号
景别	一般分为远景、全景、中景、近景、特写等
运镜	镜头的运动方式，包括推、拉、摇、移、升、降、跟等
画面	详细写出画面里场景的内容和变化，简单的构图等
音效	也叫效果，用来创造画面身临其境的真实感，如现场的环境声、雷声、雨声、动物叫声等
长度	每个镜头的拍摄时间以秒为单位

撰写分镜头脚本有两种方法：一种是连贯分镜，即按照剧情开端、发展、高潮到结尾的顺序填写每一个镜头的信息；还有一种是重点分镜，即重点关注视频高潮，撰写分镜头，以此构成视频想呈现的主要内容，然后串联其他非重点镜头。

某广告的分镜头脚本如表 4–4 所示。

表 4–4 某广告的分镜头脚本

镜号	拍摄手法	时长 /s	画面	解说	音乐	备注
1	采用全景，背景为昏暗的楼梯，机器不动	4	两个女孩（A、B）忙碌了一天，拖着疲惫的身体爬楼梯	背景是傍晚昏暗的楼道，凸显主人公的疲惫	《有模有样》插曲	女孩侧面镜头，距镜头 5 米
2	采用中景，背景为昏暗的楼道，机器随着两个女孩的变化而变化	5	A、B 刚走到楼梯口就闻到方便面的香味，飞快地跑回宿舍	昏暗的楼道与两人飞快的动作交相呼应，突出两人的疲惫	《有模有样》插曲	刚到楼梯口正面镜头，两人跑步侧面镜头一直到背面镜头
3	近景，宿舍，机器不动，俯拍	1	另一个女孩（C）在宿舍正准备吃方便面	与楼道外飞奔的两人形成鲜明的对比	《有模有样》插曲	拍摄主体距镜头 2 米
4	近景，宿舍门口，平拍，定机拍摄	2	两个女孩你推我搡地不让彼此进门	突出两人饥饿，与窗外的天空互相配合	《有模有样》插曲	拍摄主体距镜头 3 米
5	近景，宿舍，机器不动	2	C 很开心地夹着方便面准备吃	与门外的两个女孩形成对比	《有模有样》插曲	拍摄主体距镜头 2 米

③文学脚本。

文学脚本是将小说或故事进行改编，并用镜头语言来完成的一种脚本形式，适用于不需要剧情的短视频拍摄，只需要安排好出场角色要做的任务、台词、选用的镜头和节目的时长即可，如教学视频、拆箱视频、测评视频等。

拆箱视频的文学脚本如表 4–5 所示。

表 4–5　拆箱视频的文学脚本

任务	具体任务	话术
任务 1	拆第一个快递	每次拆快递都特别开心，不知道你们会不会是这种心情。来看看第一个快递箱里我买的是什么吧！哇！是我最爱的牛仔裤，摸起来材质软软的，质量不错，这个颜色我也很喜欢，很有夏天的感觉
任务 2	展示商品	上身效果还挺不错呀！腿修饰得更长了，大家看，我的小腿肉其实挺多的，但它能很好地隐藏，不错不错，留下
任务 3	拆第二个快递	接下来我们看看第二个快递箱里是什么吧……

活动 2　执行拍摄计划

制订好短视频的拍摄计划后，接下来就是执行视频的拍摄了。执行拍摄的具体步骤从以下两部分内容来讲解。

（1）准备拍摄器材。

（2）运用拍摄技巧。

1. 准备拍摄器材

在开始拍摄前，第一个必要步骤就是准备拍摄器材。

拍摄短视频最常用的设备有四种：手机、相机、摄像机和无人机。在拍摄过程中，还可以用到一些辅助工具来提升画面稳定性和画质清晰度，比如手持云台、三脚架、补光灯等。此外，拍摄不仅是记录视频画面，有时还要记录原始声音或是后期配音，这时候就要用到录音设备。以下就是各类常用拍摄器材的简单介绍。

（1）拍摄设备。

手机：使用手机自带相机拍摄，或使用剪映等视频剪辑 App 拍摄，操作简单，能随时记录需要的视频画面并发布，方便快捷。

相机：相机拍摄的画面质量高，还可更换不同镜头，能丰富短视频的视觉效果。

摄像机：专业的视频拍摄设备，续航时间长，但价格偏高且体积大，不易操作。

无人机：只需操控手柄，就能完成高空拍摄，具有高清晰度、大比例尺、小面积等优点。

（2）录音设备。

录音笔：体积小，功能全，可以保证采集的人声更为集中清晰，收录效果非常好，适用于谈话类的短视频场景。

麦克风：多种分类，最常见的是无线领夹麦克风，常用于只需要单人声音的场景；枪式麦克风收录声音的指向性更强，适合室外大空间拍摄。

（3）辅助设备。

手持云台：使用移动镜头拍摄时可以配备手持云台，能够避免出现镜头晃动的问题，增加了稳定性。

三脚架：一般用于固定机位拍摄，运镜平滑，拍摄出来的画面更流畅。

补光灯：根据室内或室外拍摄条件选择不同类型补光灯，改善拍摄的光线条件，如美妆博主使用环形补光灯，街拍博主使用平板补光灯。

反光板：在光线直射的场景下，可利用反光板来达到更好的曝光效果。

幕布：固定场景拍摄，如在室内拍摄穿搭短视频，可以利用幕布遮挡杂乱的背景，从而提升视频观感。

2. 运用拍摄技巧

想要拍摄出优质的短视频，需要从画面、声音、人物、场所各方面考虑，参考拍摄标准、运用拍摄技巧，呈现完美的视觉效果。

（1）拍摄标准。

短视频的拍摄标准主要涉及声画质量和信息价值两方面，可以参考以下信息。

①声画质量。

声音质量：音质清晰无杂音，无忽大忽小、卡顿等问题。

画面质量：画面清晰、稳定、整洁，色彩曝光、出镜主体自然。

视听结合：声画同步。

②信息价值。

出镜主体：出镜人衣着、行为、情绪得体。

信息含量：多角度介绍商品信息、卖点，分享相关领域的专业知识。

信息输出：主题明确，信息完整有逻辑，内容积极向上。

（2）构图和布光。

构图是通过设计拍摄角度来呈现不同的画面，布光则是利用各类光源为拍摄画面打造良好的视觉效果。短视频拍摄离不开构图和布光。

①构图。

若想要让短视频的画面精致好看，就要遵循构图规则。短视频的构图规则与摄影构图规则大体一致。找到合适的构图就是从看似混乱的画面中找到规律的秩序，好的构图不仅能协调画面布局，还能巧妙突出拍摄重点。

常用的构图方法有中心构图法、对称构图法、垂直线构图法、水平线构图法、对角线构图法。几种构图方法的含义与示例表 4–6 所示。

表 4–6 几种构图方法的含义与示例

构图方法	含义	示例
中心构图法	将拍摄主体放置在画面中间，突出、明确主体，平衡画面效果	
对称构图法	选取对称轴或对称中心，让拍摄主体形成轴对称或者中心对称	
垂直线构图法	利用画面中垂直于上下画框的直线线条元素构建画面	
水平线构图法	又称等分构图，就是利用水平线把画面分成上下两半构建画面	
对角线构图法	拍摄主体沿画面对角线方向排列	

②布光。

在拍摄短视频时，拍摄主体由于受到环境影响，颜色会出现偏差，因此要进行补光以还原色彩，还能提高视频清晰度。此外，不同灯光还能够营造出不同的气氛。因此，灯光布局对拍摄短视频非常重要。下面简单介绍最基础的三点布光法。

三点布光又称区域照明，有三个光源即可，分别为主体光、辅助光与轮廓光，布局如图 4–1 所示。

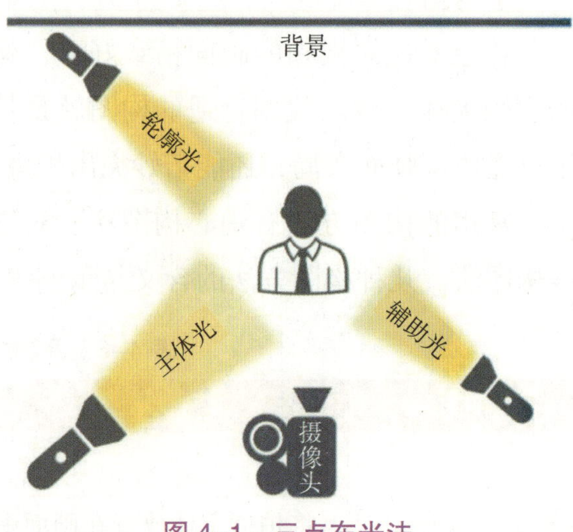

图 4–1　三点布光法

主体光：用来照亮场景中的拍摄主体与其周围区域，决定主要明暗关系和投影方向，室外光源通常来自太阳，室内光源通常来自各种灯具。

辅助光：又称补光，用来填充阴影区以及被主体光遗漏的场景区域、调和明暗区域之间的反差，达到柔和照明的效果，亮度为主体光的 50% ~ 80%。

轮廓光：又称背光，作用是将主体与背景分离，以强调主体轮廓。

(3) 景别应用。

景别是指在焦距一定时，镜头与拍摄主体的不同距离造成画面中呈现出大小不同的拍摄范围。不同景别呈现的效果与表达的视频内容也会有所不同。景别一般可分为五种，由近至远分别为特写、近景、中景、全景、远景，如图 4–2 所示。

图 4–2　景别分类

拍摄短视频时可利用不同景别，来渲染人物情感以及场景氛围，如表 4–7 所示。

表 4–7　不同景别的运用

景别类型	含义	示例
特写	指人物肩部以上，或拍摄主体的局部。通常用来展现人物的微表情或物体特征	
近景	指人物胸部以上，或拍摄主体的局部，比特写更远离观众。通常用来近距离拍摄人物，观察动作	
中景	指人物膝盖以上，或场景局部。重点在于表现人物的上身动作，表现人物之间、人物与周围环境之间的关系	
全景	指完整的人体部分和周围环境，所展现的范围较大，能够全面阐述人物与环境之间的联系	
远景	从较远的距离观看景物和人物，背景占主要地位，人物较小，细节不清晰。通常用于介绍环境和抒发情感	

不同景别之间的切换衔接，能够推进短视频的内容发展，尤其是在短剧形式的短视频中有很大用处，能够很好地体现拍摄场景中的人物关系。

如图 4–3 所示，远景交代人物所处场景，中景交代人物和周围环境，特写突出人物动作的对象。

(a)

(b)

(c)

图 4–3　景别切换案例

(a) 远景；(b) 中景；(c) 特写

（4）运镜手法。

运镜指的就是镜头的运动方式。在短视频拍摄过程中，为了达到不同的拍摄效果，如在转换构图、切换景别时，会使用不同的镜头运动方式。基础的运镜手法有七种：推、拉、摇、移、跟、升、降。

推：将镜头逐渐靠近拍摄主体或者调整焦距，使画面从远到近变大；

拉：将镜头逐渐远离拍摄主体或者调整焦距，使画面从近到远拉开；

摇：镜头本身不做位移运动，通过变换上下左右的方向，模仿视线移动；

移：镜头处于半跟随模式，从侧面跟随拍摄主体一起横向移动；

跟：镜头与拍摄主体同步运动，保持相对静止，忽略空间环境变化；

升：镜头与地面保持垂直向上运动，与拍摄主体保持平行进行纵向拍摄；

降：与升镜头运动方向相反，镜头与地面保持垂直向下运动。

课堂小测

1.【单选】脚本的撰写思路是（　　）。

A. 搭建框架—填充细节—确定主题

B. 搭建框架—确定主题—填充细节

C. 明确主题—搭建框架—填充细节

D. 明确主题—填充细节—搭建框架

2.【单选】关于短视频拍摄的标准，下列做法中错误的是（　　）。

A. 全程音量保持一致

B. 镜头剧烈晃动导致画面模糊

C. 出镜人穿着得体

D. 视频内容积极向上

3.【多选】脚本类型主要有哪几种？（　　）

A. 提纲式脚本

B. 分镜头脚本

C. 文学脚本

D. 大纲式脚本

4.【多选】三点布光法的三种光源有（　　）。

A. 主体光　　B. 反射光　　C. 辅助光　　D. 轮廓光

5.【判断】短视频拍摄可以选择任何主题，不需要考虑价值观。（　　）

6.【填空】基础的运镜操作手法有：________、________、________、________、________、________、________。

案例解析

短视频拍摄：脚本解析

案例详情

- 拍摄主题：美食类
- 拍摄类型：日常分享类
- 拍摄形式：纪实形式
- 脚本类型：分镜头脚本

以美食短视频为例，用户可以很清楚地看到美食制作的具体步骤、要领。那么，作为美食制作短视频的创作者，就需要根据步骤，结合个人特色（如场景构造、台词风格等）来拍摄想要呈现的画面。若要顺利拍摄，则需要提前准备好分镜头脚本。

一般短视频的分镜头脚本采用连贯分镜的撰写方法如表 4-8 所示。

表 4-8　一般短视频的分镜头脚本采用连贯分镜的撰写方法

镜号	景别	角度 / 运镜	画面描述	布光
1	中景	跟拍平拍	男生拿锅放在桌上	
2	特写	固定俯拍	煮泡面	
3	特写	固定俯拍	盖锅盖	
4	特写	固定俯拍	削黄瓜丝	
5	特写	固定俯拍	泡面盛出过凉水	

续表

镜号	景别	角度 / 运镜	画面描述	布光
6	特写	固定俯拍	调酱汁	
7	特写	固定俯拍	第一人称开汽车	
8	特写	固定俯拍	放配菜倒酱汁	
9	特写	固定俯拍	将酱汁搅拌均匀	
10	特写	固定平拍	展示面的劲道	
11	中景	固定平拍	男生吃面	
12	近景	固定俯拍	男生吃面看电视	

从该脚本可以看出，拍摄短视频预设了一个男生在餐厅煮面条的场景。通常来说，制作美食的短视频都会营造一种安静温馨的氛围，因此不需要太多复杂的音效和布光，人员配置也较少。该脚本所包括的镜号、景别、运镜、画面描述和布光这几个要素已经能够为观众多角度展示制作美食的全过程。

通过分镜头脚本，创作者能清楚每一个镜头要拍摄的内容和方法。比如在这个脚本中，中景拍摄出镜人物交代动作、特写着重刻画动作对象，景别之间的切换也做了很好的预设。采取连贯分镜的方式，则只需要把预设的每个镜头拍摄完成，再按顺序串联。

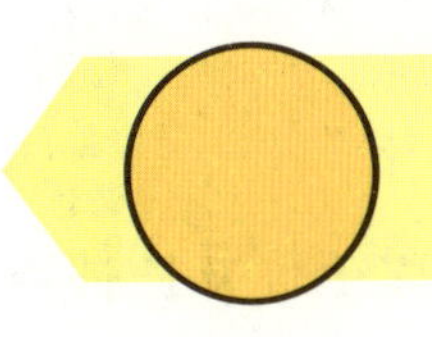

任务2 短视频剪辑

随着网络经济社会高速发展，短视频行业异军突起。无论是企业、工作室还是个人，都需要剪辑大量视频来包装品牌，通过自媒体渠道进行展示。电商行业利用短视频发展得游刃有余。如果想制作爆款短视频，则需要从素材入手，掌握短视频剪辑的要点，创作高质量短视频，这样才能占领平台大流量。本节将从以下两点展开来认识短视频剪辑。

（1）搜集和处理素材。

（2）创作短视频。

活动 1 搜集和处理素材

在进行短视频剪辑前，首先必须具备“原材料”。有视频素材才能对其进行剪辑处理。作为一名短视频创作者，只有了解了如何搜集和处理视频素材，才能更好地开展剪辑工作。

1. 搜集视频素材

要展现短视频的内容，其核心就是视频素材，素材是否优质也是短视频作品能否上热门的关键。无论是创作短视频还是长视频，素材必不可少。有了素材，创作视频就变得非常简单了。

（1）素材搜集渠道。

在自媒体蓬勃发展的新时代，优质内容更能吸引观众，素材也因此成为短视频的竞争核心。除了日常生活素材和一些自备的视频素材，很多短视频需要搜集素材。素材的搜集方法多种多样，比如在一些免费视频、音乐网站，或者在浏览器搜索需要的素材。搜集好素材并整理归类完成就可以开始制作视频了。

以下就是一些常用的短视频素材搜集渠道。

①音频素材。

常见的音频素材网站有以下几个。

网易云音乐/QQ音乐/荔枝FM等：正版音乐、音频分享平台，汇集各类语言、各类音乐、各类形式（有声书、电台、朗诵等）音频资源。

爱给网：围绕音乐、影视、游戏、动画设计的资源共享平台，资源内容涵盖声音创作、影视后期、游戏开发、3D模型、平面设计。

②图片素材。

常见的图片素材网站有以下两个。

视觉中国：正版图片交易平台，可浏览海量高端图片、视频、音乐、字体以及设计素材和模板。

千图网：拥有正版素材的创意服务平台，资源涵盖平面广告、视频音效、背景元素、插画绘画、电商设计、办公文档、字体、新媒体配图等。

③文字素材。

常见的文字素材网站有以下两个。

知乎：专业度高的问答网站，分类多且全面，可提供优质文字素材。

今日头条：一个通用信息平台，囊括多种内容体裁，涉及科技、体育、健康、美食、教育、三农、国风等超过100个内容领域。

④视频素材。

常见的视频素材网站有以下几个。

米鱼网：有各种类型的高质量视频素材，还可以学习短视频相关的课程，适合抖音一站式学习。

36氪：主要为科技类视频素材，可以为做科技相关的账号提供可靠素材。

B站：年轻人高度聚集的文化社区和视频网站，涵盖7000多个兴趣圈层的多元文化社区，视频素材类型多样。

⑤综合类素材。

以下几个网站不仅有文字素材，还有丰富的图片及音、视频素材。

Newcger：可提供免费的音频、视频素材，质量高，可下载压缩形式的文件。

微博：热点话题集中，众多图片、文字、视频等素材可供选择。

新榜：实时更新每日热榜，可以对标研究同类型账号，对比分析账号之间优劣势。

（2）素材搜集要点。

事实上，搜集合适的素材，不仅可以更容易创作短视频，也会更容易获得观众的喜爱。但在搜集素材的时候，需要遵循以下四个要点：

①主题热度。

在选择短视频主题时，可以看看这个主题相关的热度怎么样，比如在“双十一”选择购物主题，热度会比较高。用户若经常浏览热搜榜或者风云榜，可以看到很多实时热度较高的主题，这些信息都值得参考。

②人物热度。

如果想要拍摄人物主题的短视频，可以先参考其流量如何，还需注意其敏感度，例

如一些涉及政治、法律方面的人物，在选择做相关内容时应谨慎。

③事件新鲜度。

如果想在短时间内获得高流量，可以参考时效性和热度都比较高的题材。如果想获得长期流量，则要了解大众的刚性需求，参考受用户欢迎的常态化题材，然后结合当下较为新鲜的素材来制作短视频。

④素材意义。

搜集素材时，还应当考虑到该素材是否具有一定意义。让用户开怀大笑、教会观众一些生活小技巧等，都是短视频的意义所在。

素材搜集的注意事项：

在短视频投放过程中，要不断提升素材质量，并关注短视频投放后用户的反馈。更重要的是坚决不可触碰规则红线，有时单条素材的违规也会影响广告计划、短视频账户甚至广告主的风控评估，所以素材搜集时要严格把控素材质量。

2. 处理视频素材

搜集好视频素材后，需要进行简单的整合处理，串联起来形成完整的视频脉络结构，然后利用剪辑工具对视频素材进行处理。如今，剪辑短视频的工具越来越多，用户的选择也越来越多。下面简单介绍素材前期的处理方法和几款常用的手机视频剪辑 App。

（1）素材前期处理。

剪辑视频不是单纯地将素材简单拼接。因为素材的种类众多，为避免导致剪辑过程混乱，在剪辑视频的前期准备阶段有必要对搜集到的素材进行初步整合与处理。

分类整理：将音频、图片、文字、视频类的素材分类，删除或修改多余素材内容。

音频处理：把搜集到的音频（尤其是录音）素材，首先做降噪处理，裁剪出需要的片段。

图片处理：把搜集到的图片按照所做视频规格进行统一裁剪，再调整分辨率、滤镜等。

视频处理：把搜集到的视频素材按统一规格裁剪，分别整理横屏、竖屏素材，进行色彩调整后再根据需求保留或去除视频原声。

（2）视频剪辑工具。

随着短视频的发展，剪辑工具也越来越五花八门，这就要求短视频剪辑人员对各类视频剪辑 APP 的操作有所了解。几款常用的手机的视频剪辑 App 如表 4–9 所示。

表 4-9 几款常用的手机的视频剪辑 APP

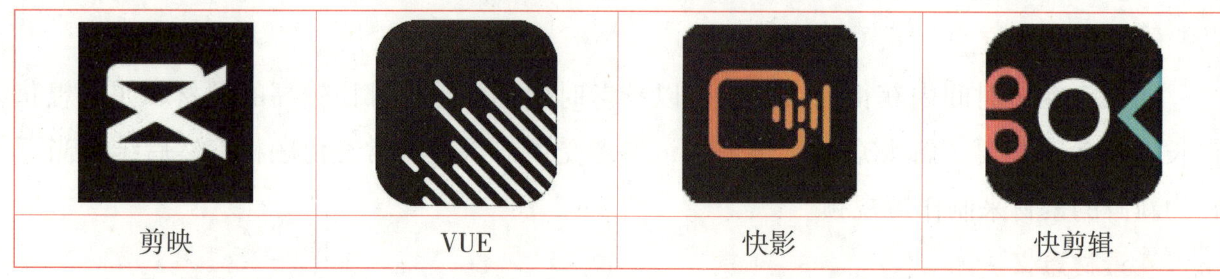

剪映	VUE	快影	快剪辑

这几款手机视频剪辑 App，功能都各有优劣，如表 4-10 所示。对于抖音视频发布者来说，剪映比其他 App 要更适配一些。

表 4-10 视频剪辑 APP 的优缺点对比

APP	优点	缺点
剪映	内含诸多功能和剪辑教学，可边拍边剪 自动识别，免费生成字幕 免费去片头、无水印 多种视频模板可供参考，支持一键成片、图文成片 可根据音乐自动生成卡点视频	片尾有剪映的 LOGO，需要设置 导出分辨率超过 1080p 的视频会压缩画质 识别歌词功能目前只支持中文
VUE	滤镜、美颜功能强大 可设置超宽屏画幅和圆形画幅 具备“学院”功能，可通过社区模块结识同好，相互学习 拥有 Vlog 套件，一键使用模板添加素材，就能快速自动生成视频	不具备音乐卡点功能 自动识别字幕功能收费
快影	可直接上传快手 有剪辑教程，边玩边学 一键自动语音识别字幕	识别语音出错的字幕难以修改 只能导出时长达 10 分钟以内的视频
快剪辑	“玩法学院”模块，开设各种教程玩法 界面干净简洁 一键自动语音识别字幕 免费去片头、水印	特效、卡点模板单一 渲染时容易卡顿和闪退

活动 2 创作短视频

剪辑视频的首要工作就是要了解视频架构，明白一个短视频的内容是由哪几部分组成的，而不是盲目拼接素材。

1. 认识视频架构

小知识

什么是视频架构?

视频架构从时间逻辑上分为五大块：视频封面、个人标志、兴趣吸引、主题内容、关注引导。

（1）视频封面。

在短视频平台上可以看到很多有流量的账号在设计视频封面时都颇有讲究。封面是短视频的“门面”，能够展示视频的主要内容。在制作封面时，要么使用醒目的字幕，要么使用相似风格的照片，这样用户点进主页时可以一目了然。规划好视频封面不仅能让主页看起来整齐划一，也能让用户在众多视频中快速定位，找到想看的内容。

温馨提示

标题应该放在封面中心，若放置在一侧会导致在视频封面转化成缩略图的时候出现内容缺失的情况，这样反而起不到标题的醒目作用。

如图 4–4 所示，短视频封面都为相似的场景和标题布局，风格高度一致，属于正确示范；而如图 4–5 所示，封面展示杂乱无章，没有鲜明的风格和一致的特点，属于反面案例。

图 4–4 正确的短视频封面示范

图 4–5 反面的短视频封面示范

（2）个人标志。

个人标志是串联所有作品的唯一线索，能够不断强化用户对视频的记忆符号，从而达到吸引用户的注意力，增强用户对人物印象的作用。记忆深刻了，用户一看到视频或者一听到声音便能马上知道这个人是谁。此外，个人标志不一定要放在视频开头，但是在视频里面一定要出现。

如图 4–6 所示，在短视频封面上展示个性鲜明的短发，让用户一目了然；如图 4–7 所示，该短视频博主每次在开场介绍自己时都添加章鱼特效，形成独特的个人风格。这两者都属于带个人标志的优秀案例。

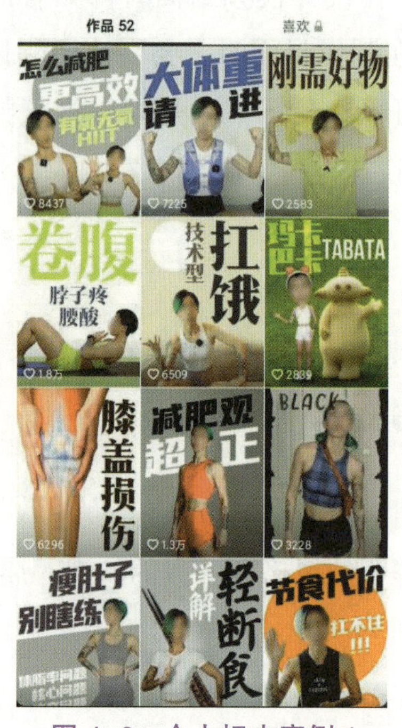

图 4–6　个人标志案例 1

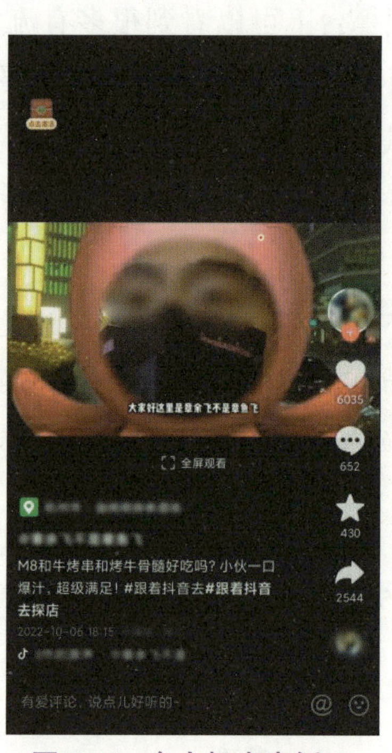

图 4–7　个人标志案例 2

（3）兴趣吸引。

兴趣吸引就是告诉用户这条视频的主题是什么，引起用户的好奇心，让他们不轻易划走，有耐心看下去。因此视频开始的 3 ~ 5 秒最好就有能够引起用户兴趣的内容。比如，在剪辑视频的过程中，把最激烈、最紧张的片段放在开头，产生悬念留住用户，就有更高的可能性让用户看完后面的片段，这就是很多短视频教程里面提到的“黄金三秒”定理。

如图 4–8 所示，短视频开头利用问句来吸引用户；如图 4–9 所示，开局的解说为短视频接下来的剧情展开制造悬念。两者都利用用户的好奇心理吸引用户观看视频。

图 4-8　兴趣吸引案例 1

图 4-9　兴趣吸引案例 2

（4）主题内容。

目前，短视频行业已步入平稳发展期，由此更加关注其主题内容的价值。面对日益激烈的竞争，短视频平台为了优化视频，对创作者的要求也就越来越高，用户也能够因此从平台中得到更多有价值的内容。主题内容是视频的核心，只有确定好主题后，才能更好地对具体内容进行策划。

（5）关注引导。

关注引导有多种形式，如做一个关注点赞的小动画（图 4-10），或者用台词说明加以手势辅助（图 4-11），这样就可以引导用户进行关注和点赞等动作。

图 4-10　小动画引导案例

图 4-11　台词引导案例

2. 制作短视频

并非所有搜集、拍摄好的视频素材都是有用的。一个优质短视频作品的完成，还要依靠优秀的后期剪辑。

一般剪辑短视频的流程分为六个步骤：粗剪确定框架→精剪优化→添加音乐和声音→添加字幕和特效→色调调整→渲染导出视频。因此，剪辑短视频时还需要按照流程，结合剪辑思维和内容设计进行剪辑，如图 4–12 所示。

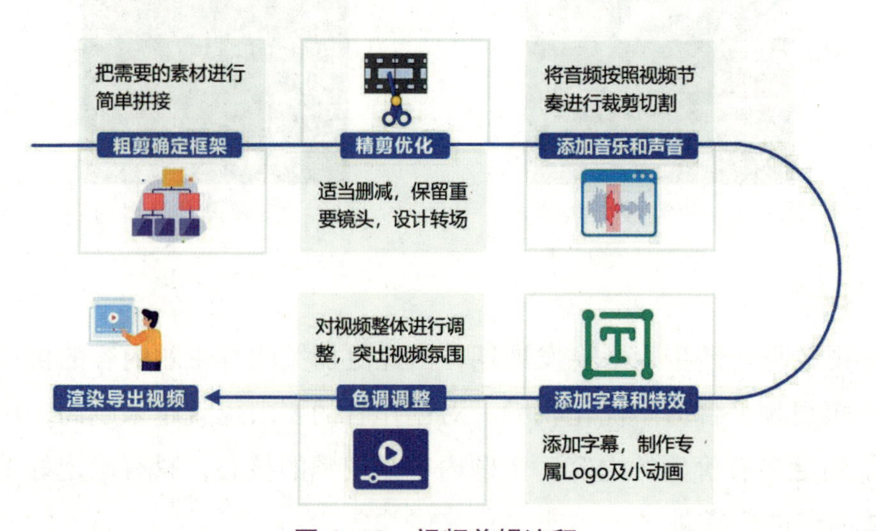

图 4–12　视频剪辑流程

（1）剪辑思维。

剪辑视频其实就是去除冗余素材，省略不重要的信息、保留关键信息的过程。省略不重要的信息即利用观众好奇心理，给足观众想象空间，用保留的镜头彼此的关联性让观众认知事件。而“省略”可以在粗剪确定框架后，通过精剪优化这一步来完成，即按照先后顺序将所需的素材添加进轨道，在浏览过程中挑选需要保留的素材、删除多余素材，还要注意不能影响视频整体内容表达。

剪辑视频常用的省略方式如下。

叙事省略：就因果关系而言，取其果，摒弃因——制造果与果的衔接，让观众对原因充满好奇。

动作省略：抓取动作的关键点，明确视觉效果。行为动作的抓取要符合简练、递进、强调等叙事关系特点。

明白取舍后，就知道了剪辑视频要保留哪些关键信息。一般来说就是保留重要剧情、重要人物、重要动作。要明白，保留下来的一切信息都是为视频内容服务的。

因此，剪辑短视频的思维可以归纳为三条。

剪剧情：让镜头内容衔接更加流畅完整。

剪表演：突出人物关系、与剧情配合。

剪中心思想：用时长和镜头表现信息和主题。

（2）内容设计。

在着手开始精剪优化短视频时，就要对整个视频内容有基本的把控，在场景中匹配相应的镜头。例如如何开场、如何突出矛盾、如何发生转折、如何渲染气氛，这些都要进行相应的设计。以下将从开场设计、转场设计、节奏设计三点展开。

①开场设计。

开场方式有以下三种，

悬念式：采用抛出疑问、冲突前置、精彩段落前置或倒叙等方式设置悬念目的，再吸引用户注意力、激发用户兴趣、引发用户思考、勾起用户观看的欲望，从而引导用户继续观看。

剪辑式：用形式丰富、充满技巧的拍摄、剪辑及有特点的声音第一时间刺激用户的视听感官，借此吸引用户注意力，使之对短视频产生兴趣。

开场白式：利用旁白或者独白的方式，将镜头直面人物，迅速拉近和用户之间的距离，使观众能够迅速了解人物，从而形成初步记忆点。

小知识

什么是开场？

开场就是在视频开篇通过某种方式来吸引用户。通常是将高潮前置，利用“黄金3秒”原则留住观众。

②转场设计。

转场的主要功能就是强调视频素材之间的段落感。它实际上是一个视觉标志，告诉观众视频中的场景转换了。

转场设计有以下两种。

特效型转场：在剪辑的时候，前后两个视频素材可能场景不一样，直接拼凑到一起则会使视频的整体连续性不强，这时就需要设计转场来进行衔接。常见转场设计有隐黑、闪白、叠化、空镜转场。

拍摄技巧型转场：这类转场不靠后期的特效制作，而是通过遮挡镜头、人物地点承接关系、运动镜头的动势、特写、声音隐喻等方式在拍摄过程中完成。常见的拍摄技巧型转场有推拉摇移、升降跟甩等旋转变焦。

③节奏设计。

视频节奏的关键在于对比，即打破之前的规律和节奏。“破”要合情合理，遵循逻辑，让人能够理解。

视频节奏有以下四种。

视听节奏：动态构图和静态构图，色彩的差异，台词的节奏，音乐的起伏，音效的强弱。

戏剧节奏：事件的起承转合、情节的推进、矛盾冲突的强弱、人物关系的起伏，都要求有张有弛。

情绪节奏：一般指表演中的喜怒哀乐、轻重缓急，还有心理戏份。

气氛节奏：指整个段落或者章节的观感节奏，如悬疑、轻松、悲痛、喜悦、热情、低落等。

如何控制节奏？

利用景别：利用景别的大小造成视觉上的差异和刺激。

利用声音：利用台词、音乐、音效的高低强弱配合来带动节奏，不断刺激观众的听觉。

利用镜头时长：根据视频播放速度、镜头停留的时长来控制节奏的变化。

（3）视频剪辑。

内容填充好后，还需要从技术角度来对短视频进行完善。观看高质量短视频时，观众看的不仅是吸引人的内容，还有短视频的视觉效果。因此要创作美观好看的短视频，从技术角度还需要注意以下要点。

①视频统一连贯。

在做短视频剪辑的时候，要注意前后画面的比例大小统一，这样才不会影响观感。因此，要注意素材与素材之间衔接流畅，选择适合的转场，调整规格、分辨率等数据。

②做到声画同步。

在做短视频剪辑时，如果声画不同步，如配音台词与人物说话时错位，或者背景音和短视频内容不相符、节奏不一致，都会大大降低短视频质量。

因此，要注意选择和短视频内容相符的背景音，如激昂的音乐搭配宏伟的场景等。另外，给视频配音时也要注意与短视频的内容和时长相符。最后可以适当调节音量和音色，根据视频调整节奏，以在契合短视频内容的同时能增添更多趣味性。

③注意画面完整性。

做短视频大多时候需要用到一些装饰物，比如字幕、专属 Logo、图文解释等。这些装饰物放置的位置虽然都是固定的，但还是要注意，它们的存在不能遮挡画面主要内容，

且在画面中不能离人物的脸部太近。

课堂小测

1.【单选】关于素材搜集的要点，下列说法错误的是（ ）。

A. 在“双十一”时选择购物主题，热度会比较高

B. 拍摄人物主题的短视频，可以先参考其流量如何，流量越大越好

C. 参考当下热点所搜集到的素材，视频热度一般会比较高

D. 即使只是风景素材，也是有意义的

2.【单选】关于开场设计，下列说法中正确的是（ ）。

A. 悬念式开场是用形式丰富、充满技巧的拍摄、剪辑及有特点的声音吸引观众，使观众对短视频产生兴趣

B. 开场设计要利用“黄金 6 秒”原则

C. 开场白式开场是利用旁白或者独白的方式，将镜头直面人物，迅速拉近和观众之间的距离，使观众能够迅速了解人物，形成初步记忆点

D. 剪辑式开场是在开场抛出疑问或冲突前置，激发观众兴趣，引导其继续观看

3.【单选】关于短视频剪辑，下列说法中做法错误的是（ ）。

A. 每个素材的尺寸比例都保持统一

B. 背景音乐的音量忽大忽小

C. 最好保证画面人物的完整性

D. 根据视频调整音乐节奏

4.【多选】短视频素材的类型有哪些？（ ）

A. 图片　　B. 音频　　C. 文字　　D. 视频

案例解析

无法拒绝的美食

案例详情

视频发布时正值电影《喜欢你》热映。这为短视频素材搜集提供了方向：什么内容热度高，

· 素材：电影《喜欢你》片段

· 主题：美食制作

· 剪辑要点：声画同步

就可以考虑从哪个方向搜集、创作素材。

视频开头和片尾用的都是电影《喜欢你》的片段，由女主角将女巫汤意面端到男主角面前引入主题，以男主角吃完最后一口面为结束，首尾呼应，中间则是一段完整的美食制作的短视频剧情（图 4–13）。

图 4–13 《喜欢你》片段

该短视频制作团队将女巫汤意面的制作过程与电影《喜欢你》情节结合，背景音乐也用了电影原声带。镜头和音乐相互配合，制作美食的尽头与电影镜头结合，剪辑流畅不突兀。整期视频下来，创作者都将自己拍摄的视频素材与背景音乐的节奏完美结合，真正做到了声画同步。

通过这一段短视频，我们不难发现，在剪辑一段优质短视频的全过程中，创作者需要从多方面去考虑：主题、素材、剪辑思路、剪辑技巧等。这考验的不仅是创作者的技术水平，还有制作短视频的发散思维。

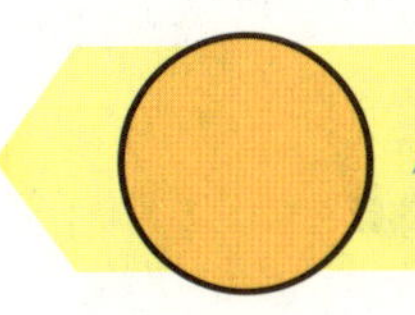

任务3　短视频发布与推广

随着短视频行业各项机制的不断变化，各短视频平台的竞争也越来越大。短视频创作者除了致力于生产优质的内容外，要想获得更多的流量，在短视频发布和推广上也需要提高重视，做好一切安排。

对于短视频的运营者来说，本任务将从以下两点为大家介绍。

（1）发布短视频。

（2）推广短视频。

活动 1　发布短视频

显而易见，发布短视频是指将制作好的短视频分别发布到不同平台，让用户观看，从而获得用户的关注，吸引用户进行点赞、评论、转发和关注。为了达到这些目的，关于如何发布短视频，运营人员需要掌握的内容有：了解平台推荐机制、明确发布时间及所需要素、撰写发布文案、制作视频封面以及诊断视频数据。

1. 了解平台推荐机制

除了保证优质的视频内容外，运营人员在发布视频前，最重要的是了解平台推荐机制，利用内容发布规则，为后续视频流量打好基础。关于平台推荐机制，需要掌握两点内容：流量池和账号标签。

（1）流量池。

抖音短视频平台的流量池主要分两个阶段：初始推荐和叠加推荐。

初始推荐：新发布的视频平台会根据账号权重给予一定的初始推荐流量，初始推荐优先分发给附近的人与关注我们的粉丝，然后才是配合用户标签与内容标签进行智能分发。

叠加推荐：如图 4-14 所示，当平台将作品分发给初始流量，平台会根据初始流量的反馈来判断内容是否受欢迎，如果内容受欢迎，平台会将我们的作品分发给更多流量，不同权重的账号会被分配到不同的流量池，也就会获得不同的曝光量。反之，平台就不会再分发流量了。

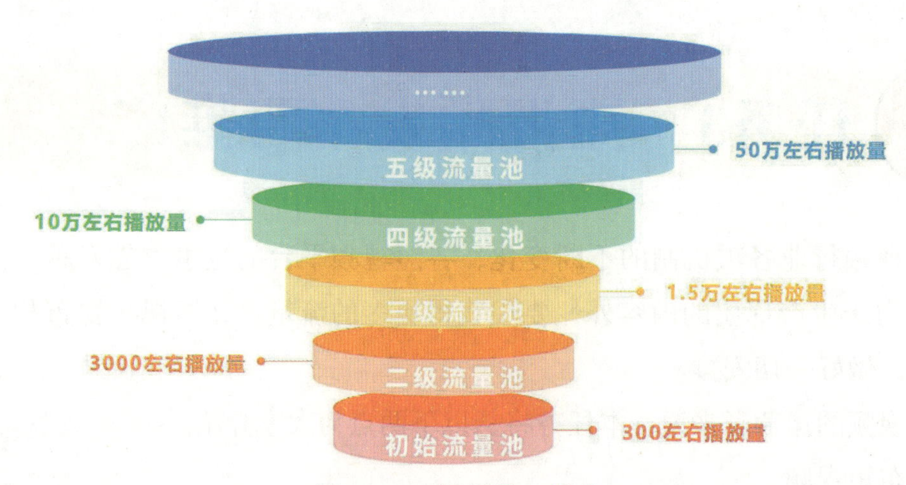

图 4-14　视频叠加推荐

因此，在抖音平台，作品的首次推荐情况是非常重要的。如果首次推荐的反馈好，平台就会进行第二次推荐、第三次推荐……相反，如果首次推荐反馈后的数据不理想，那么平台就会停止推荐。因此，分批次推荐机制的核心是下一次推荐量的高低取决于上一次推荐之后的反馈数据如何。

而影响账号作品是否能进入叠加推荐阶段，主要取决于内容的受欢迎程度。而评判作品是否受欢迎的指标主要有四个：评论数、转发数、点赞数和完播率（表 4-11）。运营人员在做后续短视频内容分析时，可以围绕四个指标进行内容的自检和提升。

表 4-11　内容优化数据维度

数据维度	提升方法
评论数	引导用户评论，提出争议性话题，积极回复用户评论
转发数	内容要能够引起用户共鸣，提升用户认同感
点赞数	发布高质量内容，添加话题标签
完播率	挑起用户好奇心，控制视频时长

（2）账号标签。

短视频平台都是通过大量的标签来识别用户，系统根据我们发布的作品类型，给作品贴上标签，帮助系统描述和分类内容，便于检索以及分发给具有相同标签的人。如果账号标签混乱，会影响平台的推荐量，大大增加作品上热门的难度。因此企业在发布推广短视频前，一方面，要确认自身账号的标签是否准确；另一方面，要确认合作的达人账号标签是否与品牌产品目标受众一致。

那么如何给自己的账号打上标签呢？主要有以下三种办法。

在抖音创作者服务中心直接给账号添加标签。

发布的作品封片、内容、文案、配音等涉及大量标签关键词，平台要给账号打上相关标签。

投放 DOU+ 选择投放相关达人，快速把视频推荐给相应人群，直接打标签。

2. 明确发布时间及要素

由于用户活跃时间不同，短视频内容的发布时间与最终的数据呈现之间也有着密不可分的关系。同一类型的视频内容互动数据差异明显，同一个人在不同时间发布的视频数据表现参差不齐。对短视频发布时间要求如下。

（1）确定视频发布时间。

选择合适的短视频发布时间，能为短视频带来更多流量。不同的时间段，用户关注的内容存在差异。运营人员可根据不同时间段特性，选择符合自身账号的定位的时间段进行内容发布。短视频发布时间主要集中在 4 个时段，4 个时段下人群的特点和发布内容特点主要如下。

时段 1/6：00—8：00

人群分析：用户处于晨起和上班通勤阶段，精神状态较饱满。

适合发布的内容：早餐美食类、健身类、励志类、新闻类短视频。

时段 2/12：00—14：00

人群分析：用户处于午间休息阶段，相对比较放松。

适合发布的内容：剧情类、幽默类短视频。

时段 3/18：00—20：00

人群分析：用户处于下班通勤和晚餐阶段，利用手机打发时间。

适合发布的内容：创意剪辑类、旅游类、新闻类短视频。

时段 4/21：00—23：00

人群分析：用户处于临睡前，短视频用户活跃数量最多。

适合发布的内容：情感类、美食类短视频。

在选择短视频的发布时间时，还需要注意以下 4 个技巧。

固定时间发布：如固定在每周一到周五的 18 点发布等，培养用户阅读习惯和忠诚度，形成团队有序的工作模式；

追逐热点发布：如每年高考这类常规热点的时间固定，可以提前策划和制作相关短视频，在热点到来之际及时发布短视频，能够获得较多关注；

错峰发布：如提前或延后 1 小时或半小时发布，避开同一时间大量同类内容扎堆而不被系统推荐的情况。

针对目标用户群调整发布时间：如账号定位为母婴类短视频的目标用户群是“宝妈”，可根据这类用户的观看习惯，选择发布时间。

（2）明确视频发布要素。

作为视频创作者，在发布时添加相关的发布因素，如定位、商品链接等，能够进一步的提升短时间的观看量和转化效果。短视频的发布要素如图 4–15 所示。

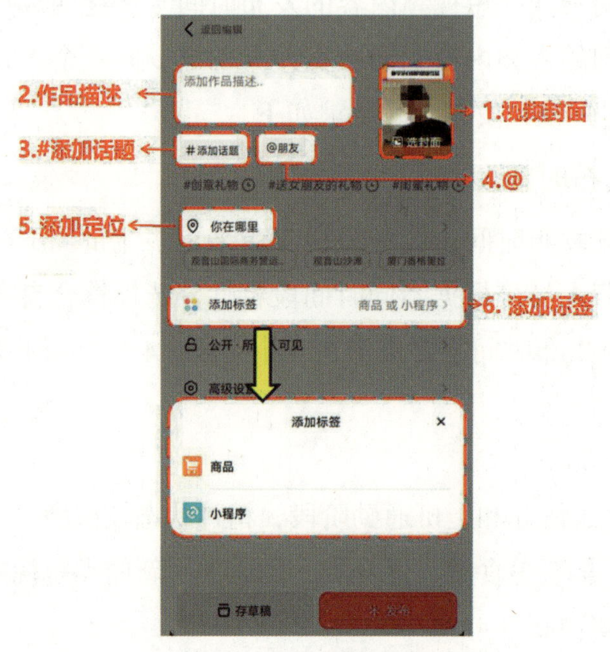

图 4–15　短视频发布的要素

由图 4–15 可知，视频发布元素主要有六个内容。

①视频封面。

当用户进入创作者的主页时，合适的视频封面能够吸引用户留下、增加其他作品的点击量和曝光率。视频封面的制作方法将在下文进行阐述。

②作品描述。

作品描述位于视频的底部，主要是用于简单说明视频的亮点信息，吸引用户进行互动、增加视频阅读量等。具体的撰写方式将在下文进行阐述。

③添加话题。

在作品描述中，添加作品相关话题，能够帮助视频进入平台流量池中，增加曝光率；同时，辅助账号标签的形成。

④ @ 大 V 账号。

创作者可在描述中，通过 @ 大 V 账号、矩阵账号进行短视频引流，为视频增加话题热度，提高视频流量。

⑤添加定位。

在发布短视频时，添加和内容相关的定位，以获取同城流量。定位的添加，一是可以定位发布者的常住地；二是定位人流量大的商圈、景点等。

⑥添加标签。

添加标签主要有两种，一种是商品链接，即发布视频时，添加视频中的产品购买链接，用户点击链接可直达商品详情页；另一种是小程序链接，即发布时选择将视频对应企业推广信息以小程序添加至视频，用户可通过点击链接，进入对应的平台落地页，如图 4–16 所示。

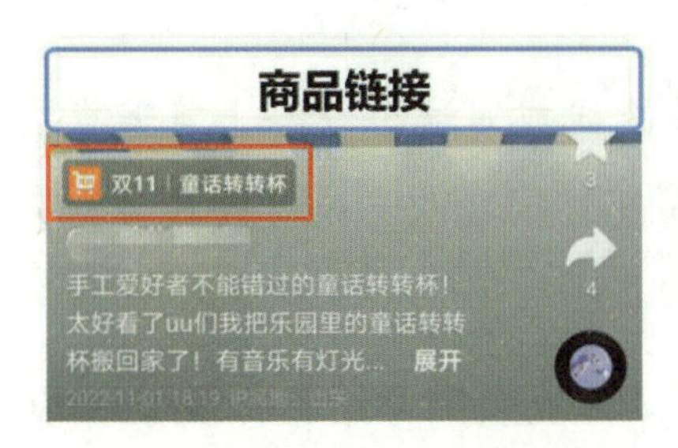

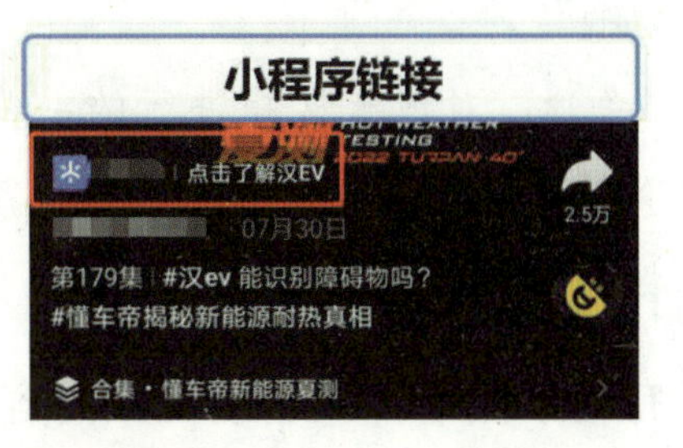

图 4–16　添加标签

3. 撰写发布文案

要想使短视频深入人心，传播得更广，创作者在发布短视频之前对短视频进行文案优化是必不可少的。发布前，短视频的文案优化主要包括优化文案内容和添加话题标签等，它们会在很大程度上影响短视频的形象，进而影响短视频的播放量和传播范围。

（1）优化文案内容。

一个好的文案内容能让视频推荐量翻倍。用户通过观看短视频文案内容来考虑是否要看视频内容。作为视频创作者，也要注重对于短视频文案内容的优化，从而让用户产生观看视频的需求。

在撰写短视频文案的过程时，运营人员可以围绕以下三点展开。

找到用户的痛点：文案的痛点不能只针对某一个人，而是要能引发大众共鸣，是大多数人普遍存在的痛点。例如短视频标题“应届生做好这三点，今年秋招就稳了”抓住了应届生校招不知道如何准备找工作面试的痛点。

指明利益：文案中用简单通俗语言描述问题利益，明示或者暗示短视频内容中有解决问题的方法。如短视频标题“十秒就能合并一年的报表？”暗示短视频中有能轻松解决报表统计的方法。

激发用户的好奇：创作文案时抛出一个令人好奇的话题，而将具体答案或内容放在短视频中，就更能吸引用户观看。如短视频标题“当猫咪看见猫咪抱枕后的反应”引起人们对猫咪行为猜测。

撰写短视频的标题文案，运营人员可以选择以下五种方式。

提出疑问／反问：问句型短视频标题，激起用户强烈的好奇心，如“眼霜怎么涂？”。

借用数据说话：增强视频内容说服力，如“标题写作套路，5个公式直接套用”。

借势热门话题：增加短视频内容曝光的概率。如双十一期间，种草推荐账号的标题“双十一必囤的零食清单”。

提出价值：标题文案中给出承诺、点明这个作品能为用户带来什么价值。如“评论区免费领取星空壁纸”。

引发思考／争议：对现有认知进行的一些挑战或对这个社会上普遍存在分歧意见的一些内容进行讨论，吸引用户注意力。如“豆腐花你们喜欢吃咸口的还是甜口的？”。

（2）添加话题。

添加话题有利于让平台识别短视频内容，将视频推荐给目标受众，以得到更多的有效曝光。如短视频标题“东北丈母娘和南方女婿”，可通过添加“#南北差异”的标签，对内容进行定位，获得更多的官方推荐流量。

标签设置，需要掌握以下5个技巧：

标签个数合适：不同平台的标签个数要求不同，但是标签一定要精准，不是越多越好。

标签字数合适：标签内容要符合作品目标用户特征，控制在10字以内。

标签内容准确：标签内容与账号运营的垂直领域、目标受众群体贴近。如短视频将“秋冬穿搭”和“温柔穿搭”设置为主要标签，是为了便于平台将视频推送给对秋冬温柔系穿搭有兴趣的用户。

可将目标受众群体作为标签：在标签中直接体现出目标人群，这样就能把短视频精准投放到核心受众群体中，获取大量的点击率。如短视频标题“教你如何成为一个旅行博主”，可在标签中加上“旅行博主”，便于平台将内容推荐给想成为旅行博主的用户。

将热点话题作为标签：借力热门话题的热度，为短视频进行引流。

4. 制作视频封面

封面是视频带给用户的第一印象，视频封面的质量越好，越会吸引用户产生多次点击的兴趣，增加视频播放量，进而提升用户的关注度。因此，一个视频拥有能吸引人的封面是至关重要的。

（1）常见的视频封面。

常见的视频封面类型汇总如图4-17所示。

图 4-17 常见的视频封面类型汇总

这些封面的特点主要如下。

人物封面：通常以账号 IP 形象、视频主角作为视频封面，常用于剧情、才艺表演、颜值领域；

实物封面：常用于美食、风景领域，以视频中的产品、美食或风景较为美观的一帧作为视频封面，一般为视频的第一帧。

主题封面：将视频主题融合其他元素（如创作者形象、图片、图标等）进行重新排版、美化，是当前短视频中最常见的形式，常用于知识讲解、教学、新闻资讯、好物推荐等。

三合一封面：常用于电影解说、影视混剪等影视作品领域，以电影或影视剧中某一经典画面或海报作为影视解说合集的封面，方便用户识别内容。对于影视剧集较长的内容，该类型封面的数量可能不止三张。

（2）封面制作技巧。

短视频的封面可以直接选自视频画面中的某一帧，也可以在前期根据内容进行重新设计后，放在视频的第一帧。重新设计的视频封面一般为主题封面，这类封面的制作要求如下。

画面清晰：封面作为信息的载体，一定不能模糊，保持清晰度才能让用户有足够的好奇心。

封面文字：封面文字要字体优美、核心点突出；最好使用固定风格版式，加深用户印象。

构图尽量居中或者对称：封面构图画面主体应位于中心或者对称，这样不仅美观，还更易抓住用户注意力。

保证画面的整洁性：封面中尽量避免出现二维码、马赛克、字幕等，不建议封面图片压太多的字。

封面和标题进行强关联：封面要向用户呈现的内容应该与标题有直接的相关性。

5. 诊断视频数据

短视频创作者要想让短视频受到欢迎，必须懂得运用数据发现问题，寻找解决问题的方法，从而调整并优化短视频运营策略，让自己短视频运营更加科学、高效。

视频数据诊断的内容，主要有三点：数据采集、数据分析和数据优化。

（1）数据采集。

短视频账号数据分析的指标主要分为三类：固有数据、播放与互动数据以及用户画像数据。

固有数据：即在内容制作、发布过程中就确定的数据，不受用户行为影响，如：发布时间、发布频率、视频时长。这些数据需要运营人员手动记录，方便后期结合其他作品数据进行分析，从而找到最优的视频发布时间、频率及视频时长。

播放与互动数据：主要是反映短视频播放情况及用户互动情况的数据；播放与互动数据主要包含播放量、完播率、点赞量、评论量、转发量等数据指标。通过播放与互动数据的深度挖掘，找到规律，并将优质内容特征层层拆分、放大，针对劣质内容共性找到最佳解决方案。

用户画像数据：即基于一系列人口统计相关的标签所呈现出的用户信息，包含性别、年龄、地域、兴趣爱好、设备分布、关注热词。通过对用户的数据提炼，了解用户信息，创作出用户感兴趣的短视频内容。

创作者可从平台后台数据直接查看与收集短视频账号数据。如图 4–18 所示，在抖音平台的后台，创作者服务中心作品数据界面，可检测 30 天内作品的数据。创作者可在后台导出相关数据，进行账号分析和统计。

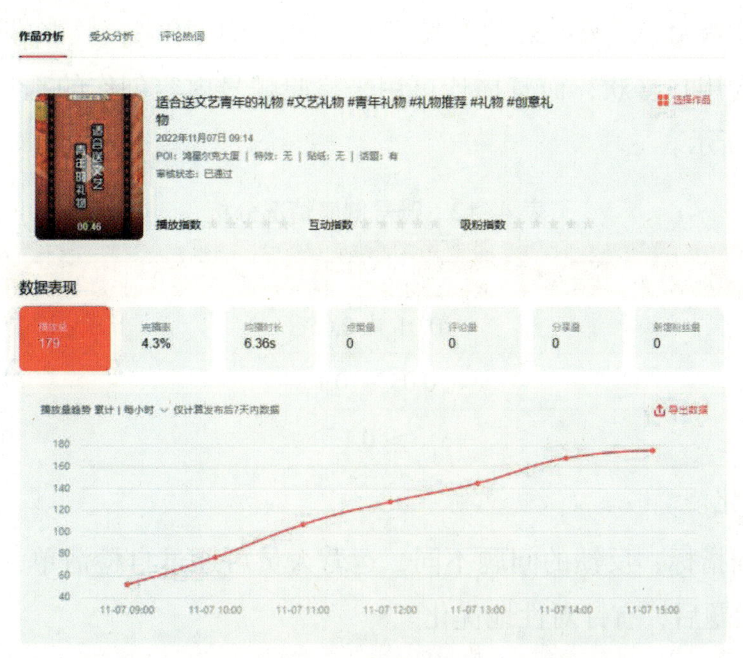

图 4-18　抖音作品数据界面（网页端）

（2）数据分析。

根据数据获取途径的不同，运营人员需要对以下两类数据进行判断。

一类是可以通过后台直接获取的，如播放量、完播率、粉丝量等。对于这类数据的评价标准如下。

互动指数：作品的观看、点赞、评论、转发的综合得分。点赞率在 5% 以上、评论率在 1%、转发率在 0.5% 以上为比较好。

均播放时长：作品被观看的时长。评价的标准为：3 秒以下为较低；3 ~ 7 秒为一般；7 ~ 15 秒为较好；15 秒以上为很好。

作品完播率：作品完整播放次数的占比。评价的标准为：0 ~ 10% 为较低；10% ~ 30% 为一般；30% 以上为较好。

粉丝净增量：账号净增粉丝数，通过涨粉数减去掉粉数得出。当粉丝净增率为 1% 以上时就算是比较好的视频数据了。

以上的数据评判标准并非固定，创作者也可通过对比相同领域粉丝体量接近的账号的数据情况，来分析自己的作品问题。

另一类则是需要运营人员手动计算的，主要有粉赞比和赞播比。其计算公式如下。

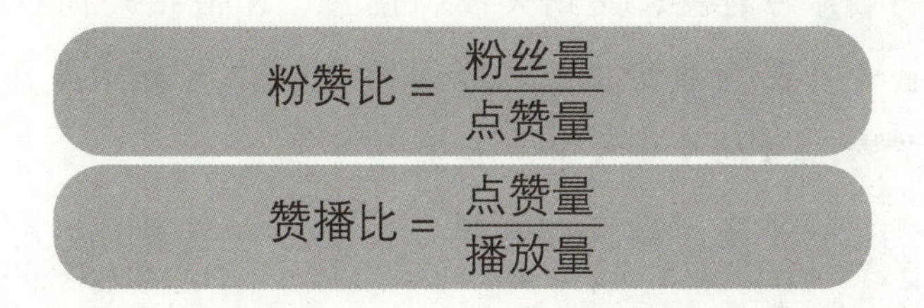

$$粉赞比 = \frac{粉丝量}{点赞量}$$

$$赞播比 = \frac{点赞量}{播放量}$$

其中，粉赞比越大，代表账号的增长能力越强，可以用来检验账号的内容创作形式、风格定位等是否受用户喜欢，而赞播比可用来检验账号内容创作的垂直度。账号健康情况分析如表 4–12 所示。

表 4–12　账号健康情况分析

账号情况	赞播比	粉赞比
普通	0.01 ~ 0.05	0.1
优秀	0.05 ~ 0.1	0.2 ~ 0.5
很强	＞0.1	0.5 ~ 1

（3）数据优化。

针对不同数据指标，反馈的问题不同，运营人员可通过自检清单（表 4–13）来明确账号可能存在的问题后，有针对性地优化。

表 4–13　作品数据自检清单

数据反馈	自检内容	是否完成
播放量低	1. 新号（平台未开始推送流量）	√
	2. 账号被平台判定为低质量账号（人群不符或者作品质量低）	√
	3. 账号处于处罚期	√
点赞率低	1. 标题文案不吸引人，没有点赞欲望	√
	2. 内容质量设计较差（文案、视频制作质量），无法给用户点赞的理由	√
评论或转发率低	1. 标题文案引导性质不强，没有评论或者转发欲望	√
	2. 视频内容设计未引导评论，内容没有争议点、分歧点、认同点	√
完播率低	1. 视频标题未引导用户看完	√
	2. 视频前期枯燥无味，未出现反转、反差情节预告等	√
	3. 视频时长过长	√

经过问题清单自检后，基本能找到本阶段存在的问题，以及导致问题出现的原因。接下来的环节便是针对发现的问题提供优化方案。在优化环节，主要针对以下三点提出优化改进方案。

账号标签优化：明确账号标签；定期关注、搜索、评估相关标签内容。

视频质量优化：提升作品内容价值、拍摄及后期制作质量，提升视频质量；寻找最佳视频时长；提升视频节奏，增加视频反转、反差情节等。

视频相关文案优化：一是多用疑问句和呼吁性质的文案来引导用户评论和转发，当视

频较长时，也可在标题文案中给出提示（看到最后有惊喜/有彩蛋哦）等；提高用户对视频内容的认同感，引发用户共鸣、评论、转发。

活动2 推广短视频

短视频推广主要是企业借助短视频流量算法，将视频内容推荐给目标受众人群，向他们传播广告信息，达到相关营销目的。利用短视频推广，具备以下优势：

传播力度：广告投放不再局限于各大电视台，合作对象挑选范围扩大至个人、MCN机构或传媒公司；基于推荐算法机制，视频能够在短时间内获得较大的热度，传播效果更佳。

准确性：平台依据用户个人喜好标签以及浏览习惯进行推荐。这使得短视频在运营流程中推荐的用户更加具有针对性，推广的质量更高。

互动性：短视频的社交属性使其在推广流程中自然具有了互动优势，有利于作品的传播。

基于具有以上优势，越来越多的企业、品牌开始重视短视频推广。要做好短视频推广工作，首先需要选择合适的推广方式，及时根据推广执行情况进行推广优化。

1. 推广方式选择

常见的短视频推广的目的主要有：企业品牌传播、门店/第三方平台/直播间引流、App/产品推广和产品销售。针对不同的推广目的，企业对广告类型的选择存在差异。当然，为了更好地实现营销目的，一般企业会选择多种广告形式进行组合推广，以实现营销目标的最大化。目前，常见的广告类型主要有开屏广告、信息流广告、达人推广和挑战赛/任务。

（1）开屏广告。

开屏广告即为在App启动页上展示静态图片、动图或者视频样式的广告形式，在用户打开App后强制展示产品信息，用户可通过点击头像、视频下方“查看详情”按钮、摇动手机或展示完毕后的跳转链接进入落地页（图4-19）。开屏广告的落地页一般为第三方平台的产品详情页主页面、品牌账号主页。

这类广告一般为硬广，即直接介绍商品、服务内容的传统形式的广告。抖音的开屏广告展示样式有三种，静态图片3秒、动态图片4秒、视频5秒。开屏广告通常用于第三方平台引流方面。

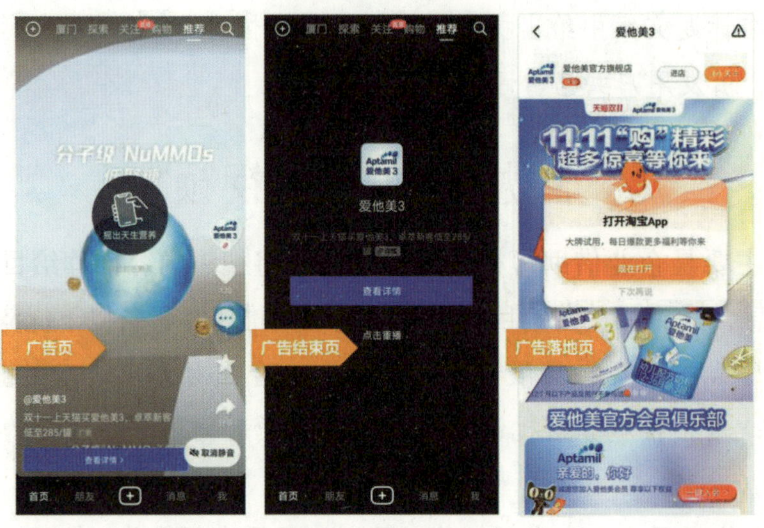

图 4-19　开屏广告展示

（2）信息流广告。

信息流广告可以将发布的视频作品推荐给更多用户，提升视频的播放量和互动量，让视频作品获得大量曝光。抖音的信息流广告中通常可以推广 5 ~ 60 秒的短视频，在推荐流中以原生广告样式进行传播展示，落地页一般是销售信息的收集、直播间引流、应用下载页等（图 4–20）。

图 4–20　信息流广告内容呈现形式

（3）达人推广。

达人推广指由达人利用自身的影响力，在发布的短视频中穿插广告信息，为产品做背书，以达成口碑营销的效果。达人推广有两种方式。

一是企业设置产品佣金，由达人在抖音选品中心自主选择产品，内容创作方式不受限制，产品出单后，达人获取佣金。

二是企业根据品牌调性和达人内容、粉丝体量，与某个达人进行深度合作。达人根据企业拍摄要求提供视频创意脚本，确认拍摄脚本后进入视频拍摄环节，经企业确认视频内容，达人按照企业要求在自己账号下发布推广视频，并在评论区内发布相关推广文案，如图 4–21 所示。

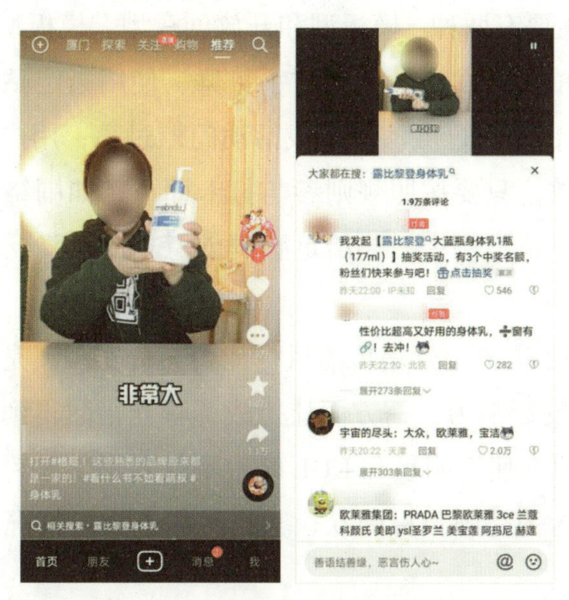

图 4–21　达人合作内容呈现形式

（4）挑战赛 / 任务。

挑战赛是抖音为品牌独家定制的高品质话题。它融合了抖音开屏、信息流、达人、发现页、消息页（抖音小助手）等全流量资源入口，并运用“模仿”这一抖音核心运营逻辑和众创思维进行活动扩散，以实现品牌营销价值最大化。如图 4–22 所示，为某养生品牌的挑战赛详情。挑战赛策划时需要注意三点内容：话题名称、互动玩法及奖项机制和 KOL 使用策略。

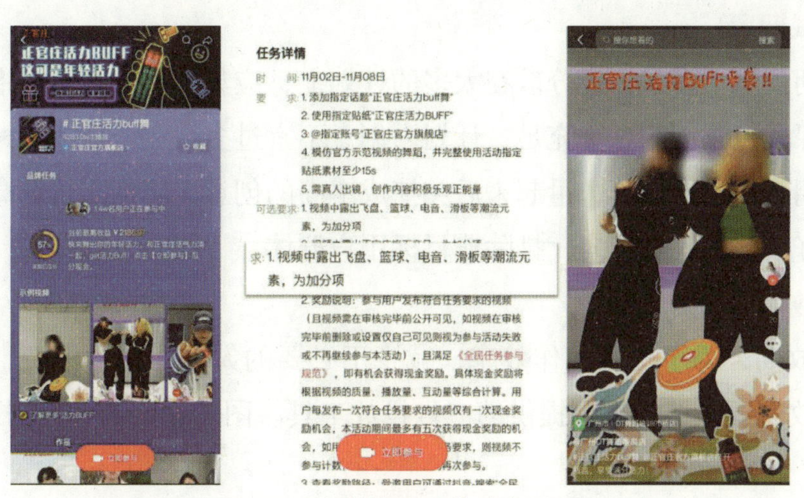

图 4–22　挑战赛广告案例展示

话题名称：直接影响话题热度和用户对于话题挑战的关注度，是挑战赛流量的基础。常见的话题名称类型有产品卖点型、节日热点型、营销节点型、平台热点型、理念态度型、强品牌露出型。

互动玩法及奖项机制，其中互动玩法包含：示范案例、贴纸、BGM等。

挑战赛的参与方式主要有两种：模板型和开放创意型。模板型，即鼓励用户按照“示例案例”模板进行视频拍摄与发布，如模仿手势舞、使用指定贴纸等，进行互动。示范案例要控制在15秒以内，避免过度演绎造成活动门槛过高，用户参与度低的情况。开放创意型，即挑战规则开放，只要按照规则参与打卡即可，如围绕话题进行剧情创意，完成视频拍摄与发布。在示范案例中，要给足脑洞创意方向，降低参与挑战门槛，激发用户兴趣。

明星/KOL使用策略：这决定营销传播目标能否充分实现，是前期曝光和口碑裂变的基础。利用明星和KOL的影响力，一方面让挑战赛曝光指数得到提升，另一方面带动更多人参与到挑战赛中。但在使用明星和KOL时，不仅要评估其粉丝数量和内容调性，还需要评估其粉丝画像是否为品牌目标受众、其账号粉丝质量情况。以此判断其是否具有粉丝号召力。

2. 推广执行与优化

制订短视频推广方案，只是短视频推广的第一步，短视频的最终推广效果还要依靠后期的执行和不断优化。

（1）短视频推广执行。

运营人员需要学会合理地投放广告，持续运营，并不断调整优化投放策略才能更精准、有效地匹配到目标群体。不同时期的投放方法与技巧，主要有以下几点。

①新户测试期。

预算：初期预算不多，不应分散在太多的计划上，应集中投放在重点潜力素材上。

流控：为保证每条创意预算充足，计划内创意不宜过多。

出价：初期高出价低预算，量起来后关掉成本高的创意，降低出价调高预算。

定向：做好投放的人群定向，排除非目标用户群体。

②账户投放期。

在账户投放期，为了提高工作效率，减少不必要的人力、精力浪费，运营人员可以根据实际的投放需要，选择平台提供的广告投放工具。图4–23为抖音的投放工具图谱。

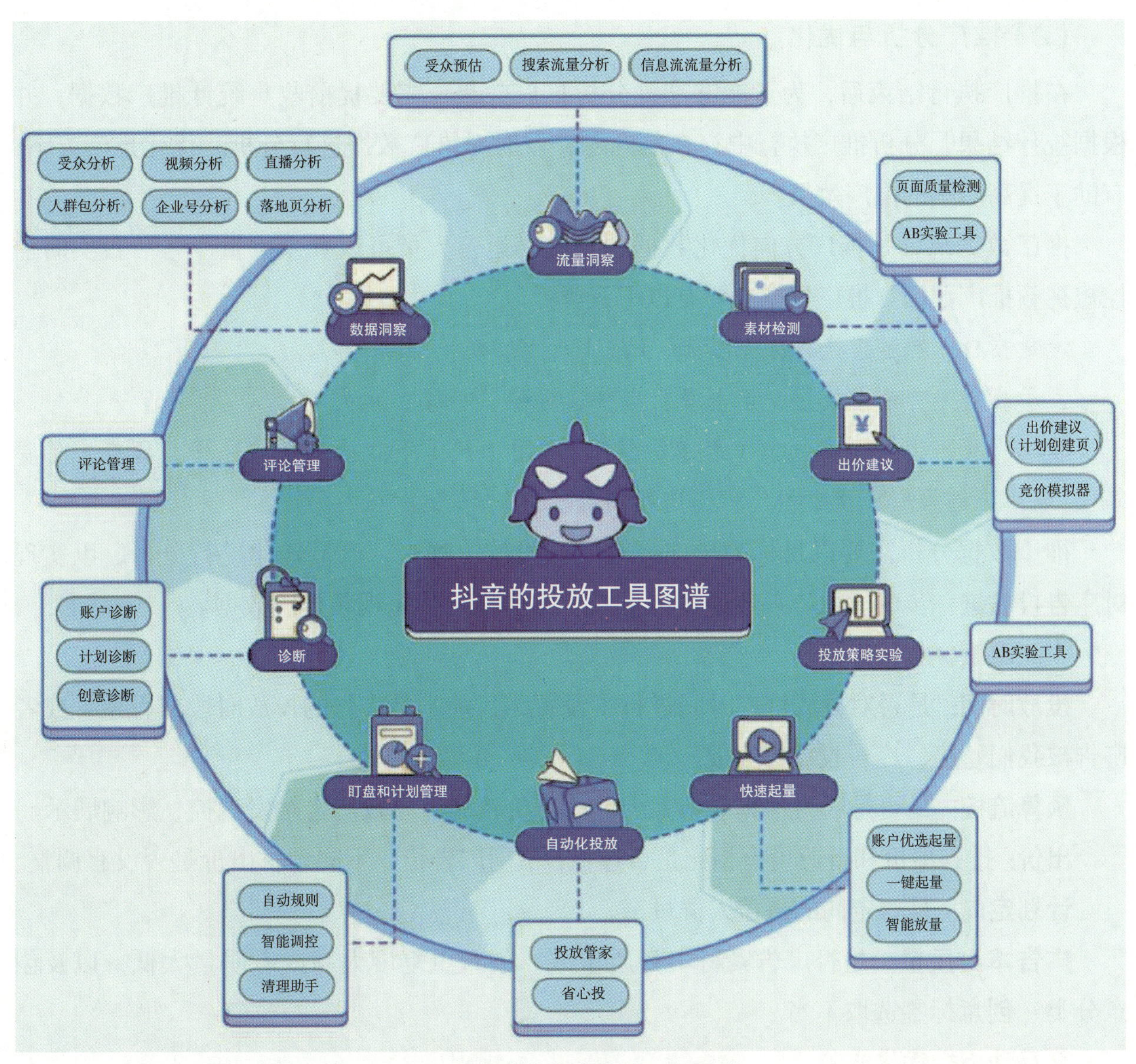

图 4-23 抖音的投放工具图谱

③账户衰退期。

由于出价、定向及创意内容这些配置使用时间较长，其所能触达的用户在长时间投放内基本已经触达，当计划多次曝光给用户后，没有转化意愿的用户也很难再去转化。这时就会出现计划虽有曝光，但点击率和转化率却表现较差的情况，系统也会随之减少曝光。

那么，账户衰退期应如何提高曝光量呢？

提升计划竞争能力： 开放原有定向，拓展探索范围。

复用优秀素材： 复用优秀跑量素材结合新定向，探索新人群。

新开账户： 探索新的广告位置或切换转化目标。

(2)推广分析与优化。

在推广执行结束后，为了能够准确分析推广效果，需要提前收集统计推广数据，并根据统计结果，分析推广执行中存在的问题，及时对推广数据进行分析、优化推广方案，有助于提高后续的推广效果。

推广数据统计是推广方向优化数据的基础。运营人员可以登录巨量广告后台实时监控短视频推广数据。推广数据主要有以下三类：

流量指标：展示曝光、独立曝光、PV、UV、VV。

互动指标：有效播放量、点击率、点赞、评论、分享、跳失等。

转化指标：销售线索收集（表单数量）、应用下载（下载、激活、注册、留存、付费等）、电商店铺推广、文章推广、门店推广等。

推广数据分析需要以目标为导向，对广告投放、曝光、流量转化进行分析，以实现对广告投放进一步的优化。一般通过以下三个方面来优化短视频推广数据。

①流量指标优化方向。

投放时间： 是否对投放推广时间进行了设置，目前不是广告的投放时段或日期，或者广告被我们暂停，广告投放已完成。

预算流控： 是否是因为预算卡得太少，而出价较高，导致广告触发流控，影响展示。

出价： 排查出价和行业均值相比是否过低；不同广告位、不同素材出价是否没有调整。

计划定向： 是否定向的覆盖人群过窄。

广告本身质量： 是否广告素材本身质量差、创意重复度太高或者质量太低，以及创意分类、创意标签选取不当。

②互动指标优化方向。

展现量少： 会导致点击率不准确，如果是展示量过少，可以尝试对计划提价操作。

人群定向有问题： 人群定向不准确会导致广告投放给非目标人群，投放人群对投放产品和广告创意不感兴趣，导致点击率低。在测试初期建议进行多定向测试，排除点击率低的定向。

素材文案有问题： 广告计划或广告创意点击率过低，经常是因为素材创意有问题。做排查时，可以针对素材、文案分别进行 A/B 测试。

③转化指标优化方向。

落地页： 信息流广告落地页质量低、设计差，无法吸引用户点击购买、下载或填写表单；落地页设计不合理，加载速度慢、转化按钮设置不合理；落地页与素材、标题相关度低；

内容素材文案： 信息流广告落地页内容和素材文案不符，用户心理落差大；素材本身

质量低，无法突出产品卖点，影响用户点击。

产品自身问题：对于网页游戏，若应用包过大，用户放弃下载，或因为安装包等问题，下载后无法安装；对于电商类广告，若落地页产品质量差，无法吸引用户购买。

广告定向：广告定向人群不准确，不是该广告的高转化目标人群。

课堂小测

1.【单选】下列关于抖音短视频平台流量池说法中不正确的是（ ）。

A. 短视频发布后，会优先推荐给附近的人和关注我们的粉丝

B. 短视频发布后，会优先配合用户标签和内容标签进行智能分发

C. 短视频发布后，平台会根据初始流量反馈情况判断内容是否受欢迎

D. 短视频发布后，作品是否能够进入叠加推荐阶段取决于内容的受欢迎程度

2.【单选】下列关于短视频文案撰写说法的选项中错误的是（ ）。

A. 在撰写过程中，要抓住用户的痛点，围绕某一个人的痛点进行深挖

B. 在创作文案时，要能够吸引用户观看，引发用户的好奇心

C. 使用问句型短视频标题，能够激发用户的好奇心

D. 借用数据说话，增加内容的说服力

3.【多选】下列关于短视频封面制作要求的选项中正确的有（ ）。

A. 画面清晰，不能模糊

B. 保证画面整洁，无马赛克、字幕、二维码等

C. 以人物为画面主体的封面，要能够传递关键情绪

D. 封面和标题之间有直接的相关性

4.【判断】话题挑战赛过程中的贴纸特效，要尽量明显地凸显品牌元素，不用考虑嵌入过于生硬的情况。（ ）

5.【判断】小鹿是一名美妆达人，某天收到一个小品牌的合作信息，佣金是其他品牌的 2 倍，但合作方要求小鹿重点介绍其晒后修复功效，但是经小鹿调查，该产品的晒后修复功能并没有像品牌方说的那么有效，因此拒绝了这个合作要求。（ ）

6.【填空】常见的广告类型有：__________、__________、__________ 和 __________。

案例解析

#这样长大也很型　品牌任务

案例详情

·品牌：巴拉巴拉（balabala）
·品类：羽绒服

母婴品牌巴拉巴拉在2022年10月结合秋冬童装上新与双十一提前购活动，连续多周占据母婴品类品牌榜销售额TOP1。此外，品牌为扩大声量，于10月中旬发起了“#这样长大也很型”品牌任务，并同步预热双十一活动，多点发力收获热度爆发。从第三方工具——飞瓜热门话题榜可以了解到，活动上线3天就破了1.2亿播放量，截至目前，已吸引3.4万用户参与品牌任务（图4-24）。

话题	发起人	参与人数	播放量
#这样长大也很型 发起时间：2022-10-12 00:22:24	巴拉巴拉官方... 粉丝数：423.3w	3.4w	3.5亿

图4-24　#这样长大也很型品牌任务

巴拉巴拉此次话题活动采用了品牌任务的玩法，通过现金奖励的形式吸引用户参与，并规定添加指定字幕“巴拉巴拉儿童羽绒服”。在内容创意上，鼓励各个博主自由发挥，围绕孩子生活中的有趣瞬间，产出了许多有创意、够温馨的高质量短视频，并从“想成为什么样的小孩”成长话题入手，与宝妈在培养孩子心路历程上不谋而合，这对品牌形象的塑造有很大助益。

从优秀的视频作品来看，如某少女模特达人就选择了邀请妈妈一起合拍，假借采访的桥段吐槽成熟女儿如何“嫌弃”幼稚妈咪，到妈妈在换季时出人意料的给女儿买了舒适的羽绒服，展示了家庭中的趣味生活，视频获得了近14万粉丝点赞。

而另一位母婴达人，则是通过小朋友对零花钱的未来规划，代入亲子关系中，孩子能够理解妈妈的爱并给予回馈的温馨对话引起广泛讨论。羽绒服在其中也扮演了爱意传递的角色，展示了商品在冬季温暖保护孩子的理念（图4-25）。

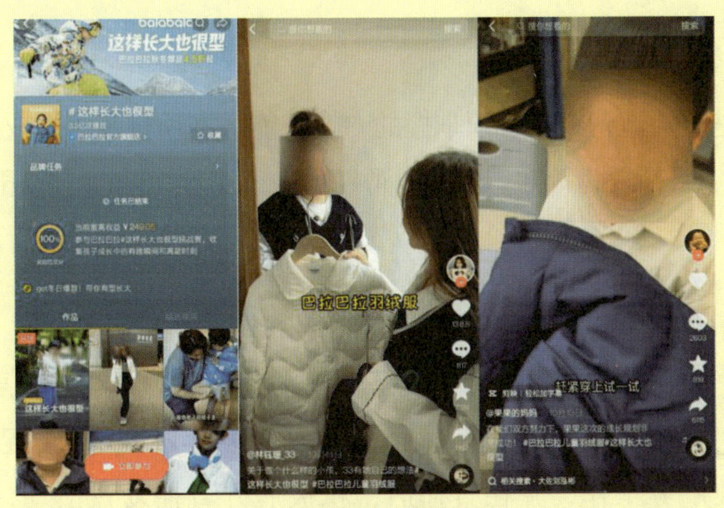

图 4-25 巴拉巴拉话题活动（一）

此外，还有其他母婴类博主，也都紧扣话题，从“你想当一个什么样的小孩”主题内容入手，引出每个孩子各式各样的成长生活，获得大量点赞关注。

除了达人们的踊跃参与，@巴拉巴拉官方旗舰店也参与话题创作了多条高质量宣传视频。创意内容对比常被否认的孩子表现出的不自信，与被鼓励长大的孩子之间的差距，表明每个孩子都有闪光的一面，家长要陪着孩子一起成长。此外，其也有主打种草效果的穿搭教学干货，配合节奏感强劲的音乐带出巴拉巴拉童装在设计上的优势（图 4-26）。

图 4-26 巴拉巴拉话题活动（二）

从此案例中，我们看到“巴拉巴拉”品牌借助平台通过话题任务，针对目标客群画像，善用达人，成功带动全民参与到品牌宣传活动中，提升精准种草效率，并树立了良好的口碑、紧抓用户心智，为“双十一”大促赋能。

项目五 直播营销

情景导入

“直播营销”是直播运营人员必须掌握的专业技能。本项目基于企业工作场景，主要讲解直播策划与推广、直播复盘等知识点，以帮助学生夯实理论基础，提升技能水平。

项目概述

随着直播营销的持续走热，越来越多的企业和个人加入直播领域，希望能够从中分取一杯羹。直播对企业营销的影响，不仅是营销手段上的一次变动，更是企业营销思路上的焕新。要想做好直播营销，企业和个人需要从直播策划出发，立足自身优势和特色，进行直播策划、推广等工作，并在直播后，积极展开直播复盘活动，为下次直播积累经验。

学习导图

针对直播营销工作，编者梳理出了学习路径，同学们可依据该路径学习。

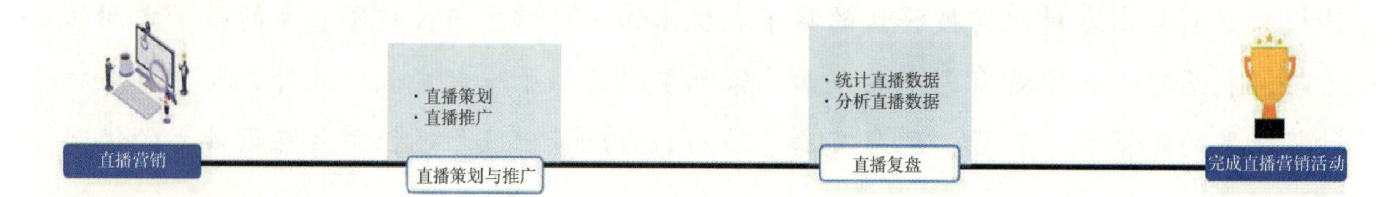

项目目标

通过本项目的学习，我们应当能够实现下列目标。

知识目标：

1. 了解直播策划主题的类型；
2. 掌握直播选品的要点、直播方式选择的技巧；
3. 明确直播策划与推广的流程、掌握直播复盘的思路和要点。

技能目标：

1. 围绕直播目的，确定直播主题并选择合适的推广方式；
2. 根据营销目标，制定直播推广方案；
3. 结合直播数据，完成直播复盘。

素养目标：

1. 具备法治精神，具备一定创新能力，遵循公序良俗，遵守商业道德，提供有价值的内容；
2. 具备反思精神，能够通过分析直播数据，了解客户的需求和行为，并根据数据来调整直播内容，提升直播的效果。

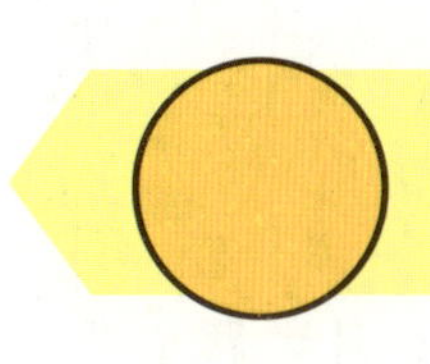

任务1　直播策划与推广

直播策划是个人、企业、组织为了带动直播销量或提高直播人气，按照一定的逻辑或规则，对计划的直播活动进行系统、周密、科学地预测并制订科学、可行的方案。直播推广则是把直播策划的主要内容进行宣传，既是策划的一部分，也是策划的接续工作。对直播来说，一场优质的直播活动离不开好的策划和推广，这样不仅能带动销量，而且能够为商家带来高裂变、高转化的效果。

为了更好地开展直播活动，本任务将从以下两点内容展开介绍。

（1）直播策划。

（2）直播推广。

活动 1　直播策划

一场直播看似是一个或几个人对着镜头说话，但其背后都有着非常明确的直播营销目的，如提升企业品牌形象、促进产品销量、引流涨粉等。将营销目的巧妙地设置在直播的各个环节，这就是直播策划的整体设计思路。直播策划的内容主要包含两点：策划直播内容和撰写直播脚本。

1. 策划直播内容

一套完整的直播策划要确定很多问题：直播做什么？用什么方法直播？怎样去直播？没有明确的直播思路，整个过程就会手忙脚乱。因此，直播策划对于直播工作的进行显得尤为重要。直播策划的内容则有以下几点。

（1）明确直播主题。

直播主题即直播的主要话题，决定了整场直播的内容，明确了直播主题。而直播内容则围绕这一主题持续输出。

抖音直播的主题主要分为以下几类。

知识类：法律、英语、音乐等直播教学。

电商类：企业、名人、店铺、网红等直播带货。

娱乐类：游戏、吃播、唱歌等。

搞笑类：在直播过程中与其他主播连麦、聊天等。

只有对直播主题有清晰的定位，才能在后续工作中，如直播推广、直播进行等各个环节有明确的目标。

电商类的直播主题又可以进行更细致划分，具体如下。

根据主体：可分为节日主题、官方主题、店铺主题、大促主题等。

根据时间进度：可分为日主题（节庆、活动）、周主题（上新、促销）、月主题（开学季、年货节）等。

需要注意的是，想要进行一场电商类直播，产品价格便宜只能作为产品的卖点之一，而不能作为一场直播的主题。但无论从哪个维度来确定直播主题，都要关注热点、善用话题，来获取直播的高关注度、打造直播话题。通常可以通过微博热搜、抖音热搜来搜集正向话题。

（2）选择直播方式。

确定好直播主题，还要明确用哪种直播方式去实现这一主题。直播方式需要从多方面考虑：直播渠道、直播场景、直播时段等。以下内容将针对电商类的带货直播来多方面介绍直播方式。

①直播渠道。

直播渠道，即直播平台。随着电商直播行业的兴起，各大平台都推出了直播功能。以下是几个常见的直播渠道及其特点：

淘宝直播：直播电商系统成熟，专业性、导购属性和用户购买欲望更强。

京东直播：注重打造“内容品质化＋运营专业化”的直播常态。在内容方面做到“专业性＋大众性＋趣味性”相统一，追求最终的“品＋效＋销”合一;在运营方面做到“播前预热＋播中引爆＋播后发酵”，通过全链路的场景运营每场直播。

抖音直播：以内容为核心导向，具有互动性强、粉丝黏性高、营销数据可视化、内容原创等优势，重视用户偏好和浏览习惯，平台对优质内容的扶持力度大。

快手直播：与抖音相比，快手直播更注重下沉市场，流量均匀分发，很受三四线城市用户的喜爱。快手直播的玩法不同于淘宝直播和抖音直播，快手独有的社区文化可以给用户带来非常好的情感体验。

小红书直播：直播用户性别分布以女性为主，平台直播扶持力度大，直播投放回报率高。企业号成为小红书直播领域的重要支柱。

②直播场景。

在不同的场景内直播能够达到不同的效果。企业或个人可以根据自身条件的实际情况选择适合的直播场景，大致为以下四种。

门店直播：实体店商家在门店进行直播，除了能卖货之外，还能直接向观众展示自家门店，让用户对门店环境产生兴趣，从而让他们到线下门店消费。

仓库直播：向用户展现商家产品供应链的实力，而且仓库干净舒适的环境也能给用户带来良好的观感，提升印象。

原产地直播：一般用于农产品或者生鲜类产品的直播，让用户直面原产地，产生信任的同时又提供了保障，直接促成交易。

直播间直播：最常见的直播方式，根据直播内容去搭建相匹配的直播间，让用户更有代入感。

③直播时段。

如今直播条件越发成熟，企业或个人可以随时随地进行直播。但是要达到良好的直播效果，还需要选择合适的直播时段。

不同的直播时段对直播效果有不同的影响。通过分析平台数据和目标用户，可以了解到目标观众群体观看直播的活跃时间，再根据各类观众活跃时间和自身定位决定适合自己的直播时段。例如：

5：00—10：00和13：00—17：00：适合新手期主播和成长期主播，流量相对较少，主播较少，竞争较小。

18：00—24：00：适合成熟期主播，头部主播聚集，用户活跃度高。

0：00—4：00：适合成长期主播，可承接大主播的分散流量，用户意志力薄弱，成交率高。

（3）梳理直播流程。

直播是团队协作配合的重要任务，需要确定团队的每一个人在每一个环节做什么事情，流程要具体到每一分钟。精细化运营是有效直播的保证和前提。

针对电商类带货直播，直播间内流程可根据时间逻辑划分为以下几个部分。

播前准备：直播需要做很多前期准备工作，如选品、人员分工、脚本撰写、直播预热，以及设备自检。

开播暖场：在开播后的3～5分钟，用话术吸引用户，增加用户黏性，从而达到锁粉的目的。

产品介绍：带货直播的主要内容，通常通过痒点、痛点、卖点、爆点四个方面来为用户对产品进行讲解。

穿插活动：在产品介绍过程中设计一些活动环节，增加直播的趣味性，吸引并留住用户。

结尾预告：直播结束前30分钟对重要产品快速过款、爆品收割，同时感谢支持本次直播的用户，以及对下一场直播进行预告。

在直播前的准备工作中，最主要的就是直播的选品和排款。下面将对选品和排款详细介绍：

①选品。

选品是直播带货的第一步。在选品时一定要严格要求，避免出现任何质量问题。质量更优、用户满意度更高的产品是直播首选。

此外，选品还要遵循以下三个原则。

与账号定位保持一致。

关注粉丝的需求。

紧跟电商玩法。

针对选品的两点建议如下。

建议 1：明确产品类型，进行直播选品

产品主要分为标品和非标品。标品指的是市场上具有统一标准的产品，例如统一规格、型号、功能、产品款式等，这类产品产业集中度高，产品的同质化比较高，较依赖产品本身的性价比和认知度。因此，要尽可能选择认知度更高的产品，或者选择功能性特点更好、新奇特别的产品，这些都更容易成为抖音爆品。

非标品与标品相反，既没有统一的市场标准，也没有统一规格、型号、功能、产品款式等。例如鞋帽、箱包等一些大类目，一般通过直播间内主播对产品的演绎和介绍来产生差异化，给观众独特的感观，使其产生更大的消费欲望。

建议 2：通过短视频或者直播间测品来判断产品能否成为爆款

短视频测品：发布产品介绍的短视频，可以是不同类别的产品，也可以是同一类别的不同产品。然后依据短视频的互动数据来判断观众更喜欢哪一个产品，更值得拿到直播间去售卖。

直播间测品：直播时在小黄车挂上产品，不做讲解，观察有无点击量或成单量，通过购物车的排品去进行测评，比如主播直播时挂的一号品和三号品是之前在直播间已经测试出来要主推的产品，那么二号品就可以放一个打算去测试的产品，然后在直播的过程中来看这个产品有无一些静默的点击或者转化来决定要不要给这件产品赋予讲解的时长和讲解的频率。

②排款。

排款就是在选品后，对产品的直播介绍顺序进行先后安排。一个优质的直播间是由好产品、好内容、好服务以及好的排款策略组成的，排款策略是主持好一场直播的重要因素之一。对于新手主播来说，最常见排款方式是：

引流款+畅销款=爆品循环

爆品循环有利于降低团队在筹备阶段的成本，可以更快地上手直播。简单来说，就是主播采用“引流款 + 畅销款”的组合且不断循环的模式推进直播（见表 5–1）。在这个过程中，主播可以把整体的直播时长划分为若干个单元的时间点，以 7 ～ 10 分钟为一个循环（见图 5–1），在这一个循环中就要同时去讲引流款和畅销款，不断重复讲解。

表 5–1　引流款和畅销款

引流款	畅销款
A	B
B	A

流→畅	流→畅	流→畅	流→畅
A　B	B　A	B　B	B　B
7～10分钟	7～10分钟	7～10分钟	7～10分钟

图 5–1　产品循环排序安排

例如，美妆直播可以按照化妆的顺序、护肤的顺序来排品，在主播展示的过程中，软植入产品：将眼影盘（A）与卸妆油（B）两个产品组合，眼影主打出汗也不会脱妆，卸妆油可以轻松卸妆，两个产品做到功能互补，在内容上完美承接。

在采用爆款循环排款模式时，主播要注意以下两点：

每个产品都有可替代产品。主播需要注意，每一个产品都要有备用款，当产品在直播中不能引流，无法留住观众、提高销量时，能够及时进行替换。

避免被评论区影响。控制好主播的节奏，避免造成观众评论哪一款，主播就讲解哪一款的模式，而错失为广大潜在观众讲解的机会。同时，这种情况不利于后期数据复盘：运营人员无法明确直播数据反馈的是哪款产品、又是哪款产品吸引了直播间的观众。

2. 撰写直播脚本

脚本是直播的重要组成部分，起到梳理直播流程、管理主播话术、设定直播主题、直播复盘总结的作用。直播是动态的过程，涉及人员配合、场景切换、产品展示、主播表现、促单活动等动态因素。对于很多直播带货的新主播来说，如果没有脚本，直播时可能会语无伦次、逻辑混乱，或是不会调动直播间氛围、不能留住粉丝，从而导致直播带货的销量低迷。有了脚本，筹备直播就更加方便，能确保直播工作可以进行得有条不紊。

撰写直播脚本，需要掌握三点内容：脚本结构、撰写技巧、直播话术撰写。

（1）脚本结构。

一般来说，直播脚本的结构有三部分：直播主题、时长、流程安排。

①直播主题。

直播主题即直播的核心，是吸引用户的亮点。直播如果缺少主题，则留不住观众，无法产生转化率。因此，要筹备好一场有效的直播，应该在脚本中提前确定好直播主题。

②时长。

时长即直播时间，包括直播总时长，开始和结束的时间点，以及每件产品在直播中出现的时长。一般来说，一场带货直播的总时长不低于 2 小时，且都安排在固定时间段。

③流程安排。

流程安排即产品的讲解顺序和活动环节的规划。一般为了直播的结构紧凑，让观众感到直播有内容、有价值，流程安排都会做到上下呼应、前后衔接。

（2）撰写技巧。

直播脚本常用的撰写方法叫列阵式脚本单元。列阵式脚本单元通过系统化控制直播现场的节奏、调节直播氛围，让整场直播更加流畅和完整。

单个列阵式脚本单元的时长为 5 ~ 10 分钟，其中包括产品介绍 3 ~ 5 分钟、活动卖点 2 ~ 3 分钟、粉丝互动 3 ~ 4 分钟，如表 5-2 所示。这三部分组成了一个产品的列阵式脚本单元，整场直播以多个产品的单元往后推进。

表 5-2　列阵式脚本单元

时间	内容	话术
20：00—20：04	产品介绍	围绕痒点、痛点、卖点、爆点四个方面
20：05—20：06	活动卖点	引导互动，介绍点赞免单等活动
20：07—20：10	粉丝互动	公屏投票，抽取幸运观众送礼品

列阵式脚本单元有以下几个作用：

把控节奏：根据直播实际情况调整产品顺序，把控直播间节奏。

激活推流：热点、卖点、槽点互动交替进行，激活直播间的各项指标，进而达成推流。

明确主题：减少铺垫，延长粉丝的逗留时间。

降低压力：主播只需熟悉每个脚本单元的直播节奏，之后一直重复即可。

撰写列阵式脚本单元时，可以从两个角度来发散创作思维：产品和活动。

关于产品方面的创作技巧，必须遵循理性的表达原则，切忌夸大、激动、兴奋，避免给观众留下“虚伪”“不靠谱”的印象，而对产品的卖点进行理性描述会给人以专业

感。具体做法可以参考表 5-3。

表 5-3　产品的脚本创作技巧

创作技巧	具体做法
提炼卖点	卖点的体现和表述，能够决定直播间产品的需求和热度。可以通过对产品的设计特点、材质对比、评价和销量、快递物流、品牌声誉、需求强弱等各角度进行卖点提炼
差异化	从多维度寻找产品之间的差异，加强对比，增加产品竞争力，而不是只在价格维度过分渲染

关于活动方面的创作技巧，则必须遵循感性的表达原则，带有热情、激情，能够带动直播间氛围，加强与观众之间的互动，激发其购买欲，高频振动各项指标。具体做法可以参考表 5-4。

表 5-4　活动的脚本创作技巧

创作技巧	参考做法
转化互动	直播间做大促，给粉丝榜前三名给予福利
亲密度互动	增加黏性，如前 10 名成为铁粉的观众赠送礼品
产品互动	设置问答环节，回答正确的第一个观众有产品福利
吸睛互动	利用道具，比如骰子，由投掷的数字来决定直播间打折力度
饥饿营销	控制产品数量，制造手慢无的紧张氛围

总之，直播间脚本的创作是一个反复磨合调整的过程，且需要随着平台的变化而变化。一个好的直播脚本能够掌控直播现场节奏，烘托直播氛围，激发观众购买欲望，最终达到成交率。

综上所述，列阵式脚本单元撰写后的直播脚本示例，如表 5-5 所示。

表 5-5　直播脚本案例

××× 直播脚本案例				
直播主题	宠粉专场，每 10 分钟抽一次免单			
开播时间	7 月 30 日 19：30			
直播时长	4 小时			
直播目标	提升粉丝数量，增加粉丝团人数			
直播人员	主播：王 ××　　助播：张 ××　　场控：李 ××			
开播前	准备工作：筹备直播需要的所有产品、话术、道具等			
时长	内容	话术重点	产品	活动
0 ~ 10 分钟	热场交流 + 抽奖	限时限量，开播专属福利，引导互动参与活动	1 号链接“福利款”	通过福袋分 3 次抽免单 5 名，每次 3 分钟

续表

××× 直播脚本案例				
10 ~ 15 分钟	引流款	介绍价值 + 鼓励转发直播间 + 组织点赞 + 刺激互动 + 加粉 + 送小红心	2 号链接“引流款”	现场改价，加粉丝团送价值 69 元的赠品
15 ~ 20 分钟	畅销款	介绍价值 + 引导互动 + 细节展示及卖点介绍 + 活动介绍 + 赠品价值	3 号链接“畅销款”	现场改价，加粉丝团送价值 69 元的赠品，买两件立减 10 元
20 ~ 25 分钟	活动抽奖	引导互动 + 引导加粉丝团 + 介绍点赞免单活动	粉丝投票款	通过话术引导观众参与免单商品征集，再福袋抽取 3 名粉丝获得免单

（3）直播话术撰写。

直播话术是为了提升直播效果而制订的与观众沟通的范文。在直播间中吸引、留住用户不仅要靠产品和活动，还需要运用直播话术技巧。直播话术主要有三种类型，如图 5-2 所示。

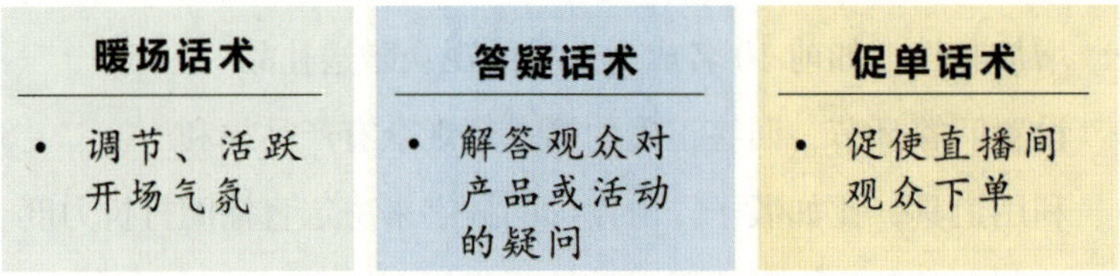

暖场话术	答疑话术	促单话术
• 调节、活跃开场气氛	• 解答观众对产品或活动的疑问	• 促使直播间观众下单

图 5-2　直播话术类型

①暖场话术。

开播前暖场，预热直播间气氛，可以更多地留住观众，提高后期的成交转化。

暖场方式可从以下几点入手。

引导观众讨论产品相关话题，贴近用户。

多次强调直播间的活动力度，吸引用户。

反复提醒直播间活动时间节点，留住用户。

例如：直播间的宝宝们注意了，今晚 8 点会有免单活动，所以大家一定不要忘记！一定要留在直播间！说不定你就有机会拿到免单大奖！除此之外，今天我们为大家争取到了超级福利，原价 750 元的眼霜今晚在我们直播间的到手价只要 450 元！

②答疑话术。

在产品介绍的流程中，很多用户可能会对同一个问题感兴趣，而且相同的问题可能会出现在不同时间段。因此，为了推进直播流程，针对常见问题准备对应的答疑话术也很重要。

例如：用户经常会问“×× 号衣服能试穿一下吗”“×× 产品有什么优惠活动”等问题。因此为了不耽误直播进程，要针对不同情况制订不同问题的应答话术，如表 5–6 所示。

表 5–6　直播答疑话术

问题	直播进程	答疑话术
× 号产品试用（试穿看看）	已讲解过	× 号产品已经讲解过了，可以点击购物袋观看回放哦
	还未讲解	宝宝们不要急，点点关注，马上为你们讲解 × 号产品
	已售罄	× 号已经卖完了，喜欢的宝宝明天准时关注直播间哦

直播中常见的问题如表 5–7 所示，对于这些问题的话术制订还需要根据直播的实际情况来做调整。

表 5–7　直播常见问题

直播常见问题		
某产品怎么领取优惠券？	某产品有没有 ×× 型号？	× 号产品还会补货吗？
身高 ××、体重 ×× 能穿吗？	A 和 B 产品哪个更好？	一般什么时候开播？

③促单话术

产品介绍完，有些用户可能还会犹豫不决。这时候就需要再次提醒活动力度和产品优势，营造出抢购氛围，坚定用户下单购买的决心。

促单话术主要有以下三种方式。

强调产品功效及直播间价格优势。

提醒用户产品数量有限，饥饿营销。

告知用户时间不多，催促下单。

因此，促单话术可以总结为如下公式：

打消顾虑 + 营造稀缺感 + 营造抢购氛围

活动 2　直播推广

直播推广是一项系统性工程，需要花费大量精力，所以在此之前需要制订合理的推广策略，以便能将推广效果最大化。要针对竞品情况和本产品使用人群情况制订推广策略，详细策划推广渠道、目标、预算等，然后再根据推广策略实施推广。以下将从直播推广分析、制订推广策略、实施推广方案三个方面来介绍。

1. 直播推广分析

在进行直播推广之前，需要针对本次推广进行一系列分析，如直播涉及产品的市场前景如何、与竞争产品之间的对比、品牌受欢迎度等。明晰本次推广的各个因素条件，判断本次推广的优劣势、机会与风险。推广分析可以通过三点来进行：分析竞品策略、分析观众需求、分析竞争力。

（1）分析竞品策略。

直播推广分析必须要懂得分析竞品的推广策略，不管是参考优秀推广策略的案例，还是借鉴推广失败的经验，都能达到提高直播的推广效率。

普遍的策略分析方式是，在各平台搜索竞品名称，搜集竞品账号发布的推广内容、发布频率、优劣势对比等信息，全面分析竞品账号的推广动作，再借助数据分析工具进行实时监测。针对抖音使用的常用直播数据分析工具如图 5-3 所示。

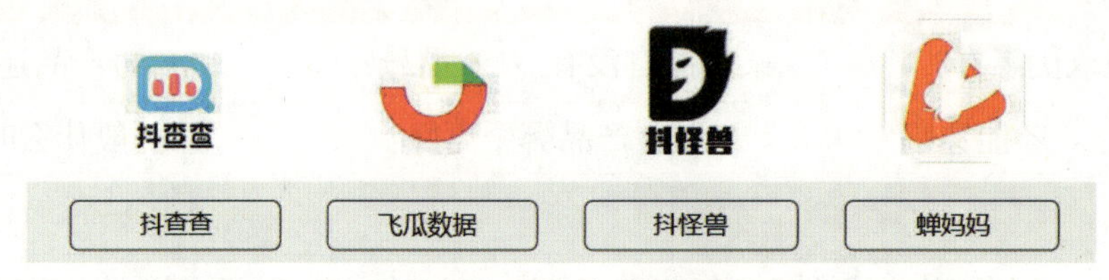

图 5-3　针对抖音使用的常用直播数据分析工具

监测到竞品的直播数据后，则需要针对性分析其策略方式、效果、节奏等要素，为自身的直播推广提供思路。

其通常包括如下三个分析步骤。

第一步：全面分析竞品的推广策略。

第二步：评估竞品的推广效果。

第三步：融合竞品策略，创新推广方案。

（2）分析用户需求。

分析用户需求是为了根据产品对人群精准定位，来更好地制订推广策略，保证推广的深度和质量。具体做法可从以下两个维度进行。

基本属性：固定阶段内不会发生明显变化的属性，如年龄、性别、地区、职业等。

行为属性：能够体现观众的决策、购买、使用、评价等行为的属性，通过此类属性可以明确人物的社会角色。

结合分析这两个维度，可以总结出用户的基础画像。这样，根据用户画像制订出的推广策略就能更加具体。

①以瑜伽垫为例，根据交易记录了解到用户的基本属性。

性别：以女性为主。

年龄：20 ~ 40 岁为主要年龄区间。

职业：主要为大学生及企业白领。

②结合用户调研与分析交易记录等方式可以了解瑜伽垫用户的社会属性。

角色：既是购买决策者，又是购买执行者和产品使用者。

行为：常用于健身，几乎每天使用。

③因此，瑜伽垫用户的基础画像就总结出来了。

20 ~ 40 岁的青年女性，主要使用场景是客厅、房间或室内运动场所，使用频率较高，她们既是购买决策者，又是购买执行者和产品使用者。

④根据用户画像，推广内容可以具备以下特点。

包含客厅、房间或室内运动场所等使用场景。

用户使用产品频率较高，推广内容则突出使用寿命和便捷程度。

考虑制作青年女性人群感兴趣的内容。

（3）分析竞争力。

在执行推广之前，要结合产品特性和本次直播特点，对自身的直播推广策略进行一系列的可行性分析，一般通过分析此次推广的优势、劣势、机会和威胁来完成，即使用 SWOT 分析模型，如图 5-4 所示。

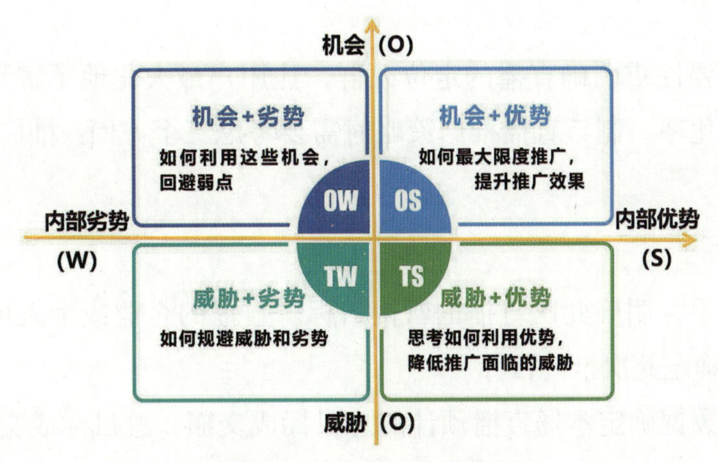

图 5-4　SWOT 分析模型

进行 SWOT 分析的具体步骤如下：

第一步：罗列可能影响推广的重要因素。

第二步：搜集与影响因素相关的信息。

第三步：合理预测影响因素可能会发生的变化；

第四步：综合分析其会带来何种正面和负面影响。

第五步：总结此次推广的应对方案。

以瑜伽垫为例，根据收集的 SWOT 信息制作出的分析模型如图 5-5 所示。

优势（S）：品牌知名度高。

劣势（W）：产品定价高于同类产品。

机会（O）：瑜伽垫市场比例扩大。

威胁（T）：竞品种类增加。

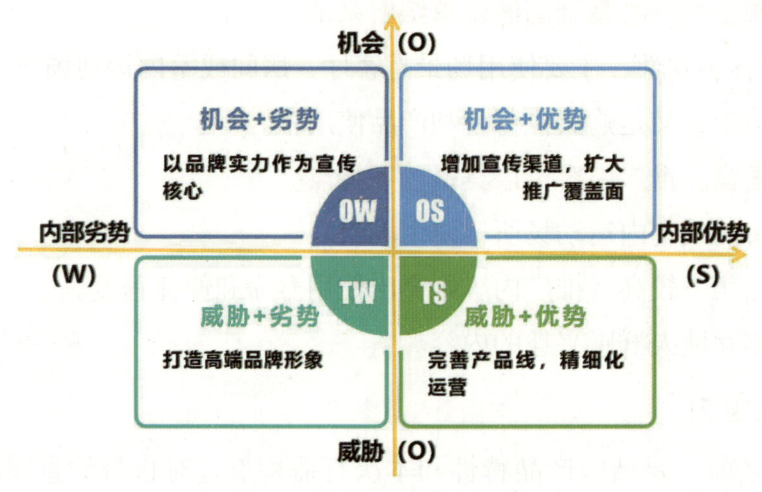

图 5-5　SWOT 分析示例

2.制订推广策略

直播推广策略要注重明确直播的定位人群，让用户最大化地了解到此次直播，进而提高直播间中的转化率。制订直播推广策略时需要考虑三个方面：推广目标、渠道选择、预算评估。

（1）推广目标。

从直播主题入手，明确此次直播的营销目标。直播的企业或个人可通过以往直播数据或者推广数据，确定此次推广目标。

首先根据历史数据确定本场直播预计的总目标成交额，总目标成交额（流量 × 转化率 × 客单价）又可以分解为各个维度的量化数据，这样可以确定各环节的小目标。最终分解而成的推广方案如表 5-8 所示。

表 5-8　推广方案

分渠道	目标成交额	目标转化率	客单价预估	计算流量
渠道 A				

续表

分渠道	目标成交额	目标转化率	客单价预估	计算流量
渠道 B				
渠道 C				
总计				

确定目标的具体流程如下：

第一步：确定直播的总目标成交额；

第二步：确定各渠道的目标成交额；

第三步：计算各渠道的目标转化率；

第四步：预估各渠道客单价；

第五步：计算各渠道所需流量。

通过推广目标的达成情况，可以衡量此次推广的效果。明确了推广目标，有利于进行人员分工并把握推广节奏，也能让后续的复盘工作有明确的标准。

制订有效的直播目标需要遵循清晰、具体、可量化和有挑战性的原则，如图 5-6 所示。

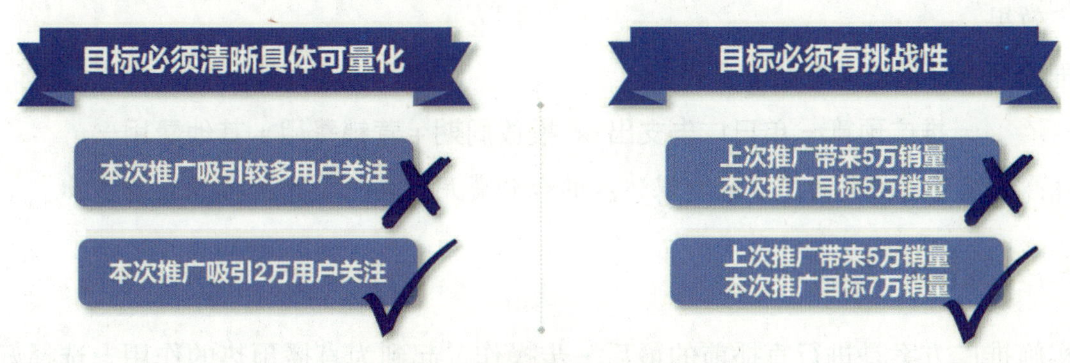

图 5-6 直播目标制订原则

（2）渠道选择。

直播推广的本质就是为直播尽可能吸引更多的用户，激发观众购买欲，从而提高成交额。每类直播由于营销主体不同，所针对的用户人群也有所区别，因此，要选择适合的推广渠道和推广方式。在进行直播推广时，可以根据不同渠道的受关注度来选择推广效果更好的渠道。推广渠道主要有以下几种。

①电商媒体。

主流渠道：淘宝、京东、小红书。

主要推广方式：直播推广和内容推广。

推广特点：直播推广是通过付费方式，进行直播间推广，在用户浏览商城时，展示直播内容；内容推广是通过淘宝微淘、京东店铺发现等栏目，进行长期的内容种草，在积累一定的粉丝信任度后，为直播间输送流量。

②图文媒体。

主流渠道：微博、微信、今日头条。

主要推广方式：图文推广。

推广特点：通过“海报 + 文案”的方式对直播相关内容进行推广，吸引观众注意。

③短视频媒体。

主流渠道：抖音、快手、西瓜视频。

主要推广方式：短视频推广。

推广特点：在短时间内输出有价值的内容。相对于图文推广来说，传播速度更快，直观性更强，更受企业的用户和个人的用户欢迎。

（3）预算评估。

在制订推广策略时，要根据推广的每一个环节制订合理的预算。在各环节中，由于预算的限制，有时并不能做到最优选择。因此，要对此次推广产生的花费进行评估，在能力范围内提高预算的利用率，以免出现预算不足或是花费性价比不高的情况，从而影响推广效果。

推广预算评估可参考如下公式：

推广预算 = 单日广告支出 × 投放周期 + 营销费用 + 其他费用

注：营销费用主要为平台或自媒体人的合作费用，其他费用为各项杂费支出。

3. 实施推广方案

实施推广方案是进行直播前的最后一步操作，起到为直播预热的作用。选择好推广渠道后，就可以选择不同的推广方式。

（1）直播预热。

①文案预热。

预热文案的重心在于，要告诉观众直播的时间和内容，直播间的福利和亮点等，激发用户看直播的欲望，例如有几轮红包，会送什么赠品等。好的文案能锦上添花，勾起观众好奇心。因此，可以从文案上吸引观众进入直播间。

直播文案预热的方式主要有以下三种。

个人主页文案预热：直播前，在个人主页添加直播信息，包括昵称和简介；

站外文案直播宣传预热：利用第三方平台（如公众号、微博等自营账号）对直播间进行预热宣传。

社群直播预热：通过在社群宣发直播时间、福利、产品等信息，预告直播信息。

综上所述，直播文案预热的三种形式如图 5-7 所示。

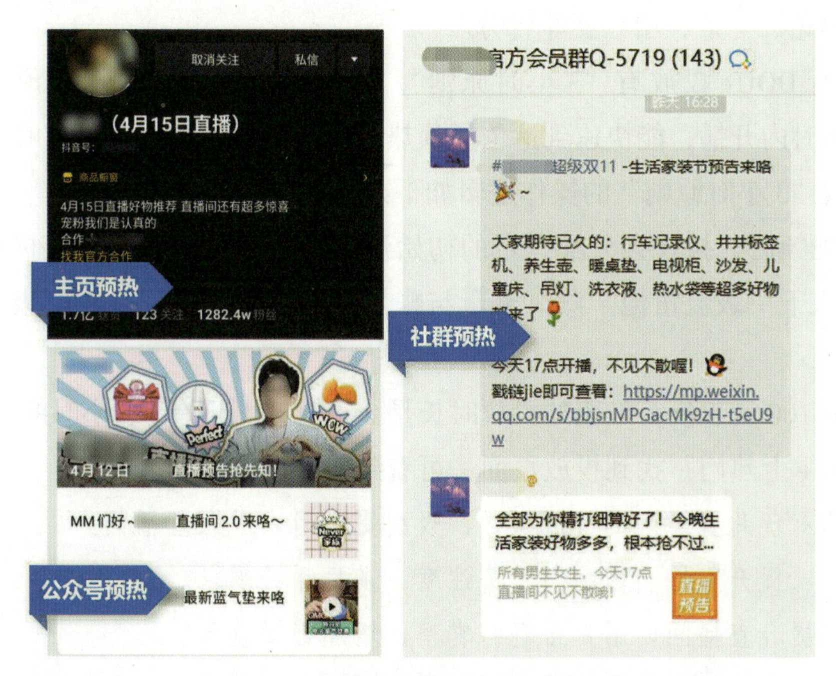

图 5-7　直播文案预热的三种形式

②短视频预热。

开播前发布短视频是最基础的直播预热方式。通过预热短视频，观众可以在视频中了解到开播时间和内容，从而进入直播间。

常见的几种短视频预热方式如下：

直播预告：真人出镜告诉粉丝开播时间和内容。

视频植入：类似于广告植入，日常发布视频时植入直播预告，或者在视频最后定格直播预告海报，让观众在不知不觉中就记住直播间。

直播花絮：截取以往直播中的有趣内容，发布短视频，为本场直播造势引流。

（2）广告投放

除了采用文案和短视频进行推广预热外，还有广告投放的方法。

①短视频 DOU+ 投放。

将账号中曝光较高的短视频付费投放 DOU+ 进一步获取更多曝光，然后在投放 DOU+ 的时间段开始直播，或者将预热视频进行 DOU+ 投放。用户在观看短视频时，可以直接通过点击头像进入直播间，从而实现推广直播间的目的。

推广的力度大小可以通过以下四种互动数据来验证。

带货率：观众点击购物车、查看产品详情的行为。

人气值：同时在线观众数量和持续时长。

涨粉率：观众进入直播间后的关注行为。

互动率：评论、音浪、刷礼物等行为。

直播间进行 DOU+ 投放有“3 小时原则”，即开播前 3 小时内发布预热视频。投放 DOU+ 后 3 个小时内开播，能快速到达依靠预热视频获取的第一波流量高峰。

DOU+ 投放“3 小时原则”的操作逻辑如下：

发布完新视频后，抖音会分配一定的初始流量来测试视频并给它打标签，决定该视频是否能够进入下一级流量池。测试流量与账号粉丝量正相关，是能够吸引用户到直播间的直接流量。

DOU+ 至少 100 元起投，最短的投放时长是 2 小时，而且有 0.5 小时的审核期。

进入“DOU+ 上热门”找到投放页面，可看到四种投放目标。

直播间人气：优化直播间的引流人数，吸引更多用户进入直播间。

直播间涨粉：提升直播间内的用户关注度，满足涨粉需求。

观众打赏：提升直播间内用户付费打赏率，增加直播收入。

观众互动：优化直播间内用户的互动行为，调节直播气氛。

投放对象的智能推荐是系统的默认选项，如果有明确的用户定位，可以在用户类型中进行具体选择再进行定向推广。

加热方式有直接加热直播间和视频加热直播间两种。直接加热直播间指的是用户在视频流中刷到直播间，点击屏幕直接进入直播间；而视频加热直播间指的则是通过预热视频来吸引用户进入直播间。

直播加热的投放时长可以根据开播时长来填写。

②巨量千川广告计划。

巨量千川深度贴合抖音电商营销场景，为其提供直播推广需要的功能，以满足商家对于直播带货的诉求，如图 5-8 所示。

营销目标：包含短视频 / 图文带货、直播带货。

营销场景：包含通投广告、搜索广告。通投广告是在所有的流量位进行主动推广，而搜索广告则是需要靠用户搜索才能看到的一种推广方式，因此通常选择通投广告。

推广方式：包含极速推广和专业推广，极速推广相对来说更加简单，而专业推广更加精准，对操作人员的专业性要求极高。

推广预期：包含成本稳投和快速推两种模式，成本稳投模式可以在控制成本的同时追求更多成交，只需简单设置即可开启智能投放；快速推模式，只需要设置预算、出价等即可投放，支持基础的定向人群选择。

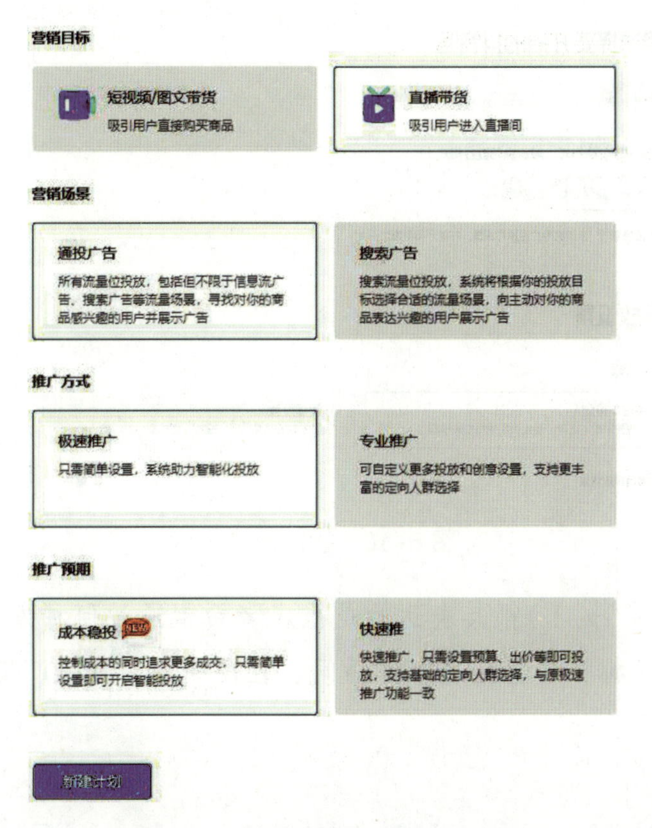

图 5-8　巨量千川的广告设计创建

接下来，针对以直播带货为目标的通投广告极速推广进行各要素详细讲解：

创意形式（图 5-9）：直播间画面投放适合产品丰富，主播讲解能力强的直播间，且不需要制作引流素材，能够缓解其对创意制作的压力，样式原生，审核速度快。而短视频投放适合单品或者只有几个爆品的直播间，通过投放质量好的视频，跑量效果更好，且人群引入更加精准，内容可控性强，优化空间较大，但审核速度慢，一般需要提前 1 天搭建计划，这样才能避免对投放产生影响。

请选择要开播的抖音号
官方
不同类型抖音号的区别
选择一种创意形式，对直播间进行推广
直播间画面　视频
直播期间，系统将推广直播间画面，并展示相关推广卡片

图 5-9　创意形式

投放设置（图 5-10）：控成本投放是由自己决定投放成本的预算，为固定数值；而放量投放则是让系统自动消耗投放成本，这会导致投放成本上下浮动。

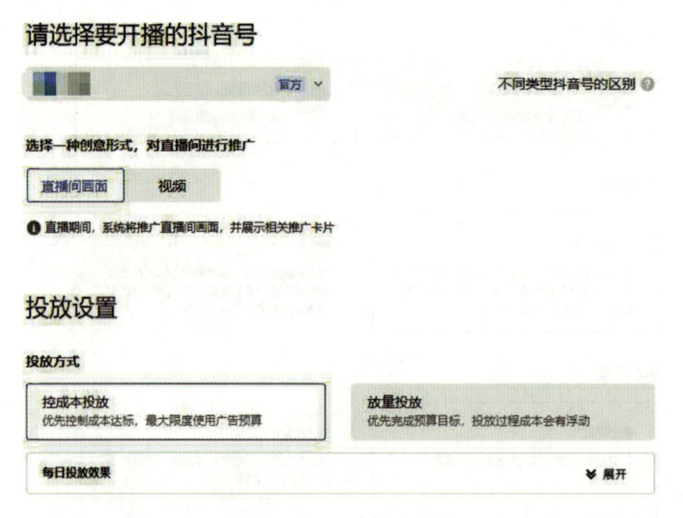

图 5-10 投放设置

优化目标设置（图 5-11）：其表达的是推广者希望通过何种方式来实现推广效果。带货直播常用的优化目标一般包括进入直播间、直播间商品点击、直播间下单、直播间成交和支付 ROI 等。

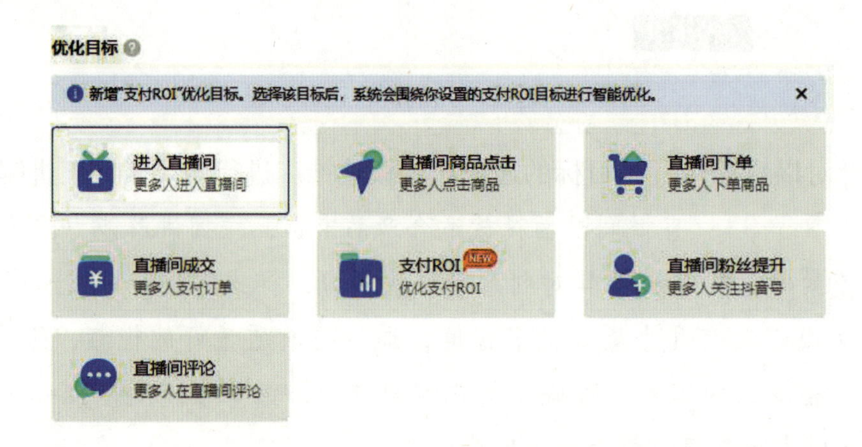

图 5-11 优化目标设置

预算设置（图 5-12）：如果选择了控成本投放那么需要自己设置出价；如果选择的是放量投放，则不需要设置，而是让系统自动消耗预算，适合新手操作。

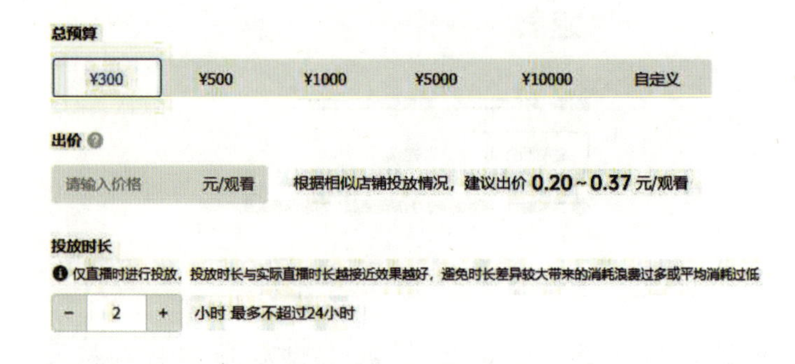

图 5-12 预算设置

定向人群（图 5-13）：智能推荐不能选择定向用户的地域和性别，只能直接投放；而自定义人群就可以自主设置筛选条件，精确人群画像。

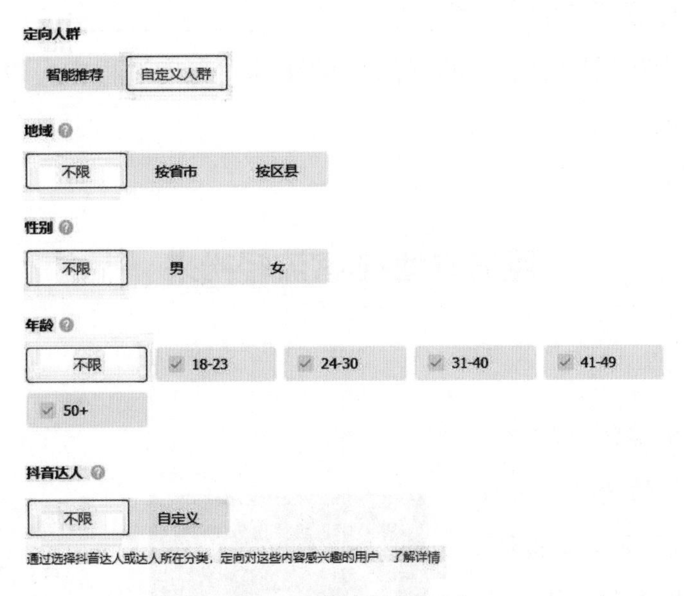

图 5-13　定向人群

课堂小测

1.【单选】关于直播策划，下列说法中错误的是（　）。

A. 产品价格便宜可以作为直播主题

B. 不同的直播方式往往会获得不同的直播效果

C. 一般晚间时段直播间的流量较高

D. 有了脚本，筹备直播就更加方便，能确保直播工作顺利进行

2.【单选】关于分析竞品策略的步骤，下列说法中错误的是（　）。

A. 全面分析竞品的推广策略

B. 融合竞品策略，创新推广方案

C. 结合竞品策略，照搬推广方案

D. 评估竞品的推广效果

3.【多选】关于直播选品需要遵循的原则，下列说法中正确的是（　）。

A. 与账号定位保持一致　　B. 关注粉丝的需求

C. 紧跟电商玩法　　D. 商家产品的品质与直播间选品的品质有差异

4.【多选】如果要制订有效的直播目标，下列目标销售额不合理的是（　）。

A. 这次直播目标吸引较多用户关注

B. 上次推广带来 5 万元销售额，这次目标销售额 100 万元

C. 上次推广带来 5 万元销售额，这次目标销售额 3 万元

D. 这次直播目标是吸引 3 万用户关注

5.【填空】推广预算评估的参考公式为：________________。

6.【判断】直播预热推广中承诺的优惠活动在真正直播过程中可以不用兑现。（　）

案例解析

巨量本地推 客流轻松来

案例详情

近期，一句“咖啡你冲不冲？冲冲，冲，冲冲！”的魔性口号让某咖啡抖音官方直播间火爆出圈。通过分析其直播数据发现，近一个月来，该咖啡旗舰店粉丝新增几百万，直播累计观看人次约1.5亿，每天直播间在线人数8万～10万人，点赞数也经常突破百万次大关。

- 直播间：某咖啡品牌
- 平台：抖音
- 主题：直播间推广
- 方式：巨量本地推

分析直播成功背后的原因，除了特色内容和搞笑人设外，更重要的是，直播团队花了大量心思进行推广投放为直播间引流。2022年6月，“巨量本地推”正式上线移动版，特地迎合本地中小商家需求，提供了比如“门店附近n公里”的定向功能。

该品牌就瞄准这一功能，利用巨量本地推在30天内快速打响了品牌知名度，GMV（商品交易总额）也从几千提升至70多万。相关数据显示，该品牌咖啡单场直播获得品牌曝光近8 000万次，累计曝光20亿次（图5-14）。

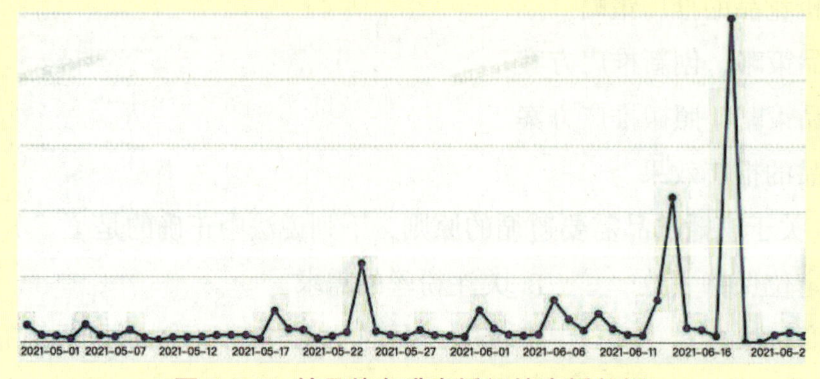

图5-14　某品牌咖啡直播间的直播数据

该品牌咖啡的流量快速积累，也带来了一些启示：要想做好直播，为直播引流，除了要在直播中展示内容创新，还要学会抓住机会精准投放，实现弯道超车，使品牌飞速成长。

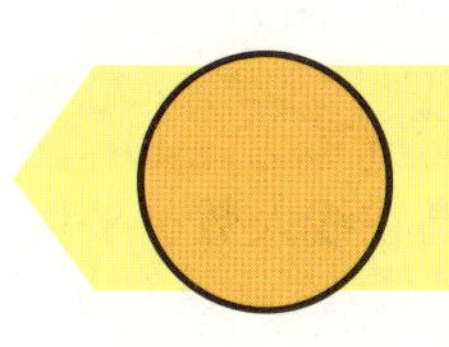

任务2　直播复盘

直播复盘就是直播团队在直播活动结束后，针对本次直播活动的各项数据，进行活动回顾、数据分析、经验总结和积累的过程。直播团队定期进行直播复盘，能够加快团队后续的工作进度，减少工作过程中不必要的精力和时间的消耗，增强团队的直播能力并提升团队的直播技巧。

本任务将从以下两点内容来展开介绍直播复盘过程。

（1）统计直播数据。

（2）分析直播数据。

活动 1　统计直播数据

直播数据统计是直播复盘的首要任务。不同的数据信息反馈的问题不同，而任何一个数据指标都有可能成为改变直播效果的关键环节。因此，做好直播数据统计至关重要。直播数据统计需要掌握两点内容：直播数据采集和直播数据处理。

1. 直播数据采集

直播数据采集是统计直播数据的基础，直播团队需要根据分析目的，采集相关数据。数据越精准，后续的直播分析效果越好。直播数据主要来源于直播平台的后台。以抖音为例，数据获取的渠道主要有以下几种。

巨量百应——数据参谋。

电商罗盘——商家视角 / 达人视角 / 机构视角。

数据主屏——单场直播详细数据。

创作者 / 企业服务中心——主播中心。

根据直播间用户从进入直播间到完成订单购买的路径（图 5-15），进行用户行为拆解，直播间基本数据指标如表 5-9 所示。

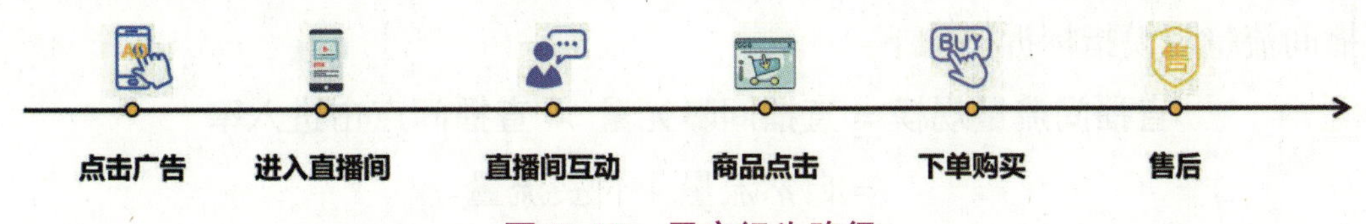

图 5-15　用户行为路径

表 5-9　直播间基本数据指标

数据类型	指标反映的内容	具体数据
人气指标	直播间的流量	观看点击率、总观看人次、观看人数、最高在线人数、平均在线人数、直播间曝光人数
互动指标	内容质量	互动率（点赞、评论、分享）、增粉率、加团率、人均观看时长
商品指标	商品对顾客的吸引力	商品曝光人数、商品曝光率、商品点击率、商品点击人数
交易指标	直播间成交转化情况	看播成交转化率、客单价

2. 直播指标拆解

当前平台对于数据的处理技术已经相当成熟，运营人员可直接获得计算好的数据指标。但直播复盘，除了要对数据指标的结果进行分析，还需要对指标进行层层分解，将零散的数据串联起来，分析每个数据指标背后的影响因素。通过相关指标的变化，看到整体直播数据的变化，从而快速发现问题，或者是监控相应策略的效果。评估一场直播带货的首要指标就是 GMV（Gross Merchandise Volume，商品交易总额），也就是一定时间内的成交总额。

将数据指标拆解（图 5-16）后可知，影响直播交易总额的关键指标是直播间流量规模和直播间变现效率。

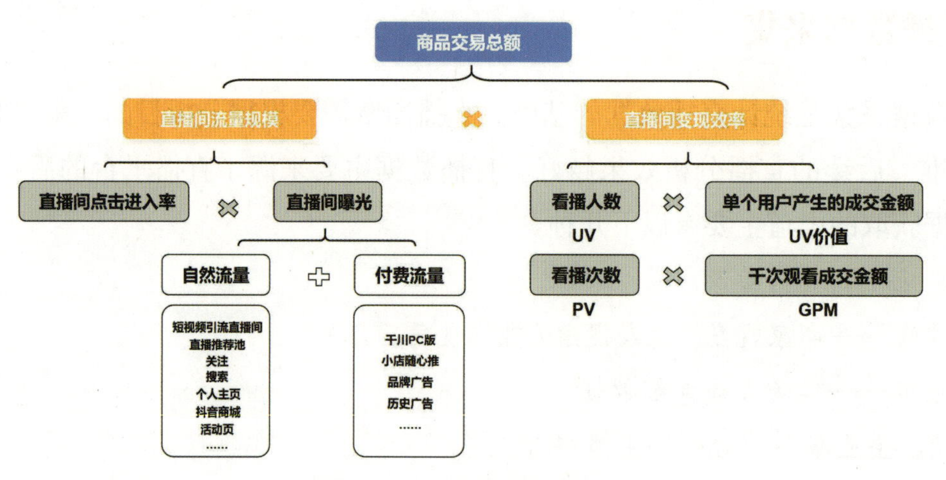

图 5-16　数据指标拆解

（1）直播间流量规模。

直播间流量规模指标拆解如下：

直播间流量规模 = 直播间曝光量 × 直播间点击进入率

= 自然流量 + 付费流量

其中，付费流量渠道包含：千川 PC 版、小店随心推、品牌广告、历史广告；自然流量渠道有：短视频引流直播间、直播推荐池、关注、搜索、个人主页、抖音商城、活动页、其他。

由此可知，想要创造更多的销售额，离不开流量。

（2）直播间变现效率。

直播间流量规模主要分为两个部分：看播次数和看播人数。

①看播次数。

看播次数即页面被访问的次数，一个用户多次访问算作多次。从次数上讲，可以分析千次观看成交金额数据，还能更深入地分析流量数据的渠道来源，以及各流量渠道的变现效率。

②看播人数。

看播人数即访问的用户数量，单个用户发生多次访问时仅算作一次。从人数上讲，可以分析到单个用户产生的成交金额，可以分析出直播间内整体的运营效果。

活动 2　分析直播数据

对直播数据进行分析、复盘，能够帮助直播团队明确自身的特点，找对方向；定期进行直播复盘，能够有效地规避问题，使其在运营过程中少走弯路；同时，进行复盘还可以帮助运营人员更好地理解用户需求，及时、有效地迭代运营策略。

对直播数据进行分析，主要围绕三点内容进行分析和优化，即流量、产品和人群。

1. 流量分析与优化

对流量数据进行分析，主要是为了确定流量下跌和转化不佳的原因。分析的流量情况，一是查看相关数据指标的数值高低进行分析，二是对流量效能进行分析。

（1）流量指标分析。

流量指标分析，主要是对观看点击率、商品曝光率、商品点击率和成交转化率这四率进行分析。不同率指标代表不同直播间问题，通过识别表现较差的指标和结合影响因素制订优化方案。

①观看点击率。

观看点击率即开播后通过多种流量渠道的加持，直播间曝光在用户面前的总人数和到最终进入直播的总人数之比，反映了直播画面对用户的吸引力。其公式如下：

$$观看点击率=\frac{外层用户点击进入直播间人数}{直播间总展示人数}$$

在直播过程中，影响观看点击率的因素有：直播间的整体视觉因素、广告投放人群以及引流视频。在运营过程中，提高观看点击率，可以参考以下几点。

提升直播间吸引力，关注视听体验，包括场景美观度、主播形象及人声清晰度、活动权益贴片。

突出展示引流短视频的商品细节展示、优惠力度及用户权益（满减、优惠券、运费险等）。

校验广告投放人群与当前讲解商品目标人群的重合度。

②商品曝光率。

商品曝光率即有人进入直播间后的商品曝光率，反映了主播的话术引导能力。其公式如下：

$$商品曝光率=\frac{商品曝光人数}{直播间进入人数}$$

商品曝光量包含：购物车商品展示量、正在讲解商品弹窗展示量、闪购卡展示量等。在直播过程中，提高商品曝光率的建议主要有两点。

加强主播话术引导用户点击购物车。

提升后台【正在讲解功能】的操作频率。

③商品点击率。

商品点击率即曝光到商品点击转化率，反映了商品的吸引力和主播的话术引导能力。其公式如下：

$$商品点击率=\frac{商品点击人数}{商品曝光人数}$$

其中，商品点击人数是指点击进入商品详情页的用户人数。在直播过程中，对于提高商品点击率的优化建议如下：

强化主播展示的商品的视觉效果，讲解商品的生动且语言丰富（商品细节、设计、材质等）。

提升商品主图美观度（看得清、看得美），标题和商品卖点突出特色和利益点（风格、优惠）。

提升商品价格机制竞争力，与其他商家同类商品相比，更具有性价比（同样的价格、更好的质量或同样的质量，更低的价格）。

直播间粉丝及老客占比较高的情况下提高上新频率。

④成交转化率。

成交转化率是指在一个特定时间段内，主播使用某种营销手段或者其他方式，用户点击了某个商品或服务，最终完成了购买的比例。该数据反映出商品机制的竞争力，以及主播的逼单能力和销售能力。其公式如下：

$$成交转化率=\frac{商品成交人数}{商品点击人数}$$

其中，商品成交人数是指已完成支付的人数。在直播运营中，提高成交转化率的优化建议如下：

营造直播间的紧张抢购氛围（报库存、时间限制等）。

助播/评论区客服对用户提问的问题进行充分解答，帮助用户应知尽知，充分了解商品。

（2）流量效能分析。

流量效能分析，即分析不同流量渠道的近期趋势、转化效能变化（即转化率和笔单价），确定流量下跌的原因。其中转化率和笔单价的公式如下：

$$转化率=\frac{该渠道带来的成交订单数}{该渠道带来的直播间进入次数}$$

$$笔单价=\frac{该渠道带来的成交金额}{该渠道带来的成交订单}$$

温馨提示

笔单价和客单价的区别

笔单价指每一笔交易记录对应的平均交易金额，笔单价=总销售额/总消费笔数。客单价指的是每一个顾客平均购买商品的金额，客单价=总销售额/总顾客数。

对流量效能的分析步骤如下。

步骤1：根据不同流量渠道的近期变化趋势定位具体下跌渠道是哪一个。

步骤2：结合该渠道近期转化效能的变化情况定位下跌原因。其中，转化效能的变化会影响该渠道流量的获取量。运营人员需要针对不同渠道对差异化定位流量转化不佳的原因。在对于笔单价的变化原因进行具体分析时，运营人员可根据对比不同场次的商品结构及对应单价调整。

2. 商品分析与优化

商品分析，主要是要把握主推品及新品的表现，争取做到“品效合一”。查看商品数据时，需要核心关注单品整体转化情况，同时关注引流效果。

商品分析数据主要有三类：单品点击率、单品点击转化率和单品分钟级数据表现。

在日常运营过程中，建议运营人员每天监控主推品转化情况，每隔 3 ~ 5 天就横向对比转化数据识别潜力新品。商品的分析思路如下。

横向分析、对比、监控历史场次中主推品转化表现。

纵向分析每个讲解时刻成交及引流数据表现，不断优化口播话术及玩法。

同场次对比新品与主推品转化数据表现，识别有潜力的新品。商品潜力判断依据如表 5-10 所示。

表 5-10　商品潜力判断依据

商品类型	判断方式
畅销商品	曝光率高、成交率高、转率化高
潜力商品 A	曝光率低、成交率高、转化率高
潜力商品 B	曝光率高、成交率低、低转化率
滞销商品	无曝光率、无成交率、无转化率

针对不同产品类型，直播商品的具体分析方式和优化建议如表 5-11 所示。

表 5-11　直播商品的具体分析方式和优化建议

商品分类	主推品 / 次推品	新品
指标名称	点击率、点击成交转化率	点击率、点击成交转化率
分析方式	和历史表现比	和同场次主推品比
优化建议	调整玩法和主播口播话术， 调整商品机制	不同商品 SKU 追单， 判断后续是否主推

3. 人群分析与优化

人群分析，主要是通过识别直播间人群画像后，为直播间进行精准引流。在分析过程中，运营人员需重点关注大促及调整商品机制、直播观看人群的粉丝占比、成交人群的新老客占比；每天对比成交与未成交人群画像差异，从而实现精准引流。

人群分析思路如下。

定期监控粉丝占比、新老客占比，调整直播间人群结构健康度。

对比直播间成交与未成交人群画像标签中的各项差异，调整引流策略。

主要关注年龄、八大人群分布、本行业下单价值等标签，明确用户画像内容。

针对人群结构占比情况可以总结出人群分析方式和优化建议，如表 5-12 所示。

表 5-12　人群分析方式和优化建议

指标名称	分析方式	优化建议
新老客 / 粉丝非粉占比	和历史表现比	调整选品及投流策略，保持稳定的粉丝占比，适当提升新客占比
成交情况和未成交人群画像	同场次对比	根据成交情况和未成交人群画像的差异，调整互动和投放流量策略

以上内容为单场直播后，需要进行分析与优化的内容。但是，随着直播行业的发展，直播已经成为一个长期的、持续性的经营行为。这就要求运营负责人员不能只针对某一场直播数据进行分析与优化，还需要定期对周直播数据、季直播数据等阶段性直播数据进行整体分析，发现问题，促进直播的长期发展。

阶段性直播数据复盘的参考思路如下：

盘全局，分析人货场：盘点当前阶段所有直播场次的汇总及明细数据，汇总数据主要关注人群画像变化、TOP 成交 / 转化 / 拉新商品榜、流量漏斗及分渠道结构。对阶段时间内的流量、商品和人群进行分析。

抓重点，定位优 / 劣直播间：先针对直播账号在某一段时间内的直播表现，根据 GMV 分布识别出直播间的优劣情况，再拆解流量、商品和人群三大模块制订优化策略或沉淀优秀经验。

记录主播，精准定位主播数据：通过表格工具，记录每个直播场次中每个主播的上下播时间，开播时长，单小时成交金额，引流，留人、吸粉和转化能力等数据指标。横向对比不同主播各项能力表现针对性输出调整建议。纵向对比单个主播每周数据变化明确优化效果，还需要结合不同主播上播时段的流量情况来进行综合评估，如表 5-13 所示。

表 5-13　直播主播方式和优化建议分析

指标名称	分析方式	优化建议
开播时长	不同主播对比	可参考来考核主播的努力程度，制订奖惩
单小时成交金额	和主播自身历史表现比	可参考来考核主播对于直播业绩的整体贡献，制订绩效目标
引流能力	不同主播对比	提升主播整体形象及人声清晰度
留人能力	不同主播对比	提升主播与观众互动能力，丰富话术及玩法
吸粉能力	不同主播对比	加大主播引导观众关注的频次
转化能力	不同主播对比	提升主播对于产品的理解和描述

课堂小测

1.【单选】关于直播间核心数据指标，下列说法中错误的是（　）。

A. 人气指标反映直播间的流量大小，具体表现为总观看人次、观看人数等

B. 互动指标反映直播内容质量，具体表现为互动率、增粉率、人均观看时长等

C. 商品指标反映商品上架数量，具体表现为商品加购数、商品点击人数等

D. 交易指标反映直播间成交转化情况，具体表现为看播成交转化率、客单价等

2.【单选】关于直播指标拆解，下列说法中错误的是（　）。

A. 直播间流量规模拆解主要从两个角度出发：看播人数和看播次数

B.GMV，即商品交易总额，指一定时间段内的成交总额

C.GMV= 直播间下单人数 × 直播间商品数量

D. 影响直播交易总额的关键指标为直播间流量规模和直播间变现效率

3.【多选】关于提高直播观看点击率，下列做法中正确的是（　）。

A. 提升直播间吸引力，关注视听体验

B. 突出展示引流短视频的商品细节展示、优惠力度及用户权益

C. 校验广告投放人群与当前讲解商品目标人群的重合度

D. 煽动用户情绪，将用户引至竞争直播间

4.【多选】商品分析数据主要包括（　）。

A. 单品点击率　　　　B. 单品点击转化率

C. 单品分钟级数据表现　　D. 单品质量

5.【填空】成交转化率的公式为：________________________________。

6.【判断】直播时在线观看人数不多的原因是用户不懂欣赏。（　）

案例解析

巨量本地推 客流轻松来

案例详情

某牛奶品牌在抖音直播时，综合每场直播的观看人次、销售额、互动、流量留存等数据分析发现：近 30 天以来，直播带货的转化率

- 主题：直播复盘
- 品牌：某牛奶官方旗舰店
- 平台：抖音

和用户互动指数虽然还算可观，但直播间平均在线人数却一直处于不上不下的状态，用户的平均观看时长也是随着直播时长增加而走低，这两方面数据还有很大提升空间，需要采取措施增加进入直播间人数和用户留存率（图 5-17）。

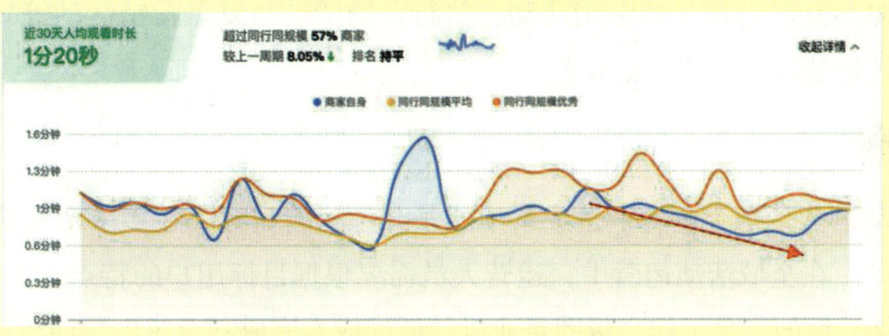

图 5-17　近 30 天人均观看时长

于是，该品牌在直播中基于产品机制和互动策略两方面做了针对性调整：在话术上增强了产品讲解时的感染力，提升观众看播体验；在互动上增加福袋、抽奖、直播贴片等玩法，延长了用户停留时间。另外，其还补充了客单价偏低的商品，降低了新进入直播间用户的接受门槛，提高了促单率。

通过调整改善直播间内容和产品策略，平均在线人数较之前有了明显提升，平均观看时长诊断后较诊断前多了 7.69%，直播有了更加健康的流量规模，GMV 环比增长超过 60%。

后续，发现该品牌在付费流量投放精准性方面也对流量有较大影响，当付费流量占比超过一半时，进店率却只有 5%，出现了引流不够精准的问题。除此之外，老粉近一个月的支付占比超 35%，说明该直播间拉新客源的能力较弱，也需要采取一些方法改善情况，如在直播中增加主播与用户的互动次数，进一步引导用户关注、点赞和评论等，这样才能提升人气值。

经过调整后，该品牌在直播中的整体表现发生了明显变化，整体呈上升趋势（图 5-18）。

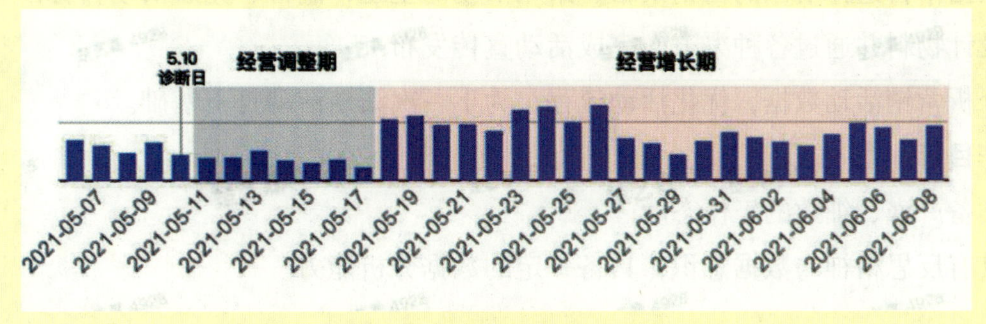

图 5-18　经营调整前后变化

项目六 全域活动运营

情景导入

“全域活动运营”是营销策划人员必须掌握的专业技能。本项目基于企业工作场景，主要讲解全域活动运营的策划营销活动，执行营销活动与复盘营销活动等知识点，以帮助学生夯实理论基础，提升技能水平。

项目概述

全域活动运营是指企业为了达成某项或某几项运营目标，在多平台系统地开展一项或一系列活动。在全域活动运营中，运营人员需要根据目标用户的特点，完成活动策划、活动执行及活动后的复盘工作，帮助企业以较低的成本完成甚至超出预期活动运营目标。

学习导图

针对全域活动运营工作，编者梳理出了学习路径，同学们可依据该路径进行学习。

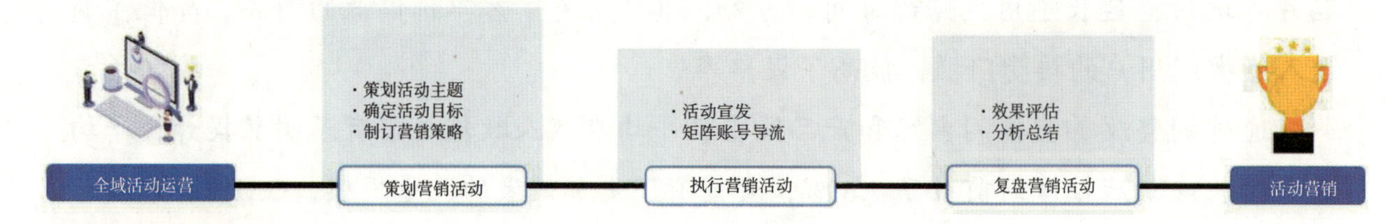

项目目标

通过本项目的学习，我们应当能够完成以下目标。

知识目标：

1. 明确策划活动主题的要点；
2. 归纳活动目标制订原则；
3. 掌握活动宣发的步骤以及矩阵账号导流的基本方法。

技能目标：

1. 根据平台选择恰当的营销策略、策划活动的主题，制订、完成活动目标；
2. 设计物料并通过各种渠道，完成活动宣传发布；
3. 分析营销活动数据，优化活动流程，为下一次策划活动打下基础。

素养目标：

1. 具备严谨、细致的工作态度；
2. 具有反思精神与数据意识，具备一定的数据分析能力。

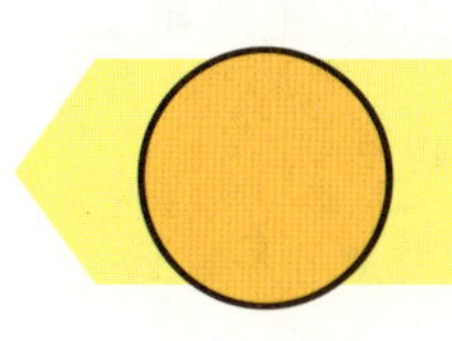

任务1 策划营销活动

活动之所以要策划，是为了让活动变得有意义，能为企业达成某些目标。从活动开展到结束的这个过程中，在营销策略、活动宣传、活动导流等方面都需要一定的节奏安排。若不进行策划就开展活动，很有可能会出现活动成本增加、活动效果不明显等不利状况。

活动1 策划活动主题

活动主题即企业的新媒体活动主线与整体调性。企业的新媒体活动看起来是由一个个零散的活动组成的，但成功的新媒体活动一定是围绕着活动主线展开的。特别是海报、文案、视频等，其风格需要围绕整体调性来设计。在设计活动主题时，运营人员需要充分了解企业的整体目标，包括产品目标、品牌目标、销售目标等设计出年度活动主题。

1. 主题特点

利用策划主题，可以把营销策划概念成功地传递给目标对象。对内，主题始终贯穿着活动的整个过程，统筹活动策划和执行的方向。只有确定好主题，接下来的步骤（包括活动文案的撰写，以及传播渠道的选择和投放等）才能有条不紊地进行。对外，主题担当着传播者的角色，直观地向受众展示关键的活动信息：可能会出现主办方的名称，以告知受众谁是发起者；也可能会出现活动的形式（如“××直播活动”)，以告诉用户活动是以怎样一种方式进行的。

除此之外，活动主题还兼具了吸引用户目光、激起其参与兴趣的作用。所以，策划一个足够好的主题非常有必要。成功的营销策划主题具有以下特点。

简短明确：活动主题不宜太长，必须让用户在最短时间内理解企业想表达的中心思想，运营人员最好将活动主题的字数控制在12个字以内。

易于传播：活动主题要易于传播，运营人员可以将活动主题和一些生活中常见的事物联系起来，便于用户理解和记忆，注意，要避免在活动主题中使用一些比较生僻的词语和概念。

突出一个中心：活动主题应该只突出一个中心，只向用户强调一个重点，避免重点太多导致用户注意力被分散，从而无法明确企业最想传递的信息。

围绕用户：活动主题应该符合目标用户的需求与偏好。例如，运营人员在设计一个针对中老年群体的活动时，要注意降低用户理解活动的难度，在活动主题中应避免出现一些晦涩的网络用语。

2.策划技巧

主题是营销活动的核心，整场营销活动需要围绕中心主题进行拓展。网络热点往往能够带动用户的传播和分享，抓住热点做直播，不仅容易吸粉，品牌也能通过热点的传播进行大范围扩散。常见的营销活动主题如表 6–1 所示。

表 6–1　常见的营销活动主题

活动主题	主题示例
节日热点	劳动节、端午节、国庆节等
电商活动	年货节、母婴节、“双十一”等
类别主题	春季服装搭配、追剧零食推荐、护肤彩妆分享等
品牌专场	珀莱雅专场、格力专场、苏泊尔专场等

策划活动主题可以参考竞品营销活动主题；搜索微博热榜、百度风云榜等，从各关键词中找灵感；从参考电影名称、流行歌曲名、书名中联想；利用词语、成语同音字转换法。除此之外，活动主题还有五个策划方向。

依据目标人群。

结合群体需求。

根据时间节点。

根据活动。

结合产品特点。

温馨提示

时间节点的选择范围一般包括：传统节日、特定事件高发期（如金三银四求职季、开学季等）、热点事件和自创节日（如会员日）。由于这些时间节点中大部分的时间是可预测的，很多企业都会提前半年或一年确定好全年的活动节点。

活动 2　确定活动目标

进行活动策划时，除了确定主题外，还要明确活动目的。若活动目的不明确，就无法构思具体的目标。在不明确活动目的的情况下，盲目组织活动策划工作，则很可能让后续的工作白费，甚至无法进行。因此，运营人员在接手活动策划工作时，一定要在了解清楚活动目的后再开始工作。

不同的活动目的，会采取不一样的活动方式，其面向的人群、投入的资源等都会有所差别。确定活动目的之后，就可以根据活动目的确定活动目标了。

一般常见的活动目的有以下三种。

拉新：通过活动增加新用户。

营收：通过活动增加公司收入。

品牌：通过活动增加品牌影响力并提升品牌知名度。

1. 活动目标制订原则

活动目标是开展本次活动的起点元素，只有以清晰、明确的目标为导向的活动，才能有序地进行和把控。活动目标更是活动效果的重要评判依据。企业在制订活动目标时，需要遵循 SMART 原则，如图 6–1 所示。

图 6–1 SMART 原则

SMART 原则的含义分别是以下几个。

具体的（Specific）：越具体、明确的目标，执行起来就会越有顺利，获得的结果也就会越清晰。

可以衡量的（Measurable）：删除有争议的标准，尽可能用数字、程度、时间等准确词汇描述。

可以达到的（Attainable）：可达到的、可实现的，目标要符合实际，有一定挑战性，切忌把目标定得太高。

有相关性（Relevant）：要对活动战略目标的实现有所帮助，当目标设定和整体方向一致时，才能发挥出最大合力。

有时限的（Time–bound）：“有时限的”是指目标要给出具体完成时间，即确定它的时限性。

因此，在制订活动目标的过程中，需注意以下几个问题。

问题 1：是否是在盲目跟风做活动?

问题 2：目标是否脱离实际，即对企业现状没有清晰的认知，以及需要通过本次活动解决的根本问题是什么?

问题 3：认知是否过于片面性？市面上几乎所有的促销活动都是以客源和盈利为目的，但这两个目的缺乏针对性，过于笼统。如提升知名度、提升品牌 / 企业形象、巩固市场定位、打压竞争对手等，这些目的就更具有针对性，为后续的活动开展能够提供指导意义。

一个活动的活动目的可能并不只有一个，而是有多个的，但只有一个为最主要的目的、活动核心。策划者在撰写本次活动目的时，需要以主次的形式将活动目的从前往后罗列出来。

2. 确定活动目标

制订营销策略必须要确定活动目标，以清晰的目标为导向，活动才能按正确方向进行。量化营销目标有两个要点。

一是定量营销目标，如通过洞察用户比用户更懂“用户”，汇聚有需求的用户，帮助企业找到优质的目标用户，增加客量，通过曝光提升品牌知名度，增加产品销量。

二是定性营销目标，如通过引入更精准的流量，向有需求的用户营销，提高线上运行效率，在深化自己的品牌效益的同时，还要提升二次转化效率，提高客单数和复购的转化率。

合理的目标是衡量营销活动效果最直观的方法，也是营销活动工作的考核标准。比如本次营销活动的曝光目标是多少，涨粉目标是多少，转化目标是多少等。有了具体的目标后，企业既可以明确人员分工及营销活动节奏，也可以借此营销活动结束后的复盘工作。

活动 3　制订营销策略

在新媒体营销中，企业通过在新媒体平台上发布具有广泛影响力的内容吸引用户参与具体的营销活动。因此，企业要做好营销定位，在策划营销活动时，就要注意营销的核心法则，使营销内容具有丰富性、渗透性。只有采用恰当的营销策略，进行全面、立体、精准的营销，企业才有可能达到预期的营销效果。

1. 策划营销活动

随着互联网技术及其应用的发展，通过策划线上营销活动能够让更多人参与活动，从而实现活动利益最大化。

（1）营销法则。

营销以“4I”理论作为核心法则，即趣味法则（Interesting）、利益法则（Interests）、

互动法则（Interaction）、个性法则（Individuality）。

①趣味法则。

企业在设计宣传信息后，需要研究如何将这些信息投放到影响力巨大的媒体中。互联网的基础属性是娱乐性，饱含趣味、创意独特的营销活动，能吸引更多的目标用户，能更好地进行品牌宣传。因此，互联网时代下的新媒体营销需要遵循趣味法则，只有既有趣又好玩的营销内容，才能有效促进互联网用户进行品牌传播与扩散。

②利益法则。

营销活动要以为用户提供实际的利益为基础。企业策划任何营销活动都必须站在用户的角度思考问题，思考活动能为用户带来的好处，用户参加营销活动的原因。企业要努力分析用户的消费心理，结合营销方式和技巧，设法激发用户参与营销活动的欲望，最终引导用户产生进一步的行动。

新媒体营销中，企业能够提供给用户的“利益”的外延变得更加广泛，如信息、资讯，功能或服务，心理满足或者某种荣誉，以及实际的物质利益等。若企业以用户的利益为出发点，通过调整文案和创意，有针对性地设置活动页面，并添加无风险承诺，则可以有效提高用户转化率。

③互动法则。

新媒体时代的用户不再单纯被动地接受信息，而是主动进行互动并发布信息。新媒体营销中双向甚至多向的互动传播可以促进企业与用户平等交流，为营销带来独特的竞争优势。因此，在新媒体营销中，企业或品牌商要高度重视互动法则，如果能在营销活动中做到与用户高频互动，将会产生意想不到的营销效果。

④个性法则。

在传统营销环境下，个性化营销难度大、成本高，但在新媒体时代，个性化营销变得成本低廉、简单便捷。新媒体营销注重个性化，将会使用户产生被关注、被重视的满足感，不仅可以增加互动，还能够有效提高消费行为发生的概率。随着大数据时代来临，用户群体的细分变得越来越精准，因此，企业可以实施有针对性的营销方案，从而使营销活动趋于个性化。

（2）活动玩法。

活动玩法是指在运营人员既定的活动规则下，引导用户完成提前设定好的动作，最终帮助企业达成活动目的的一种运营手段。运营者可以针对目的不同的活动采用不同的活动玩法，以获得更好的活动运营效果。

①转化活动玩法。

转化活动的目的是提升用户的购买转化率。常见的活动玩法有价格折扣、买赠活动、优惠券等促销活动，其本质都是用价格优惠引导用户购买。运营人员可以为不同类型的促销活动设置参与门槛，如价格折扣的门槛是用户需要购买一定价格或数量的产品才可以享受相应折扣。

· 价格折扣

价格折扣是吸引消费者短期购买产品的重要手段，如果管理控制不当则容易给产品价格带来不利影响。所以，价格折扣活动一般要联合相应终端网点共同操作。如果大面积、统一性举办这类活动，不仅增加了活动难度，还容易出现价格混乱，常见形式有三种：

限时折扣：在某个时间节点进行折扣销售，可以是当天的某个时间段，也可以是一段时间内的某个时间段，在相应时间购买产品可以获得优惠和折扣。

数量折扣：1 件 8 折，2 件 85 折。

梯次折扣：第一件全价，第二件 6 折，第三件 4 折，第四件 3 折等。

某电商平台产品折扣信息如图 6–2 所示。

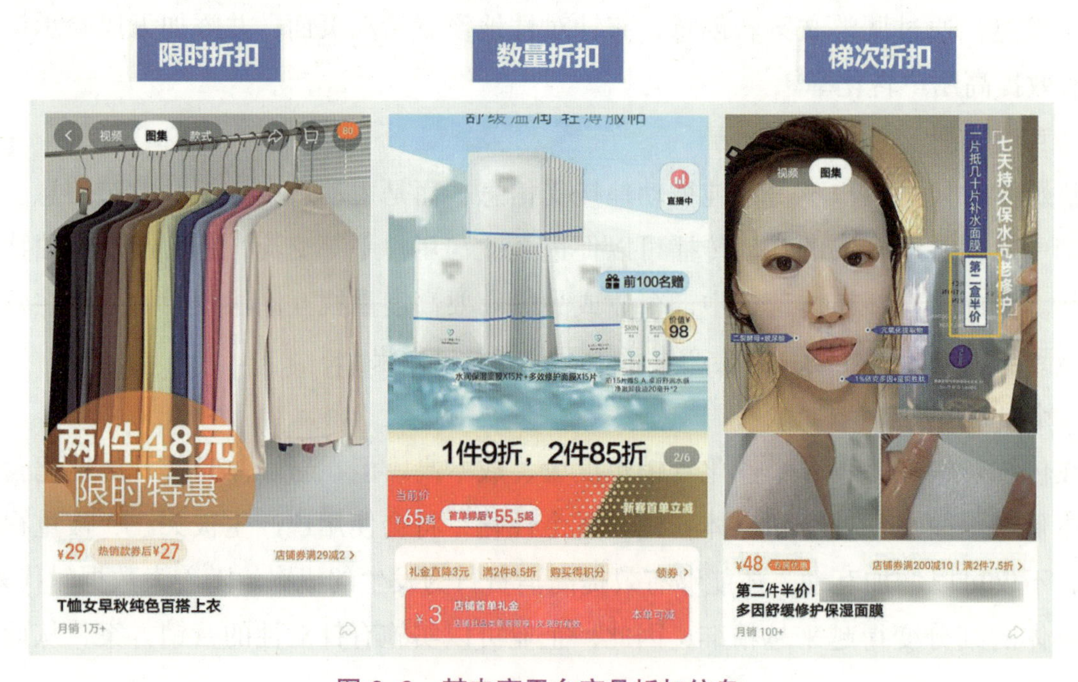

图 6–2　某电商平台产品折扣信息

· 买赠活动

买赠活动属于活动促销中最常用的促销活动形式，具体形式有两种。

赠本品：买一赠一、买二赠一等，赠的是本品。

赠礼品：赠优惠券、赠日常生活用品、赠小样等。

如果是几乎没有什么流量的新店铺，最重要的是让客户快速下单，形成交易，这时不要设置门槛，直接用买就送的促销方式。有了一定的用户基础后，就可以用满就送的

促销方式来提高客单价了。某电商平台的产品优惠信息如图 6–3 所示。

图 6–3 产品优惠信息

· **优惠券**

店铺优惠券是卖家发放给买家的在其店铺内购买产品时可以抵扣现金的优惠券，这样可以提升老客户回头率，促进新买家或者指定客户群体下单率。图 6–4 所示为店铺的各种优惠券。优惠券的使用方式可以设定为限额使用，也可以不限额使用（无门槛）。

图 6–4 店铺的各种优惠券

②拉新活动玩法。

以拉新为目的的活动经常需要激励老用户邀请新用户，运营人员可以提前为老用户设置拉新任务，再通过奖励措施激励其完成任务。在拉新活动中常见的活动玩法有砍价（图 6–5）和投票等，其本质都是鼓励老用户通过完成传播及邀请任务获取奖励。

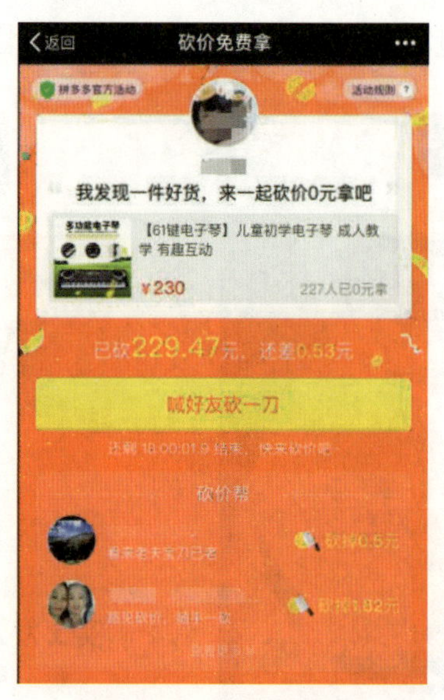

图 6–5　砍价示例

③促活活动玩法。

促活活动的主要目的是提升用户的在线时长、登录频率等用户活跃指标。促活活动常用玩法有打卡 / 签到活动和征集活动等。其中打卡 / 签到活动可以提升用户的登录频率，同时让企业有更多机会向用户宣传产品；而征集活动主要向用户征集创意、故事、想法等，可以丰富账号的内容，同时增强用户黏性。

④传播活动玩法。

企业在传播活动中需要鼓励用户进行分享转发，这样可以通过利益引导用户，也可以利用用户希望在微信朋友圈建立良好形象的心理。传播活动常用玩法有测试、比赛等，如图 6–6 所示。

图 6–6　传播活动常用玩法

⑤通用活动玩法。

常见的通用活动方法有积分兑奖、幸运抽奖等。

· **积分兑奖**

用户可以通过购买、签到等方式获取积分，也可以在获得积分后用积分兑换产品、优惠券等奖励，所以在各种不同目的的活动中都可以使用积分兑奖的活动玩法。某用户的电商平台积分兑换（也称为积分享兑）列表如图 6-7 所示。

图 6-7　某用户的电商平台积分兑换列表

· **幸运抽奖**

运营人员可以在抽奖活动中设置少量的“大奖”，利用用户对获得“大奖”的期待，帮助企业在控制成本的情况下增强奖品对用户的吸引力，激励用户完成分享、购买等任务。以微博平台为例，其抽奖方式主要有以下三种。

抢楼活动。活动发起方发出一条活动博文，要求用户按一定格式回复和转发，通常都是要求至少 @ 三位用户 / 点赞最高，并进行评论。当用户回复的楼层正好是规则中规定的获奖楼层时（如 100 楼、200 楼或暗楼），即可获得相应的奖品。

转发抽奖。活动发起方发出一条活动博文，要求用户按一定格式转发，通常都是要求至少 @ 三位用户，并进行评论。最后在参与活动的用户中，随机抽出一部分幸运儿发放奖品。

转发送资源。活动发起方发出一条活动博文，要求用户按一定格式转发，通常都是要求至少 @ 三位用户，并留下邮箱。凡是转发者的邮箱中都会收到一封资源邮件，其内容可能是媒体名录、各种工具或优惠券等。

综合以上抽奖活动，其表现形式如图 6–8 所示。

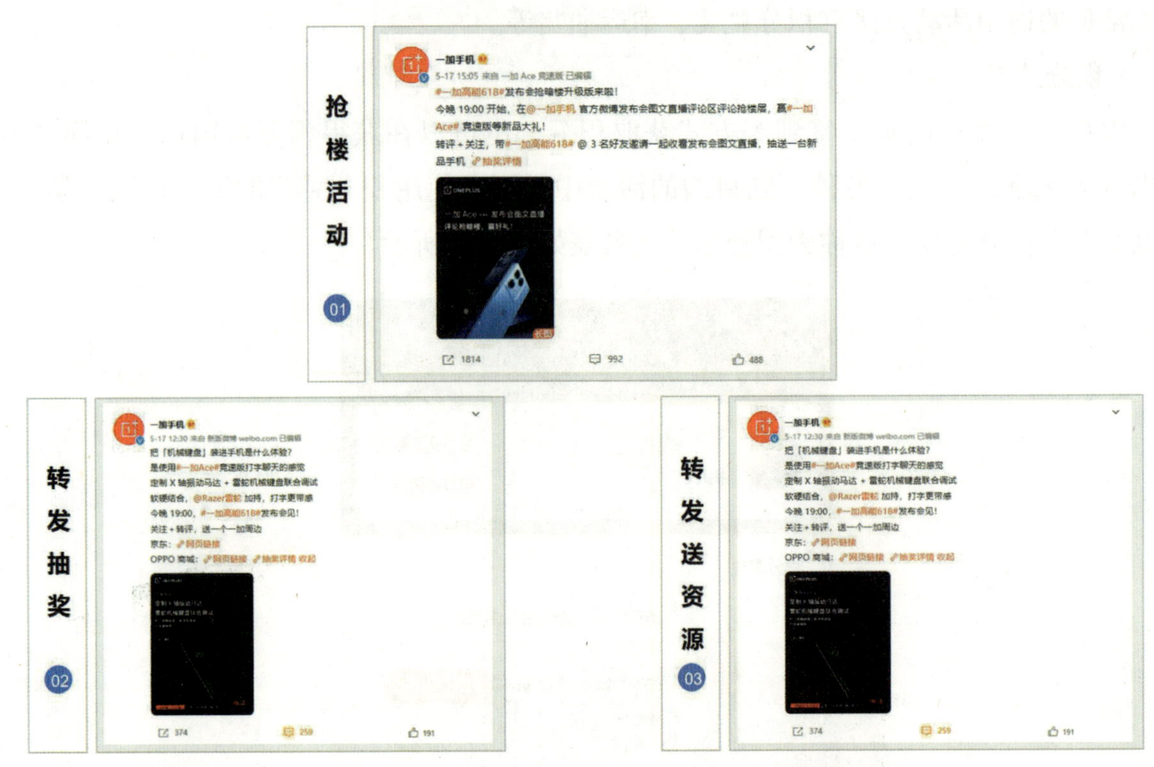

图 6–8 某手机品牌在微博的抽奖活动截图

2. 制订推广方案

推广方案大多要以消费者为导向，通过恰当的营销模式，选择合适的推广方式，让消费者了解并参与到营销活动中来。合理的、可执行的推广方案能够让营销信息迅速传播，扩大品牌知名度和影响力，为后期的营销转化工作提前做好准备。

（1）营销模式。

随着互联网技术的快速发展，新媒体营销已经成为企业宣传品牌与推广产品的重要途径，越来越多的品牌加入新媒体营销的大军。企业根据品牌与产品的特点进行新媒体营销通常能够得到较好的营销效果，从而在众多品牌中脱颖而出。常见的营销模式主要有以下几种。

病毒营销：病毒营销是通过利用公众的积极性和人际网络，让营销信息像病毒一样传播和扩散，营销信息被快速复制传向数以万计、数以百万计的受众。

事件营销：事件营销是企业通过策划、组织和利用具有名人效应、新闻价值和社会影响的人物或事件，引起媒体、社会团体和消费者的兴趣与关注，以求提高企业或产品的知名度、美誉度，树立良好品牌形象，并最终促成产品或服务的销售目的的手段和方式。

饥饿营销： 饥饿营销是指产品提供者有意调低产量，以期达到调控供求关系、制造供不应求“假象”、维持较高的产品利润率和品牌附加值的目的。

IP 营销： IP 营销的本质是让品牌与消费者之间的连接回归到人与人之间的连接，重塑信任，加强吸引力。通过 IP 营销把 IP 注入品牌或产品中，赋予产品温度和人情味，大大降低人与品牌和人与人之间的沟通门槛。

口碑营销： 是指企业努力使消费者通过其亲朋好友之间的交流将自己的产品信息、品牌传播开来。

情感营销： 在情感消费时代，消费者购买产品所看重是一种感情上的满足，一种心理上的认同。情感营销从消费者的情感需要出发，唤起和激起消费者的情感需求、心灵上的共鸣，寓情感于营销之中，让有情的营销赢得无情的竞争。

社群营销： 社群营销是把一群具有共同爱好的人汇聚在一起，并通过感情以及社交平台连接在一起。通过有效的管理使社群成员保持较高的活跃度，为达成某个目标而设定任务，经过长时间的社群运营，提升社群成员的集体荣誉感和归属感，以加深品牌在社群中的印象，提升品牌的凝聚力。

借势营销： 是指借助一个消费者喜闻乐见的环境，将包含营销目的活动隐藏其中，使消费者在这个环境中了解产品并接受产品的营销手段。具体表现为借助大众关注的社会热点、娱乐新闻、媒体事件等，潜移默化地把营销信息植入其中，以达到影响消费者的目的。借势营销是一种比较常见的新媒体营销模式。

跨界营销： 是指根据不同行业、不同产品、不同偏好的消费者之间所拥有的共性和联系，把一些原本毫不相干的元素进行融合、互相渗透，进行品牌之间影响力的互相覆盖，并赢得目标消费者的好感。

（2）活动推广方式。

为了吸引更多用户参与营销活动，需要有效的线上线下推广方式来配合。

①线上推广。

常见的线上推广方式有以下几种。

· 视频推广

视频推广（图 6–9）是指企业将各种视频短片以各种形式放到视频平台，达到宣传推广企业品牌、产品、服务信息以及活动信息的目的。随着短视频风潮的强势来袭，各大商家均在推行“短视频 +”战略。制作一些关联度较高的相关视频上传到热门的视频平台，如抖音、快手、B 站，或者在视频平台上发起活动挑战、话题等。

例：某奶茶品牌账号在 B 站发布了中文主题曲 MV。随后，其凭借“略显土味”的画风，直白的歌词和简单轻快的旋律，迅速引起了网友的关注，让大家直呼“上头”。品牌官方继续发力，陆续在B站、抖音、微博等平台发布多语种版本，使该品牌成为名副其实的“茶饮圈顶流”，一时间风头无两。

· 微博推广

微博开放性比社交软件开放性要强，持续地输出内容，提升关注度，利用好转发抽奖等功能，能够快速吸粉。利用微博进行营销时，营销策划人员可发布文字、图片、视频、音频等多种形式的内容，如图6–10所示。

· 自媒体平台推广

自媒体平台包括小红书（图6–11）、微信公众号（图6–12）、今日头条、百家号、网易号等。企业可以定期制作优质原创内容，在内容中植入活动信息。

图6–9　视频推广

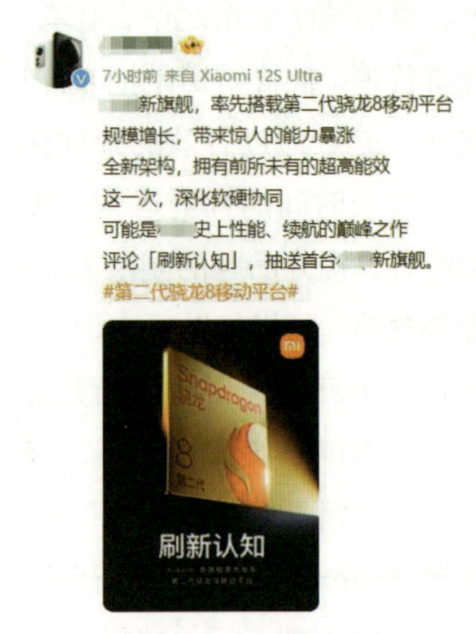

图6–10　微博视频推广

图6–11　小红书推广

图6–12　微信公众号推广

· **软文推广**

将精心准备的帖子发到热门的论坛上，所有帖子中的内容都以软文的形式来表示，吸引用户观看。或者在知乎和百度知道等问答平台，通过一问一答的方式和优质的回答，解决用户的疑虑，引导用户进一步了解产品、品牌，利用人的潜意识心理，在用户心中留下深刻印象，推广企业品牌。

· **App 广告**

微信、QQ、抖音、UC 浏览器、知乎等 App，每天活跃的人数数以亿计，只要找准目标人群投放开屏广告，也能达到意想不到的效果，如图 6–13 所示。

图 6–13　App 广告

②线下推广。

线下推广是根据企业自身的情况选择运用哪种类型的活动方式进行活动推广，主要包括以下几种。

· **广告宣传推广**

以海报的形式进行推广，多出现在公共场所里和公共交通工具中，如图 6–14 所示。

地铁广告：品牌列车、品牌冠名直达号、各类展示位。曝光度强，用于品牌宣传，碾轧竞品的渠道之一。

公交广告：公交车身广告、公交站牌，多用于品牌知名度曝光，适合区域商家投放。

其他：飞机场、火车站、电影院、高速路牌、广场液晶屏、电梯广告等，都具有极强的曝光度，且有很好的分众效果，但成本高。

图 6–14　广告宣传推广

· **活动宣传**

线下活动推广是指通过举办一些线下活动的形式进行推广（图 6–15），如“淘宝造物节”曾在杭州西湖开展，使各品牌齐聚一堂，通过线下活动将用户引入淘宝店铺消费。

图 6–15　活动宣传

· 宣传单推广

宣传单推广即使用请人发放宣传单的形式推广活动，如图 6–16 所示。

图 6–16　宣传单推广

课堂小测

1.【单选】成功的营销策划主题的特点不包括下列哪项（　　）。

A. 简短明确　　B. 易于传播

C. 突出一个中心　　D. 围绕企业

2.【单选】常见的活动目的不包括（　　）。

A. 增加新用户

B. 增加公司收入

C. 增加品牌影响力并提升品牌知名度

D. 增加企业间的沟通交流

3.【多选】下列关于活动目标的说法中正确的是（　　）。

A. 活动目标要清晰、明确

B. 活动目标是活动效果的重要评判依据

C. 一个活动可以有多个活动目的，但只有一个是最为主要的目的、核心

D. 客源和盈利这两个目的非常具有针对性

4.【多选】营销的核心法则有（　　）。

A. 趣味法则　　　　B. 互动法则

C. 利益法则　　　　D. 个性法则

案例解析

“e 夏天免单 1 分钟”活动策划

案例详情

炎炎夏日，为了拉动平台客单价、提升品牌效益、打响品牌知名度、提高外卖市场份额，饿了么外卖平台拟定在 2022 年 6 月 21—30 日举行“e夏天免单1分钟”活动，活动策划方案如下：

· 活动企业：饿了么
· 活动方式：外卖免单
· 活动渠道：饿了么 App

活动名称：e 夏天免单 1 分钟

活动背景：在国内的外卖市场中，除了饿了么，就只剩下美团这一有力竞争对手，两大平台共占据市场份额 90% 以上。然而，和美团相比，本平台逐渐落于下风。曾经一度与美团在外卖市场不分伯仲，而现在美团占市场份额约 70%，使本平台越发处于弱势。

活动宗旨：欢度炎炎夏日，带给用户温饱，拉动消费增长。

活动形式：企业线上宣传，用户 App 下单

活动时间：2022 年 6 月 21—30 日

活动对象：饿了么 App 用户

活动方式：用户通过饿了么 App 搜索“免单”来查看和参与活动。活动前一天 19 点，饿了么官方在社交媒体上公布题目，用户通过解题猜测第二天的免单时间节点（在这一天中不止一个时间节点）以及能够获得免单的食物关键词，正确答案在第二天 22 点活动结束后公布。用户在正确答案指示的时间节点，在 1 分钟内完成相应食物的

外卖订单且订单金额不多于200元，将有机会获得免单，免单金额24小时内转回用户的饿了么App钱包账户余额。

活动地区：先从个别城市进行活动试点，23日开始扩展为全国性活动。

营销方式：①“bug”营销。获得免单的用户自发在网络上发起舆论，吸引自然流量和话题，迅速引起广泛关注。在没有官方回应的情况下给消费者带来不确定性，让消费者感到好奇、新鲜，促使消费者下单。

②趣味化营销。猜题点外卖，猜对享免单。通过图片猜测关键词和关键时间，增加线上游戏活动的趣味性，增大网络传播性，增加活动在各平台的话题度，引发更多人讨论、关注、参与。

③明星艺人营销。邀请歌手周深作画出题，利用其热度和群众喜爱度引起热烈讨论，再次提高活动营销流量。

活动目标：低成本拉高客单价；吸引竞争平台的摇摆用户；提升品牌效益。

免单名额：每日共 × 场免单活动，每场次免单名额的上限为20 000名。

用户提示：每个场次免单名额有限，先到先得；订单送达后才可能获得免单，中途退单无法被免单；单场次用户最多获得1次免单，不同场次可重复参加；限餐饮外卖订单参与，预订、自取、跑腿订单以及购买吃货卡、虚拟券包订单不参与活动。

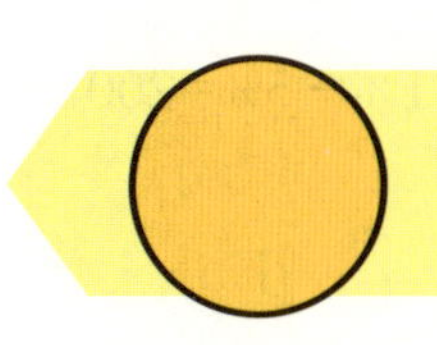

任务2　执行营销活动

为了使在策划阶段制订的活动主题、工作目标顺利实施，运营者需要协调整个团队，进行活动宣发和账号导流。

活动 1　活动宣发

信息能否准确及时地传递给目标人群很关键，告知是一切活动执行的先行条件，宣发能够实现告知的作用。所以，活动宣发是必不可少的一步。宣发更复杂的方式不单单是告知，而是加上各种有噱头的元素，试图引起受众对活动的兴趣，增加参与的热情，甚至是利用受众的认同、炫耀等心理做二次分享传播，带来爆炸性的曝光。宣发可以传达活动直接的利益点，让爆点被提前挖掘，自觉成为传播的话题。

1. 选择宣发渠道

要选择合适的宣发渠道，首先要了解常用的互联网宣传渠道有哪些，清楚这些宣传渠道的定义、特点和使用场景，再根据自己对渠道本身的特点来区分选择。

（1）常见宣发渠道。

除了自有平台（App、官网）外，目前互联网常用的宣发渠道还有以下四类。

合作平台：可以在用户群体相似的平台进行广告投放，需要一定的成本，也可以考虑换量合作，需要考虑好投入产出比。

微博、微信：微博和微信是新媒体运营的主要阵地，也是常用的宣传渠道该渠道主要是对粉丝的运营，对活动宣传的转化需要考虑到平台的规则和文案能力。

自媒体：传统自媒体平台由于普遍对加入二维码等有一定的限制，对于活动的转化效果非常局限。

短信：短信渠道的触达率很高，但是成本也相对较高，所以基本只有大型活动才会用到该渠道进行活动宣传。

（2）渠道选择原则。

①根据活动的目标进行量化。

每个活动的定位和目标是不一样的，策划时可以根据活动的目标，选择合适的曝光量渠道。

例：本次活动目标参与人数为 1 000 人，根据各个渠道的转化率，假设通常点击转化率为 5%，参与转化率为 1%，那么就需要搭配并选择曝光总量为 1 000÷1%÷5%=200 万的渠道，才有可能达到想要的活动效果。

②根据活动的性质匹配最合适的渠道。

如果是针对微信公众号的小活动，那就选择公众号软文、社群、朋友圈的宣传方式；如果活动是注重产品宣传效果的则可以选择一些转化率不高的对外宣传渠道，增加活动影响力，如自媒体、线下广告投放、合作平台投放。

③渠道受众与目标用户群体相匹配。

确定活动目标，根据活动目标选择对应渠道，精准触达相应用户群体，这需要对各个渠道的用户画像有深入了解。

2. 活动宣发

活动宣发就是通过举办与传播信息相关、能够吸引公众积极参与的主题文化活动或娱乐活动，来展示企业形象和商品形象，使公众接受相关信息的宣传。

（1）宣发节奏。

做好活动宣发的关键，就是如何把握宣传的时间节点，让活动形成爆点。活动宣发一般分为前期预热、活动开始期间的高曝光、活动中后期的宣传等节点。宣发节奏有以下三个要点。

①集中宣传资源，引发爆点。

活动正式开始前的 1 ~ 2 天的宣传非常重要。如果能合理借助渠道宣传，在开始就提升活动的参与数据，活动最终效果通常会很好，所以一定要把转化率高、曝光量大的渠道放在活动前期使用。如果一个活动前期流量没有引爆，后期即使做了活动的调整，数据也很难再有明显提升。只有一开始很多参与用户，后面才会有越来越多用户参与。

②宣传资源重点。

节点、热点类活动的宣传都会集中在节日当天，所以最好把高质量、高转化的渠道宣传都放在节日当天，才能引爆活动。运营人员可以参考图 6-17 中的营销日历，精准把握各种节点、热点。

图 6–17　营销日历

③结合活动时间，适当投放。

有些活动的时间很长，应该适当分散渠道宣传，如果条件允许，可以在活动中期继续安排第二波大规模的宣传节奏。这个前提是第一波宣传产生了流量爆点，如果前期活动的转化率很低，建议先更改活动文案、奖品等各方面内容，再进行渠道的投放。

（2）宣发排期。

宣发排期包含发布营销活动信息的时间节点、持续时长、媒介发布顺序以及曝光频次选择等。合理的宣发排期能够使营销活动更有效地推进。

①排期中的策略选择。

时间策略：提前宣发营销可以预热市场，适合新产品上市。延迟宣发营销可以打破刻板形象。宣发营销和执行也可同步进行。

频次策略：指宣发的曝光频次。宣发次数少，难以在受众心中留下印象；宣发次数多，又会引起消费者的厌烦。因此，要寻找到最有效的曝光频率。

时段策略：传统的“黄金时段”辐射范围广泛，但是包含的群体太过复杂。在大数据时代要借助信息的力量对受众群体进行细分，为不同用户选择最佳营销时段。

②排期的主要方法。

排期主要有以下四种方法，要根据推广目的、产品和服务性质，选择合适的排期方法。

集中式排期：集中力量发起突击攻势，适用于短时间内提升品牌知名度。

持续式排期：一定时间内有计划地连续曝光，可保持消费者记忆度。

起伏式排期：曝光期和沉寂期交替出现，又叫交互安排法，适用于需求波动较大的产品和服务；

脉冲式排期：是持续式排期和起伏式排期的结合。购买周期越长的产品和服务，越适合脉冲式排期。

为确保营销计划能够高效、有序地进行，策划人员需通过一系列科学的排期部署来指导活动流程。

以某汽水品牌为例（图 6-18），活动推广节奏可以进行如下安排：为了保持消费者的记忆度和品牌曝光度，在从 2 月 27 日持续至 6 月 1 日，有计划地连续曝光，采用多种推广渠道相结合的方法，保证用户能够有效触达。

阶段	活动内容	媒介工具	时间
预热期 邂逅争『汽』时代	联名《开讲啦》高考百日誓师 微博 小红书话题榜	微博 小红书 微信 抖音	02.27 至 03.05
	KOL营销 抖音视频传播	微博 小红书 抖音	03.06 至 03.12
	H5游戏界面 口“汽”消消乐	微信	全程持续
爆发期 激发争『汽』能量	争“汽”泉力进发 派对系列活动	微博 小红书 抖音	03.13 至 03.19
	争“汽”工厂	微博 小红书 微信 抖音	03.20 至 04.14
	争“汽”泉盲盒联名 (五四青年节限定款)	微博 小红书	04.15 至 05.15
延热期 传递争『汽』信念	汽泡音乐节	微博 小红书 微信 抖音	05.03 至 05.21
	一起来打气 《开放麦》脱口秀	微博 抖音	05.21 至 05.25
	《开讲啦》 系列栏目	微博 抖音 央视网	05.01 至 06.01

图 6-18　活动宣发排期

活动 2　矩阵账号导流

矩阵账号导流是指将其他平台（微博、微信、视频、直播、问答、QQ、媒体网站等平台）上已有的粉丝导入活动平台中。矩阵账号引流是非常直接且快速积累粉丝的方法，且该方法积累的粉丝质量普遍比较高，所以对于新媒体营销人员而言，一定要学会并巧妙利用各种平台资源，形成完整的传播矩阵，使账号间能够互相促进和提升。

1. 引流方法

在执行营销活动时，运营的必要阶段一定是吸粉导流。运营人员需要想方设法地把商家信息放入新媒体平台的广告中，把新媒体平台上的用户导入需要引流的平台。

（1）文章开头引导法。

在阅读运营文章时，如果文章的内容没有很大的吸引力或不具有知识性，用户很容易中途退出，因此，运营人员可以在文章的开头引入很有吸引力的语句。

例：如图 6–19 所示，今日头条文章开头使用“完整版资料，文末获取”，对文末的推广起到了铺垫的作用。读者一看到“文末获取”就会对结尾产生兴趣，或者冲动地直接跃过文章内容看文末资料获取地址。

（2）结尾引流法。

在文章结尾放入导流语，可以对产品或其他平台进行引流。结尾放置引流法，就是在运营文章中放入运营人员需要推广的产品、微信群或作者的介绍等。图 6–20 所示为微信公众号文章结尾介绍分享，将用户引流至个人微信。

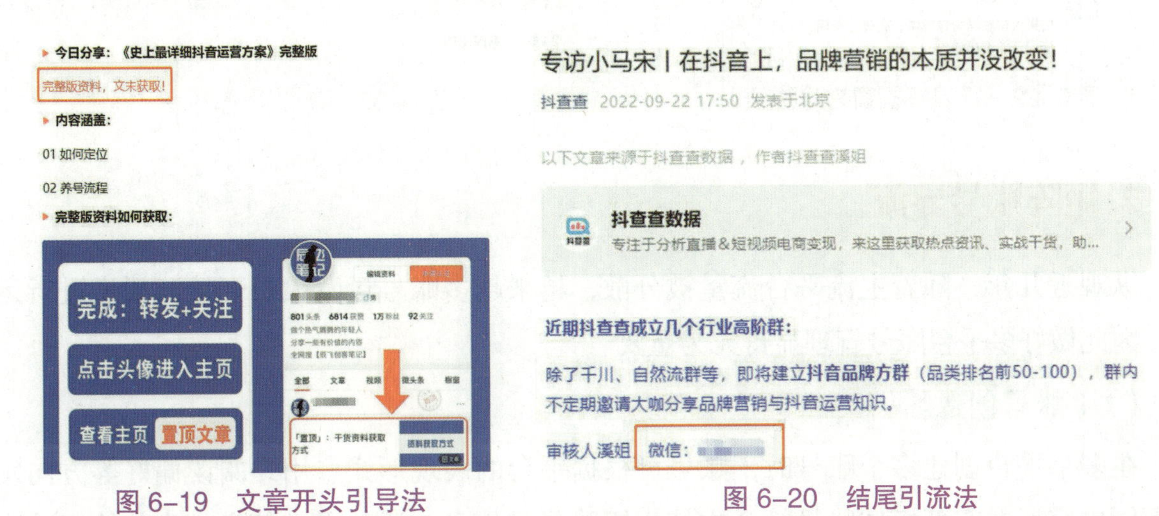

图 6–19　文章开头引导法　　　　图 6–20　结尾引流法

（3）评论引流法。

新媒体平台的文章评论区是体现文章阅读效果的区域。而对于平台的回复，运营人员也要掌握一些回复的技巧，在评论中进行广告引流推送。例如，运营抖音平台，运营人员可以在评论区进行广告引流推送并置顶，如图 6–21 所示。

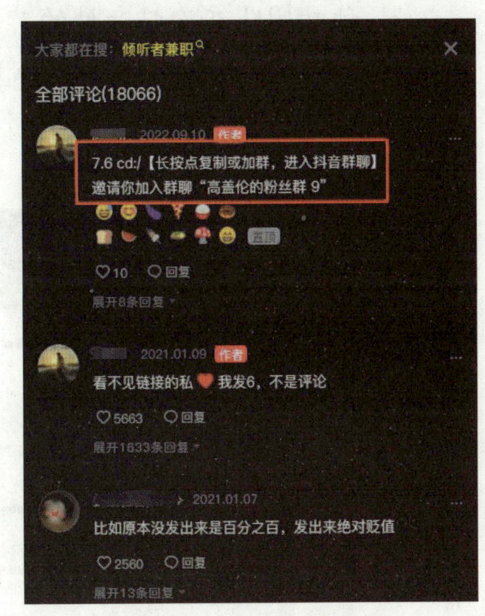

图 6–21　评论引流法

（4）疑问解答留言导流。

疑问解答留言导流的方法很多，如用户在阅读时，如果遇到自己喜欢或正在学习的领域，往往会产生和作者交流、解答疑惑的冲动，而运营人员则可以利用这一点，对疑问解答方面的引流语进行设计。图 6–22 为小红书上某账号的疑问解答留言导流语。

（5）简介引流法。

在个人简介中能够简单进行自我介绍，不仅可以写上自己的个人信息，还可以留下自己的微信号，从而把粉丝引入自己的私域流量池，如图 6–23 所示。

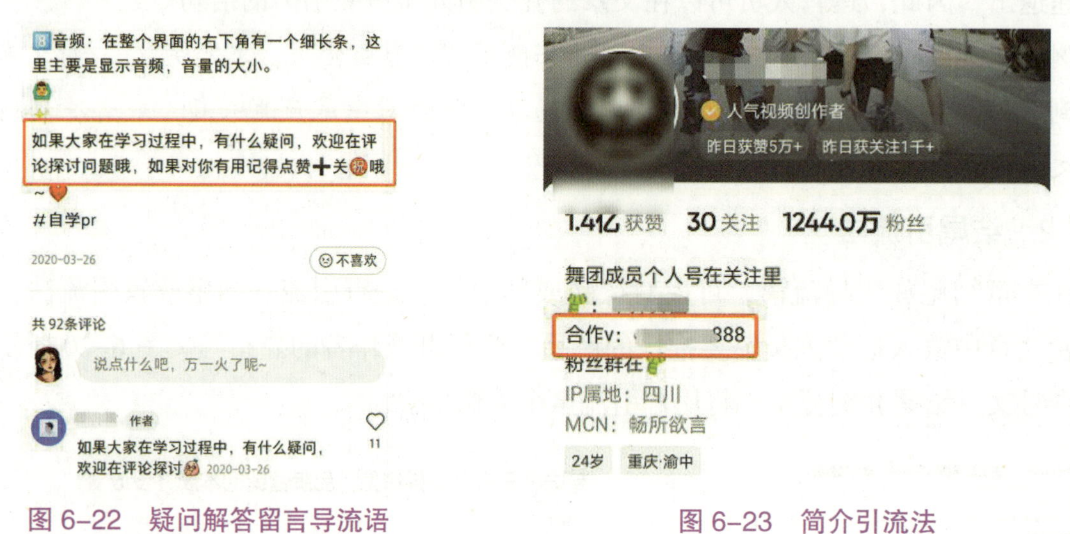

图 6–22　疑问解答留言导流语

图 6–23　简介引流法

2. 矩阵账号导流

纵观近几年，随着主流平台流量被分散，越来越多账号运营人员开始分渠道进行运营。因此做好多平台账号管理显得尤为重要。

（1）账号创建。

在多个平台创建多个账号时，账号可根据平台的表现形式、用户阅读偏好等方向发布不同内容，并在新媒体账号简介中植入矩阵账号信息、活动平台信息，为其他矩阵账号快速积累粉丝，使各账号互相促进和提升，最终引流至活动平台。

例：秋叶团队在除抖音外的其他平台（知乎、微博、今日头条、微信公众号、小红书）创建了账号，在账号简介中介绍其他矩阵账号，便于各账号间进行相互引流，如图 6–24 所示。

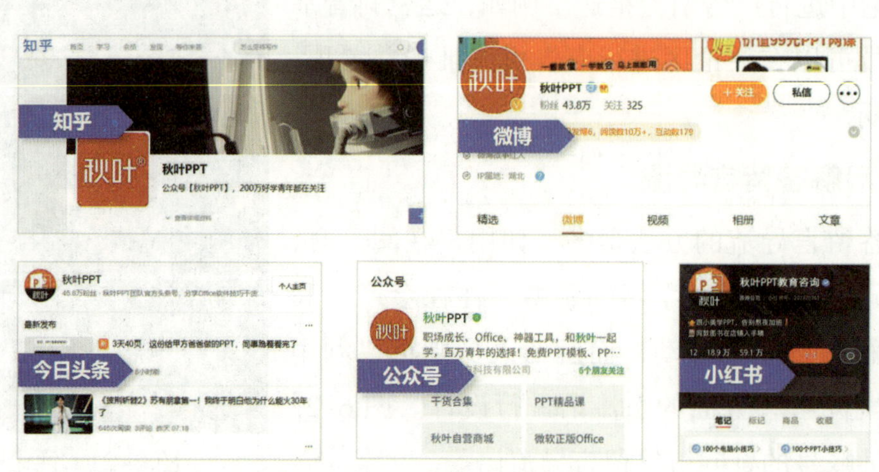

图 6–24　秋叶全域矩阵

（2）内容发布。

借用第三方工具和团队合作，如进行新产品宣发，可以在营销前期预热、后期宣传等步骤中，及时发布符合账号领域内容的相关视频、文章，保障宣发的时效性。

例：为某淘系头部主播在618电商活动期间，通过其在抖音账号发布引流短视频，并借用巨量千川工具投放广告，扩大信息覆盖面，将该淘系主播在抖音平台的粉丝或潜在用户引流至淘宝直播间。

课堂小测

1.【单选】关于宣发渠道选择的原则，下列说法中错误的是（　）。

A. 要根据活动目标进行量化　　B. 渠道受众要与目标用户群体相匹配

C. 要根据活动性质匹配最合适的渠道　D. 要尽可能地选择多种渠道来达到宣发效果

2.【单选】关于活动宣发，下列说法错误的是（　）。

A. 活动宣发就是与传播信息相关、吸引用户积极参与的主题文化活动或娱乐活动

B. 活动宣发能够展示社会大众的形象，使企业了解公众的信息

C. 宣发排期是指发布营销活动信息的时间节点、持续时长，媒介发布顺序以及曝光频次选择等

D. 活动宣发一般分为前期预热、活动开始期间的高曝光、活动中后期的宣传等节点

3.【多选】关于矩阵账号导流，下列说法中正确的是（　）。

A. 矩阵账号导流是指将其他平台上已有的粉丝导入活动平台中

B. 矩阵账号导流是非常直接且快速积累粉丝的方法

C. 矩阵账号导流积累的粉丝质量普遍较高

D. 利用好各平台资源，形成一个完整的传播矩阵，账号间能够互相促进和提升

4.【多选】对多平台账号进行管理时使用的是哪些动作？（　）

A. 账号创建　　B. 内容发布　　C. 粉丝互动　　D. 账号注销

5.【填空】常见的矩阵账号引流方法有：__________、__________、__________、__________、__________。

6.【判断】运营人员运营引流方法将流量引至活动平台，为了体现营销活动的福利及优惠力度，吸引用户，可以故意虚假标价，把价格标高。（　）

案例解析

联名赋灵感 饮茶新体验

案例详情

喜茶——奶茶界数一数二品牌，《梦华录》——2022年热播大剧，这两者能有怎样的火花？

· 主题：执行营销活动
· 品牌：喜茶
· 营销方式：跨界联名

2022年6月20日，喜茶官方账号发布了一条带有#喜茶×梦华录#话题的微博预告——这是该品牌甚至是奶茶界首次与影视IP联名。除了微博，喜茶还在官方公众号、小红书等社交平台都正式宣布与《梦华录》联名，推出以“喜·半遮面”为主题的新款茶饮品（图6-25）。

图6-25 喜·半遮面主题

这一次的跨界联名，不得不说是营销活动的典型案例，值得分析研究。

首先是官方账号提前为联名活动预热造势。在正式推出联名活动产品之前，喜茶官方在各大媒体平台发布话题相关的内容，用幽默风趣的语言“透露”活动进程，吊足了粉丝胃口，直接拉升粉丝期待值，为新品上市做足了市场准备（图6-26）。

图6-26 官方账号预热造势

其次是产品与主题紧密结合，极具特色。在此次的联名中，喜茶根据《梦华录》的IP特色，紧扣茶文化，设计剧中人物卡通造型，从产品研发、包装到赠品，都迎合了剧粉的喜好，让荧幕中的茶元素冲破次元出现在人们身边（图6-27）。

图6-27 喜茶包装

此外，采取线上线下同步发售的方式，拓宽了营销范围。喜茶不仅能通过门店下单，现在更是力推通过其专属小程序点单购买。在小程序中同样是同步了此次联名活动的相关信息，消费者一进入首页便能看到最新的活动网页导航图片和点单主题专区，极具引导性（图 6–28）。

图 6–28　喜茶小程序

更让人惊喜的是，喜茶还打造了线下主题茶楼，提供了沉浸式饮茶新体验。喜茶在广州、成都、北京、深圳开设 4 家“喜 · 半遮面”的主题茶楼，不仅有独特的主题装扮，还有主题店独有的特别版联名饮品，拉满了氛围感。

与此同时，喜茶还上线了 IP 定制茶饮产品、创意周边，推出购买指定追剧套餐就赠主题口罩的福利，充分利用影视剧的周边价值。

这一系列的营销活动可以说是为喜茶带来了巨大收获，使品牌声誉和利润双丰收，还满足了消费者的喜好和需求。更重要的是，剧中引起人们热议的茶文化也得到了很大的宣传普及，这可以说是升华了此次活动的主题。

任务3 复盘营销活动

活动复盘是运营人员必备技能之一。一场线上或者线下活动结束后，运营人员有必要对这场活动进行回顾和总结。通过复盘，可以找出其中存在的主观或者客观的问题，下次策划活动时就能有效地规避和改进。

首先要明确一点，复盘和总结是两个不同的概念。复盘的本质是找出问题及发生的原因，以及思考如何改进；而总结的本质是把内容归纳起来，使之沉淀出相关经验，重点是对内容进行梳理。

日常的活动复盘中一般采用GRAI复盘法，如图6-29所示。

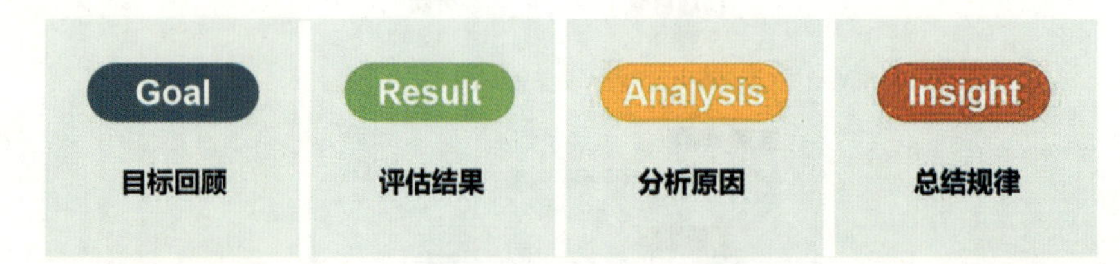

图6-29 GRAI复盘法

其主要包括回顾目标、评估结果、分析原因、总结规律4个步骤。可概括为两大要点。

（1）效果评估。

（2）分析总结。

活动1 效果评估

做一场活动的效果评估，涉及活动的方方面面。通过对整个活动开展效果评估，找出活动的不足，为今后开展类似活动，积累经验，以求完善。

1. 目标回顾

一场优质的营销活动往往伴随明确的预设目标，而回顾活动目标，可以整理出目标相关指标，统计目标完成数据，便于后续分析目标的完成情况。

回顾目标时需要了解本次营销活动的目的和量化指标。

通过思考以上两个问题，就可以厘清目标达成的现状，找到结果和目标之间的差距。对比的重点不是为了知道差距有多大，而是应该关注“为什么会产生这样的差距”。

例：某知识付费公司举办一场营销活动，目的是通过双十一线上营销活动，促进意向用户下单购买。设定了活动目标是：①主指标：成交500单；②辅助指标：意向用户超过1万名，付费转化率大于5%，退款率小于3%。

温馨提示

在复盘时，要将目标清晰明确地在某个地方呈现出来，可以写在白板上或投影在屏幕上，这样做是为了保证复盘的聚焦性，以防止复盘过程偏离目标。

2. 评估结果

评估结果就是将营销活动的目标数据与最终活动数据进行统计，对本次营销活动的结果进行打分，评估是否完成既定目标，如果没有完成，统计一下现在做到什么程度了。

例如：该知识付费账号运营人员通过对比本次营销活动的目标数据和最终活动数据，计算出目标值、完成值和完成率，如表6-2所示。

表6-2 活动评估结果统计

目标	目标值	完成值	完成率
成交单数	500	543	109%
意向用户数	10 000	10 020	100%
付费转化率	5%	5.4%	108%
退款率	< 3%	2.5%	正常范围内

但为了保证评估的有效性，在评估问题前，要先做两件事。

汇报数据：运营人员汇报营销活动有关的数据结果。

叙述过程：负责人叙述工作过程，让所有参与人员都能了解事件的全貌。

当负责人叙述工作过程的时候，参与人员就知道哪些环节出现了疏漏，还有哪些方面不足。

活动2 分析总结

在完成效果评估后，活动运营团队要对本次营销活动进行分析和总结。当结果数据指标与预期有较大差距时，分析产生偏差的关键原因；将分析的原因提炼出规律，总结经验，得出复盘的结论。

做好复盘，至少可以获得三方面的好处。

发现营销活动中存在的问题，对问题及时给予纠正。

让工作流程更加规范化，保证营销活动的流畅性。

吸取成功经验并进行复制，不断提升团队成员的工作能力。

1. 分析原因

当结果数据指标与预期存在较大差距时，应通过数据分析整场营销活动的亮点和不足，还要分析成败的关键性因素及产生偏差的关键原因。

（1）活动数据汇总。

关于活动的数据主要分为以下三类。

销售数据：销售量、转化率、销售渠道目标达成率等。

传播数据：比如微博话题量、阅读量、短视频传播数据、公众号推文覆盖率、产品、品牌指数变化率等。

舆论数据：消费者及市场对于本次营销活动的评价，如好评率、微博话题讨论热度、热榜推文的评价、短视频粉赞比等。

汇总相关数据，再对这些数据进行分析。

例：该知识付费账号运营人员统计了本次的活动数据，具体如下。

① 11 月订单量数据。

在 11 月的活动中，成交量走势较之前明显上升，活动期间的成交峰值分别在正式活动第 1 天、第 1 次抽奖当天、第 2 次抽奖当天、第 3 次抽奖当天和返场最后一天。活动期间的订单量呈上升趋势。

②渠道数据总览（表 6–3）。

表 6–3　渠道数据总览

渠道	浏览量	意向表单量	填表率	成单转化率
官网	35 600	1 044	3%	6.8%
App	39 236	1 175	3%	7%
微信公众号	5 328	280	5.3%	10.7%
社群	40 215	1 097	2.7%	10.9%
KOL	79 372	1 654	2.1%	7.7%
信息流广告	160 254	2 820	1.8%	4%
汇总	498 510	10 020	3%	7.9%

（2）数据分析。

要做好数据分析，需要与原来的目标进行对比，比较结果与目标的差距，分析此次营销策划的亮点和不足之处。

例：该知识付费账号运营人员通过表 6-3 计算最终的目标完成情况，得出表 6-4 中的数据。

表 6-4 目标完成情况

渠道	浏览量	意向表单量	成单量	填表率	成单转化率	预测能成单量	成交完成进度
官网	35 600	1 044	71	3%	6.8%	60	118%
App	39 236	1 175	82	3%	7%	80	103%
微信公众号	5 328	280	30	5.3%	10.7%	30	100%
社群	40 215	1 097	120	2.7%	10.9%	110	109%
KOL	79 372	1 654	127	2.1%	7.7%	120	106%
信息流广告	160 254	2 820	113	1.8%	4%	100	113%
汇总	498 510	10 020	543	3%	7.9%	500	109%

可以得出的结论有以下两个。

①本次活动推广中，渠道的数据均在预期中，成单转化率高于预期值。

②其中，微信公众号的用户质量最高，填表率为所有渠道中综合数据最佳，但是浏览量不如预期。通过复盘可知，微信公众号的活动推广节奏，由于沟通失误，早期未能按量推送，导致曝光量不足。

（1）活动亮点。

本次活动借助“双十一”购物节的热点，通过抽免单等大奖打造活动噱头，吸引用户目光，提高用户关注度与参与度；通过 3 个阶段的限时抽奖活动营造紧迫感，刺激用户尽快下单。另外，还可以通过传播活动“喜报”展现活动的真实性，打消用户顾虑。

（2）不足之处。

由于前期沟通与跟进不及时，部分环节出现了失误，早期部分推广渠道曝光量不足，影响活动效果。

2. 总结规律

前面的环节是都在寻找问题，而优化改进就是要解决问题，其中的核心环节有两点。

根据分析得出的原因与找出的问题，制订有针对性的改进计划。

对于被证明有效的营销方式，对其进行优化和完善。

有些问题是由“人为疏忽”导致的，这种问题很难杜绝，但可以通过规范工作流程、提升人员素质来降低发生的频率；另一种就是运营数据上的问题，需要参与人员探讨并深入分析产生的原因，提出假设，最后制订出针对性的改进方案。

如果出现“本次营销活动的转化率低于往期”的问题，首先要分析是哪几个宣发渠道拉低了整体转化率，针对这几个宣发渠道分别查看“用户覆盖率”和“用户转化率”。发现用户覆盖率很高，但是转化率较低。针对这种情况，可以提出几个假设。

假设 1：是否因为活动力度不够?

假设 2：是否因为转化引导没有到位?

假设 3：是否因为覆盖的用户与目标用户不匹配?

针对以上假设，参与复盘人员需要进行探讨，找出可能性最大的原因，再制订改进措施，并在下次营销活动中验证。

在本次策划的营销活动中，发现某些内容、话题、产品等是很受观众喜欢的，就要将这些记录下来，最好能梳理出其受欢迎的内在逻辑，为复用做好准备。

复盘的核心目的在于从行动中学到吸取教训、总结经验，并将其付诸后续的改进。因此，需要将项目过程及复盘结论记录下来，做成文档或表格，以便下次进行活动策划与执行时查看，这样可以避免出现重复性错误。

例：通过本次复盘可知，该知识付费账号运营团队提出了各种优化建议。

（1）抽奖环节设置。

①拉长抽奖间隔，积淀抽奖人数。在本次活动上线 3 天后安排第 1 次抽奖，上线 4 天后安排第 2 次抽奖，上线 5 天后安排第 3 次抽奖，从而不断积淀人数，也给促单留足时间。

②设置第 3 次抽奖的力度大于第 2 次的。从 11 月订单量走势可以看出，18 号抽奖前 3 天订单呈直线上升，在之后的奖品设置中，第 3 次抽奖奖品力度可比第 2 次大，这有利于后期活动的开展。

（2）物料内容打磨、传播时效性。

①合理分工，避免因人手问题导致活动效果打折。

②完善活动前筹备工作，提前准备好所需物料，外部投放预约，以保障每次造势的时效性，使传播效果最大化。

课堂小测

1.【单选】关于活动复盘，下列说法中错误的是（　）。

A. 通过复盘，可以找出本次活动存在的主观或者客观的问题

B. 通过复盘找出问题，在下次策划活动时就能有效地规避和改进

C. 复盘和总结一样，本质是归纳内容，沉淀相关经验，对已有内容进行梳理

D. 活动复盘主要包括 4 个步骤：回顾目标、评估结果、分析原因、总结规律

2.【单选】关于活动复盘时的效果评估，下列说法中错误的是（　）。

A. 评估结果就是将营销活动的活动目标与最终数据进行统计，对比目标达成情况

B. 为了保证评估的有效性，在问题评估前，先要汇报数据和叙述过程

C. 预期目标与实际效果对比的重点就是为了知道差距有多大

D. 预期目标与实际效果对比的重点应该关注“为什么会有这样的差距”

3.【多选】关于活动复盘的分析总结，下列说法中正确的有（　）。

A. 要通过数据分析整场营销活动的亮点和不足

B. 要分析活动成败的关键性因素及产生偏差的关键原因

C. 要根据分析得出的原因与存在的问题，制订针对性的改进计划

D. 要对被证明有效的营销方式完善优化，以便下次复用

4.【填空】活动数据主要分为：____________、____________、____________。

5.【填空】活动数据分析的步骤依次为：____________、____________。

6.【判断】小明在活动复盘过程中发现了此次活动出现的问题和不足，但是并不打算进行改正和完善。（　）

案例解析

“天猫元宇宙环保车展”营销活动复盘

案例详情

随着元宇宙概念热度的不断提升，虚拟人相关产业正在迅猛发展。根据艾媒咨询提供的数据，2021年，中国虚拟人核心市场规模为62.2亿元，预计到2025年可达480.6亿元。同时，品牌对此趋势也越发关注，仅在2022年1—5月，官宣虚拟偶像代言的品牌就有20个，比2020年同期增长了4倍。对品牌来说，与虚拟偶像合作不仅不容易塌房，还能更贴近年轻受众。

· 主办方：天猫以及众多车企
· 关键词：元宇宙、虚拟偶像
· 活动主题：天猫元宇宙环保车展

随着新能源汽车的快速发展，汽车行业开始加速直营化。以前大家买车都去4S店，买卖双方存在非常多的信息不对称问题，信息沟通过程也很长，但现在汽车价格

越来越透明，购车的过程也更简单。随着购车人群逐渐年轻化，线上一站式购车将成为未来的购车趋势，价格透明，服务可视化。天猫希望通过此次营销活动告诉更多消费者，在天猫的购物车里也可以装得下真实的汽车，简化消费者购车流程。

在此次营销活动中，天猫联合八大车企品牌首次推出元宇宙环保车展（图 6–30），邀请“淘宝人生”虚拟代言人小桃作为首席车模，她代表淘宝千万玩家在元宇宙体验多面人生。在元宇宙车中，小桃带消费者体验新车，介绍汽车卖点，带大家逛线上车展，贴近消费者，提升他们的参观体验，围绕热门的新能源车型设计元宇宙里的汽车形象，进行全方位的充分展示。另外，消费者还可以直接在线选配车型、颜色、轮胎，拥有更加便捷和透明的购车体验。

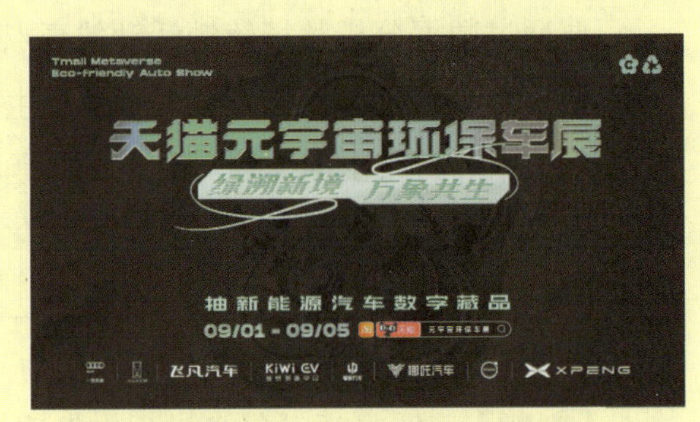

图 6–30　天猫元宇宙环保车展

（1）活动数据。

本次营销活动在微信和微博两个平台都获得了不错的传播效果，如图 6–31 所示。

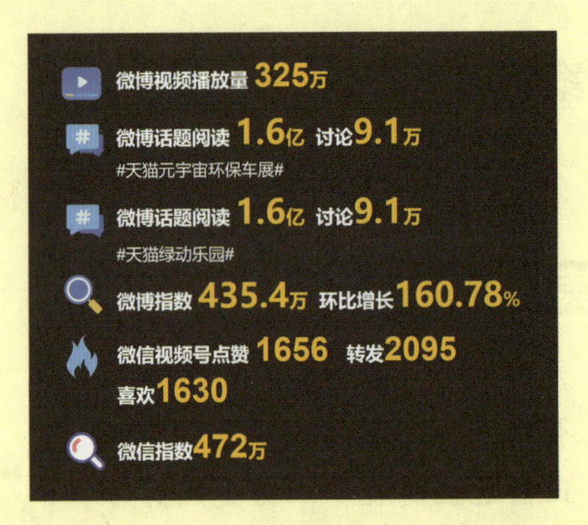

图 6–31　微博与微信的活动数据

（2）营销活动亮点。

①天猫首次推出元宇宙车展，包含八大车企的热门新能源汽车，制作全景展示页面，消费者可以点击链接到各车型的试驾或购买页面，在线选配车型。

②邀请淘宝人生虚拟代言人小桃担任车模，为用户提供场地引导和汽车介绍，引导线上购车，提供全程陪伴服务。

③推出热门新能源车型相关的 1.5 万个 NFT，在抽奖环节中全部被抽完；将 KiWi EV 数字藏品复刻成实体车，吸引用户进行线下打卡。